Collecti

Sous la direction de François L ivonnet

LE MAL

Question de - Albin Michel

105

Éditorial

Marc de Smedt

L e maître zen Taïsen Deshimaru disait que le bien et le mal étaient les deux faces d'une même pièce : la réalité. Nier le mal s'avère un leurre : il suffit d'ouvrir un journal, regarder les informations télévisées ou simplement méditer sur son propre esprit pour se rendre compte de sa présence insidieuse, permanente.

Un adage tibétain nous dit avec vigueur que « l'horreur existe dans l'esprit de l'être humain » et nous savons intimement que cela est vrai. Non que nous soyons tous des criminels ou des bourreaux en puissance, mais tout simplement parce que les démons des désirs, des phantasmes, de l'égoïsme, de la mesquinerie, de la jalousie, de l'orgueil, de la méchanceté, de l'anxiété..., nous assaillent sans cesse.

Nous sommes tous des Dr Jekyll et Mr Hyde.

Et le grand intérêt des pratiques de méditation telles qu'elles nous ont été transmises par l'enseignement des *rishis* de l'Inde et les sages bouddhiques, au-delà des dogmes et religions, reste de nous apprendre à repérer en nous ces deux personnages, le meilleur et le pire, celui qui recherche la sagesse, le calme et la paix et celui qui demeure avide d'agitation, de pouvoir et de mainmise. Pour cela, il suffit de s'asseoir, d'écouter sa respiration et de se regarder soi-même. La contemplation du mouvement perpétuel de notre conscience, ce cheval fou, nous en apprendra non seulement plus sur nous-mêmes que toutes les analyses, mais nous permettra d'aller au-delà du constat premier que le délire et le chaos nous habitent. Et ce, en nous permettant d'épurer, de par ce regard attentif sur nous-mêmes et sur notre respir (clé de toutes les pratiques de méditation, vent qui chassera les nuages), tout le contenu de notre mental qui, ainsi, d'obscur devient clair.

Ce travail (au sens que Gurdjieff donnait à ce mot) est évidemment à recommencer sans cesse, quotidiennement. Car chaque journée entraîne son lot de pollutions – celles venues de l'extérieur et celles suscitées par notre propre être intérieur. Un texte traditionnel zen, le *Sandokai*[1], nous dit que :

« Dans la lumière existe l'obscurité
Dans l'obscurité existe la lumière. »

Cette dualité, qui est la nôtre, ne doit pas faire peur. Elle est. Par contre, il nous faut apprendre à en prendre conscience pour la transcender. En cette époque où tout semble aller de travers, cela semble être une tâche urgente, à la portée de tous puisqu'elle concerne chacun. Le *Shodoka*, chant de l'immédiat satori[2], conçu au VIIIe siècle en Chine par maître Yoka Daishi, disait déjà :

> *« L'esprit est la racine,*
> *le dharma[3] la poussière.*
> *Tous deux sont comme les reflets dans le miroir.*
> *Lorsque l'on a enlevé cette poussière,*
> *la lumière, alors, resplendit.*
> *Esprit et dharma ont complètement disparu,*
> *alors notre nature est authentique.*
> *Hélas ! Cette époque est marquée*
> *par la dégénérescence du dharma,*
> *les hommes ne sont guère heureux ;*
> *il est difficile de les diriger,*
> *ils sont très loin de la sagesse, de la sainteté,*
> *et se plongent dans de fausses conceptions.*
> *Les démons sont puissants,*
> *et la haine malfaisante se répand partout.*
> *Ils ont la possibilité d'écouter*
> *l'enseignement de la porte,*
> *la doctrine du Bouddha,*
> *malheureusement ils le rejettent,*
> *le brisent en mille morceaux*
> *comme une tuile*
> *et ne peuvent retrouver la forme originelle. "*

Allez, l'histoire est un éternel recommencement et le théâtre du conflit se trouve d'abord en nous-mêmes.

---

1. Version intégrale commentée par maître Deshimaru *in La Pratique du zen*, éd. Albin Michel.
2. Éditions Albin Michel.
3. Le *dharma* : tous les phénomènes de l'univers.

Sommaire

105

LE MAL

ÉDITORIAL ■ par Marc de Smedt 2

PROPOS 1 **Mare Tenebrosum** • François L'Yvonnet 7
Sur l'irrévocable

PROPOS 2 **Un instant d'inattention** • Maurice de Gandillac 19
Le De Malo de saint Thomas d'Aquin

PROPOS 3 **Désespérément vertueux** 26
Rencontre avec André Comte-Sponville

PROPOS 4 **Puritain, mais dans le bon sens** 41
Rencontre avec Clément Rosset

PROPOS 5 **L'Alliance mise à mal** • Claude Birman 54
Notion du mal et tradition juive

PROPOS 6 **Le Mal n'est pas** • Frédéric Laupies 62
Réfutation augustinienne du manichéisme

PROPOS 7 **Entre l'un et l'autre** • Jean-Paul Milou 68
La question du bien et du mal dans le Lao-zi

PROPOS 8 **Discussion sur le péché** 81
Bataille, Sartre, Hyppolite, Adamov, Daniélou

PROPOS 9 **Une âme cachée** • Louis Massignon 88
(Lettre inédite)

PROPOS 10 **Le retournement de l'inévitable** 90
Rencontre avec Jacques Lacarrière

PROPOS 11 **Berdiaev et le mal** • Pierre Rocalve 100
« Au commencement était la liberté »

PROPOS 12   **L'Abeille et la Bête** • François Angelier............118
             Figures de l'Hostilité chez saint François de Sales

PROPOS 13   **Monsieur Ouine** • Béatrice Cantoni............136
             Une métaphore du mal

PROPOS 14   **Comme une image** • Alain Blottière............148
             (Fragment inédit)

PROPOS 15   **Le comique du mal** • Bernard Sarrazin............152

PROPOS 16   **Melmoth, le témoin** • Nicole Caligaris............171

PROPOS 17   **Une éthique de l'être**............194
             Rencontre avec Daniel Sibony

PROPOS 18   **Malade ou méchant ?** • François Lelandais............206
             La méchanceté en psychopathologie

PROPOS 19   **Que cette coupe s'éloigne de moi...** • Daniel Laguitton........210
             ... sauf si elle sert

PROPOS 20   **L'œuvre au noir de Robert Bresson** • Maurice Mourier......223

PROPOS 21   **Au cinéma, la nuit, le mal** • Carole Desbarats............232

PROPOS 22   **L'esthétique et le mal** • Murielle Gagnebin............240

PROPOS 23   **Dialogue sur le mal**............256
             Pierre Boutang & George Steiner

LA CHRONIQUE ■ par Marie-Madeleine Davy............276

Question de • Revue dirigée par Marc de Smedt
        Réalisation • Claire Médaisko
Directeur adjoint • Gérald Pagès
        Assistante • Laurence Massero

Abonnements • Pascale Leroy-Rolland
Abonnements et anciens numéros : pp. 230-232.
BP 18 - 84220 Gordes • Tél. : (16) 90.72.12.55.
Fax : (16) 90.72.08.38. • © *Question de*, 1996.

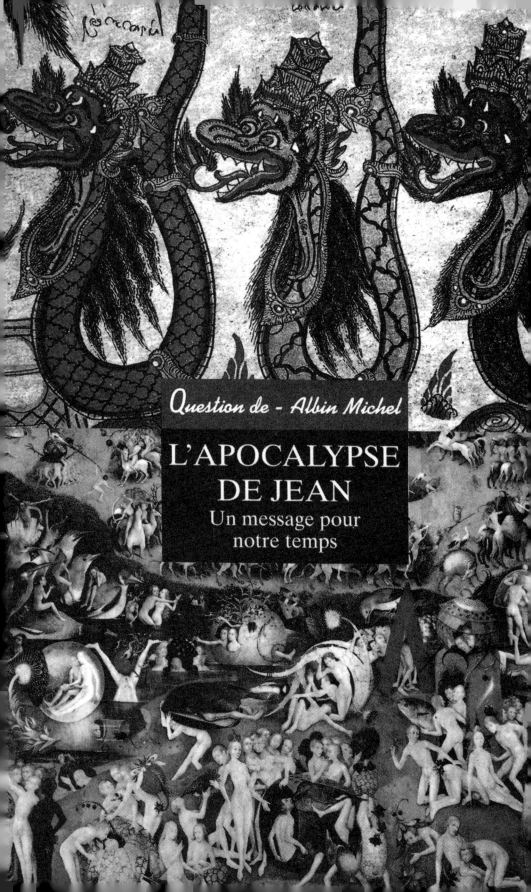

Question de - Albin Michel

L'APOCALYPSE
DE JEAN

Un message pour
notre temps

Mare tenebrosum

Sur l'irrévocable

François L'Yvonnet

L a minute est infiniment prochaine où les enfants mêmes du peuple écriront sur les murs croulants de Sodome ces simples mots : « Le catholicisme ou le pétard ! » Choisissez donc une bonne fois si vous n'êtes pas des morts. LÉON BLOY.

Le Mal c'est le temps. Ce pourrait être la thèse de Léon Bloy : « Le temps n'existait pas dans la pensée de l'homme avant sa chute. Adam, qui participait à l'éternité divine sous les frondaisons béatifiques de son Paradis, ne pouvait en avoir aucune idée. Sa prévarication le lui révéla et ce fut son principe de mort. Les heures et les années commencèrent aussitôt pour lui et, du même coup, l'apparente captivité de son âme désolée dans chacune d'elles »[1].

Notons que cette thèse, résolument théologique, malgré qu'elle en eût, n'emprunte aucune de ses formulations à la philosophie classique. Nous savons d'ailleurs ce qu'il pensait des philosophes et son peu de goût pour la philosophie « *à mes yeux la plus ennuyeuse façon de perdre le précieux temps de la vie et dont le patois hyrcanien me décourage* »[2]. Il n'a jamais ménagé – fût-ce avec la plus grande injustice – la vanité et la vacuité de leur système, de ce qu'il nomme parfois leur « guenille »... Le reproche fait à la philosophie, fût-elle morale ou axiologique, est de patauger à souhait dans un brouet d'idées générales, où l'abscons moliéresque le disputerait au ridiculement inconsistant. Le reproche ne vise pas tant la servante fraîchement émancipée, et qui du coup racolerait le quidam égaré, que l'insuffisance constitutive et l'accablante pauvreté de tant de « subtilités insubstantielles » (l'expression est de Bloy)... La philosophie – verbeuse et incontinente – serait incapable de penser l'essentiel.

Ainsi, le Mal et le temps. La philosophie n'a jamais pu penser cette chose inouïe : le temps n'existe pas. Voici ce qu'il écrit, par exemple, dans *Jeanne d'Arc et l'Allemagne* : « L'histoire est un songe puisqu'elle est bâtie sur le temps, qui est une illusion souvent douloureuse et insaisissable, mais certainement une illusion qu'il est impossible de fixer. Chacune des parcelles infinitésimes dont l'ensemble constitue ce que nous appelons la durée, se précipite au gouffre du passé avec une rapidité foudroyante, et l'histoire n'est autre chose que ce fourmillement d'éclairs enregistrés dans les pupilles de tortue »[3].

Ce que Bloy a en vue est moins, nous semble-t-il, une quelconque métaphysique du temps aux accents héraclitéens, sur l'anéantissement de toute chose, y compris de lui-même – l'être n'étant jamais, de notre point de vue fini, qu'annihilation perpétuelle de soi – ; non plus que la question mille fois rebattue de la permission du mal eu égard à la perfection divine, ou la considération des objections logiques à la simple conception de son existence (Jacques Maritain, le filleul bien aimé, en thomiste inflexible, s'y emploiera résolument : le mal est *privatio boni debiti* ; il n'y a en Dieu aucune matrice intelligible du mal : « *Deus nullo modo est causa peccati, neque directe, neque indirecte* » ; comme d'ailleurs : « *Defectus gratiae prima causa est ex nobis* »[4]) ; que l'expérience effective du mal, de la souffrance, expérience temporelle eu égard à l'éternité de Dieu. Il ne se contente pas de dire que le temps (comme l'espace) est une « buée des songes » – ce qui, somme toute, ne porterait pas à grandes conséquences – il affirme hardiment et autrement plus radicalement que : « *Le temps n'existe pas pour Dieu...* »

Ici, notre homme, selon sa propre expression (à propos de Pascal et

Ernest Hello), « lapide le bon sens avec des comètes. » Comme le fait remarquer Pierre Petit[5], cette manière d'envisager les choses, aux confins de toute orthodoxie, le conduit à devoir en accepter toutes les conséquences, fussent-elles contradictoires...

« Voici le temps, l'abîme s'ouvre »[6]

Le temps n'est pas seulement la rançon de la Chute ; il est, selon l'expression même de Bloy : « *Une imposture de l'Ennemi du genre humain que désespère la pérennité des âmes...* »[7]
Nous sommes par le péché adamique tombés de l'Éternité dans le temps. Alors commença la succession, la dure loi de la durée (« Les heures et les années commencèrent aussitôt pour lui et, du même coup, l'apparente captivité de son âme désolée dans chacune d'elles »[8]). Tout s'est brouillé dans un océan d'énigmes (« Toutes les mains de la nuit avaient tissé ce chaos... »[9]). Rien qui n'atteindra jamais à la clarté, sinon des étincelles dont les faibles lueurs semblent danser encore dans les ténèbres. La cause de cet obscurcissement, c'est le temps lui-même. Le temps – qui ne peut être qu'en cessant d'être – est rongé par le néant, il est cette tension entre le « pas-encore » et le « déjà-plus » qui témoigne d'abord de l'emprise du mal sur l'homme. Le mal est un peu l'absence de nous-mêmes, si le temps nous empêche d'être ce que nous sommes. Car le temps – et le mal est inséparable de la temporalité – n'est d'abord qu'une illusion, ignorance au carré comme nous le savons, et qui de nous se joue, en effet, et d'abondance nous leurre, puisqu'il n'est qu'une faille irréversible dans l'être qui interdit toute totalisation effective.

> « L'histoire, phénomène ou illusion – de toutes la plus incompréhensible –, est le déroulement d'une trame d'éternité sous des yeux temporels et transitoires. On croit voir d'énormes espaces, on ne voit pas à trois pas. Mon ami, mon frère tourne le coin de la rue. Je ne le vois plus que dans ma mémoire, qui est aussi mouvante et aussi profonde que la mer. J'en suis séparé que par la mort. Il est toujours, je le sais bien, sous l'œil de Dieu, mais pour moi, il est tombé dans un gouffre. Ce coin de rue, c'est n'importe quel tournant de l'histoire »[10].

Nous nommons hier et demain ce qui est aujourd'hui même, antériorité et postériorité ce qui de l'être surgit hors de toute espèce de durée.

C'est la grande imposture du temps que de nous faire prendre pour successif, ce qui, du point de vue de Dieu, et donc de l'Être entendu absolument, n'est que simultanéité.

> « Ce qui nous afflige le plus, c'est la succession, la loi du Temps. Étant des ressemblances de Dieu, participant à la Nature divine, Dieux nous-mêmes, nous avons le besoin de voir tout, de sentir tout, simultanément »[11].

Sous le regard de Dieu, tous les moments du temps sont strictement contemporains :

> « Nous sommes toujours au XVe siècle, comme au Xe, comme à l'heure centrale de l'Immolation du Calvaire, comme avant la venue du Christ. Nous sommes réellement dans chacun des plis du tablier multicolore de l'antique Histoire. Malgré la mort, nous sommes éternels, en une manière, étant des Dieux, ainsi qu'il est affirmé : Ego dixi : Dii estis »[12].

La succession historique des âges n'est que le spectacle diffracté par un œil temporel d'un même fait unique, absolument inactuel et donc toujours actuel : l'Incarnation, qui culmine dans le moment christique (le pied de la Croix est le centre de l'histoire), pour se répéter tout au long des temps.
Notre « œil temporel » est frappé de cécité totale, nous sommes des dormants (« le sommeil prodigieux qui suit la Chute ») qui ne vivons que « sur des énigmes et des apparences », « rien n'est à sa place », nous voyons tout à l'envers, et Bloy de citer alors le *Premier épître aux Corinthiens* : « *Videmus enim nunc per speculum in aenigmate* » (« Car nous voyons à présent dans un miroir, d'une manière obscure... »).
Le monde, en effet, est à la fois chaotique et une histoire en chute, entropique, en quelque sorte, bien que « vectorisé », puisque tendant par gravitation maligne vers l'abîme qui est séparation. Avec la déchéance et l'abjection consécutives de la Faute originelle, tout s'est obscurci. À commencer par la conscience de soi ; notre identité nous échappe, nous sommes à nous-mêmes obscurs, « nous sommes des abîmes », dit-il dans l'*Exégèse des lieux communs*, notre âme est indéchiffrable, et « nul ne connaît son nom ».

« Ce que chaque homme est exactement, nul ne pourrait le dire. Les plus favorisés peuvent tout au plus invoquer des ascendants rencontrés, il y a plusieurs siècles, dans les encoignures ténébreuses de l'histoire et dont les noms inscrits en de très vieux parchemins, peuvent se lire encore sur de rares tombes que le temps n'a pas émiettées »[13].

Cette intuition du néant du temps – engloutisseur des intentions et grand fossoyeur de vœux pieux – que nourriront et enrichiront à mesure et plus savamment la lecture des Pères, est d'abord, comme telle, et hors de toute spéculation, une épreuve existentielle. Le temps est proprement désespérant. Bloy en vit chaque jour l'évidence et le fardeau. Ouvrons son *Journal* – non ces florilèges qu'il offrit lui-même à la postérité et qui composent une manière de figure terrassée par l'ingratitude – non, le *Journal*, *in extenso*, brut de décoffrage, que viennent de publier Pierre Glaudes et Michel Malicet chez L'Âge d'Homme. Que d'occurrences où le temps s'impose au diariste comme illusion pure faite pour égarer les âmes, comme vide accablant, comme mirage, comme océan d'infortune... « Le mal se gagne par un travail long, quotidien, décevant », écrira Jean Genet. Ainsi le jeu, par exemple, qui occupe une place importante dans le quotidien de notre homme... Mais, n'est-ce pas le diable, justement, qui nous fait croire au hasard – mot blasphème selon Bloy, « providence des imbéciles » – alors que tout est nécessité ? Telle partie de billard, disputée entre amis, dont il ne peut contrôler le cours, et qui lui fait oublier jusqu'à l'heure de la messe, ou une partie d'échecs par trop *divertissante* (il y joue énormément) qui l'enferme – simulacre de pérégrination – dans le dédale d'instants éclatés. Sans parler de sa fidélité dévotieuse à la « verte » ou au picrate, le vulnéraire des trop longues attentes. L'épreuve n'est jamais feinte, le temps a quelque chose de diabolique.

LE RÉVÉLATEUR DU DIABLE

Le temps est effectivement l'œuvre du Malin, un « vaudeville du diable », dit Kirillov dans *Les Possédés*. Le diable – *diabolos* – celui qui *désunit*, a créé le temps, cette « distension de l'âme », nous laissant « *crevant de la nostalgie de l'Être* » (Œ. II, p. 177). Le diable – Dissipateur de la Substance – est omniprésent, cela ne fait aucun doute pour lui. Il ne s'agit donc pas tant d'affirmer cette présence – toute une littérature s'y emploiera avec plus ou moins de bonheur (« la notion

11

de Diable est, de toutes les choses modernes, celle qui manque le plus de profondeur, à force d'être devenue littéraire » Œ. I, p. 36) –, ni de la combattre (cela nourrira des pans entiers du merveilleux chrétien, avec sa cohorte de passes d'armes transverbérées), que de proclamer sa fin prochaine ; c'est bien en cela que l'eschatologie bloyenne est apocalyptique (dans le double sens de ce qui révèle et de ce qui engloutit), ce que Bloy attend de pied ferme, avec une impatience terrifiée et un peu enfantine, c'est la grande défaite du Malin et, partant, du temps, son œuvre même (toute la temporalité, l'être rongé par le néant, témoigne de sa présence insidieuse et secrète). Mais, comme le note un commentateur[14], si le « *Diable demeure l'instrument de la corruption de l'âme humaine [...], il n'en est pas le principe.* » La symétrie ne saurait être parfaite entre Dieu et le diable, entre le bien et le mal ; le mal naît de cette asymétrie même, pourrait-on dire, Dieu seul est fondateur. Le diable n'aura pas le dernier mot.

Le diable séduit – *se-ducere* –, il détourne du droit chemin, il brouille les pistes, il rend méconnaissable la généalogie surnaturelle, il « ceint la terre de ses deux bras immenses comme d'une écharpe de deuil et de mort, comme la *mare tenebrosum* de la cosmographie des Anciens »[15]. Pour capter ses victimes, il utilise ce ressort essentiel qu'est la temporalité[16], il est celui qui sans cesse se métamorphose (tel Méphistophélès), qui agit par surprise, rapide comme l'éclair, d'où l'éclat de son rire, mais qui sait aussi nous frapper de langueurs. *Tempus diabolicum*... Le diable n'est pourtant, comme le dira Nietzsche, que l'oisiveté de Dieu. Au-dessus de son bureau, Léon Bloy avait inscrit la phrase suivante : « *On ne peut souffrir que de ce qui n'existe pas.* » Le schéma se complique un peu, si l'abîme est infernal (le ciel en creux dont parle Barbey d'Aurevilly), si Satan est l'Ange de l'abîme, « on ne peut s'empêcher de croire que c'est [aussi] un pseudonyme de Dieu »[17]. L'abîme appelle l'Abîme, en quelque sorte, et la Catastrophe qui arrachera les voiles de la nuit sera comme « un immense nuage noir très bas qui couvrirait tout, ne laissant à personne un espoir quelconque d'échapper à la destruction »[18]. Le soleil, dit-il encore (citant *Joël*, II, 31), sera converti en ténèbres et la lune en sang avant que vienne le grand jour du Seigneur, le jour horrible[19].

> « Quel cri d'agonie dans le monde entier, lorsque le voile des apparences venant à se déchirer, on apercevra tout à coup le cœur de

l'Abîme [...] Un ancien solitaire à moitié égyptien et à moitié scythe, mais qui aimait Dieu dans la simplicité de son âme, s'avisa de lui demander la permission de se promener au fond de l'Abîme. Il en revint après un siècle pour mourir d'éblouissement, et c'est à l'ombre du sycomore de la science où on enterra cet étranger que naquirent saint Jean Chrysostome, saint Ambroise, saint Jérôme, saint Augustin, saint Grégoire le Grand, saint Thomas d'Aquin, saint Bernard et tous les porteurs de flambeaux »[20].

Tous les *intersignes* (chers à celui qui fut son ami, Villiers de l'Isle-Adam, et plus tard à Louis Massignon), les Paroles prophétiques, les dernières révélations mariales (La Salette, par exemple), participent à avertir la créature – du moins les « vigilants infatigables » – du châtiment imminent, la fort prochaine « catastrophe de la séculaire farce tragique de l'homme »[21]. Le monde sera détruit, comme Sodome, « *l'anéantissement du Mal passe [...] par le feu de l'humanité corrompue, et seul Dieu a ce pouvoir* »[22]. Alors le Mal deviendra ou mieux redeviendra, ce qu'il n'a jamais cessé d'être, à savoir le bien, c'est Lucifer, le *porte lumière* (*lux*, *fero*), qui attend le jour de sa métamorphose glorieuse[23].

IMITATION ET RÉVERSIBILITÉ

Le temps ne saurait être seulement l'irréel que l'on croit, d'où une contradiction apparente ; l'indéchiffrabilité, quoique réelle, n'est pas absolue (il faut se risquer au décryptage des signes, « retourner notre œil en dedans » et « pratiquer une astronomie sublime dans l'infini de nos cœurs »[24]). Certes, d'un certain point de vue, le temps – à commencer par le temps proprement humain, c'est-à-dire historique – n'existe pas pour Dieu (ni pour ses Prophètes qui se « souviennent de l'avenir »), il est illusoire et diabolique, comme le mal qui n'*est* pas (la « lèpre de l'absence »). Mais on *a* mal aussi, cela n'est pas discutable ; de la même manière, l'épreuve que l'homme fait du temps (la désolation) ne saurait se réduire au néant. La douleur n'est pas un songe. Le temps doit être nécessaire à Dieu, en quelque façon[25]. L'histoire humaine « n'est reliée réellement à Dieu que par l'imitation de l'agonie du Calvaire », parmi toutes les analogies « une seule est substantielle, une seule nous fait ressembler à Dieu, et c'est l'analogie des souffrances humaines avec les affres de la Passion »[26].

« Ceux qui disent que la douleur est inutile n'y comprennent rien. L'utilité suppose toujours quelque chose d'adjectif et de contingent, et la douleur est nécessaire. Elle est l'axe vertébral, l'essence même de la vie morale. L'amour se reconnaît à ce signe, et quand ce signe lui manque, l'amour n'est qu'une prostitution de la force ou de la beauté »[27].

Le dolorisme bloyen – ou la version bloyenne du dolorisme chrétien – doit être envisagé dans la perspective plus générale du dogme de la Communion des Saints, « du concert de toutes les âmes depuis la création du monde », qui donne au mystère de la réversibilité temporelle, de la simultanéité des âges, une valeur éminemment mystique. Chaque homme vivant à tout instant la Passion christique, est lié par là-même, à travers l'espace et le temps, à la souffrance de tous les hommes. Comme l'écrit Albert Béguin : « Chacune de nos peines est la peine universelle, parce qu'il n'y a qu'une peine, celle du Christ supplicié. »

« Le plus vil de tous les goujats est forcé d'emprunter le visage du Christ pour recevoir un soufflet, de n'importe quelle main. Autrement, la claque ne pourrait jamais l'atteindre et resterait suspendue, dans l'intervalle des planètes, pendant les siècles des siècles, jusqu'à ce qu'elle rencontrât la Face qui pardonne »[28].

Quelles que soient les formes, parfois même assez surprenantes[29], que prendront chez Bloy le « grand » dogme de la Communion des saints et le mystère de la réversibilité des mérites et des peines – qui en est le « nom philosophique », selon lui –, celle-ci, ou celui-ci, occupe une place essentielle dans sa théorie du symbolisme universel applicable à l'ensemble des êtres et des choses, puisque le monde ne saurait se réduire au seul grand livre galiléen. Toute la « philosophie » chrétienne est dans cette possibilité de penser ensemble la liberté humaine et la nécessité ; l'acte libre est pris dans une solidarité universelle qui lui confère un sens.

« En réalité, tout homme est symbolique et c'est dans la mesure de son symbole qu'il est un vivant. Il est vrai que cette mesure est inconnue, aussi inconnue et inconnaissable que le tissu des combinaisons infinies de la Solidarité universelle [...] Ce que l'Église nomme la " Communion des saints " est un article de foi et ne peut pas être autre chose. Il faut y croire comme on croit à l'économie des insectes, aux effluves de germinal, à la voie lactée, en sachant très bien qu'on ne peut pas comprendre [...] Il n'y a pas un être humain capable de dire ce qu'il est, avec certitude. Nul ne sait ce qu'il est venu faire en ce monde, à quoi correspondent ses actes, ses sentiments, ses pensées »[30].

La réversibilité est l'un des opérateurs conceptuels majeurs du symbolisme bloyen, qui permet d'excéder – plutôt que dépasser – les oppositions catégoriales (temps et éternité ; succession et simultanéité ; désespoir et joie ; ténèbres et Lumière...), d'articuler sa métaphysique de l'histoire à une psychologie surnaturelle qui plonge dans la généalogie des âmes où se tient le mystère de notre Identité, de ce qui en chaque être demeure « inexorablement caché », l'effectif concert des âmes, la « parenté spirituelle » (« S'il existe un arbre généalogique des âmes, les Anges seuls peuvent être admis à le contempler [...] Âmes de saints, âmes de poètes, âmes de barbares, âmes de pédants ou d'imbéciles, âmes de cent mille bourreaux pour une seule âme de martyr, âmes sombres ou lumineuses, d'où venez-vous et quelle Volonté incrustable vous a réparties ? »[31]).

CATABASE : D'UN IRRÉVOCABLE L'AUTRE
« Il faut du chaos en soi pour mettre au monde des étoiles dansantes »
(Nietzsche, *Ainsi parlait Zarathoustra*).

L'irrévocable de l'histoire entre d'abord en tension avec la réversibilité : l'Irrévocable diabolique, « *la plus grande force de Satan* », qui témoigne de son emprise sur l'homme, nous attire vers la mort et le néant. Marcel Moré, dont nous suivrons ici les analyses pénétrantes[32], remarque que « l'Irrévocable, c'est d'abord le passé dans ce qu'il a de figé, de définitif : nous lui sommes enchaînés comme à un cadavre. « Souffrir passe, avoir souffert ne passe jamais. » L'Irrévocable du désespoir, c'est aussi le *déchet de notre liberté*, au plein exercice de laquelle Satan toujours s'oppose, « nos fautes s'enchaînent d'une manière inéluctable à travers les générations, et la mort même d'un Dieu n'a pu mettre fin aux conséquences historiques du péché originel. » La faillite de la Rédemption (le mot est de Bloy) n'est qu'apparente, l'homme n'est pas voué, comme chez Baudelaire[33], à l'irrémédiable damnation, il peut retrouver Dieu, rompre le pacte avec Satan « s'élancer du passé mort et figé, sautant par-dessus le fait inexorable, dépassant le désespoir éternel, pour s'enfoncer dans l'abîme sans fond de Dieu »[34].

Pensons à Marchenoir, le héros du *Désespéré*, aux prises avec l'Irrévocable :

– la misère qui est proprement diabolique (« forme spéciale de ma tribulation », dira Bloy), muraille de l'inaccompli, qui expose les âmes à la morsure du temps ;

– les « cochons » (version bloyenne des imbéciles de Bernanos), « masse anonyme des humains livrés à la toute-puissance de l'Irrévocable »[35] ;

– l'appel du gouffre d'en bas (la concupiscence, par exemple)...

C'est loin d'être un parcours béni pour enfant de chœur, et les larmes versées seront de sang. Marchenoir touchera le fond du désespoir, et c'est même ce qui le sauvera, comme si, par une sorte d'effet cathartique, cette plongée abyssale le dépouillait de toute espèce d'amour propre, de tout orgueil et de toute fausse liberté. Nous ne sommes pas très loin, toute chose égale d'ailleurs, de la *décréation* weilienne[36], qui ruine les arrogances du *moi*, nous arrache aux tentations idolâtriques et nous ouvre à la grâce.

> « Ce que Dieu ne peut pas faire [...] étant volontairement lié par sa propre miséricorde, de faibles hommes, en vertu de leur liberté [...] le peuvent accomplir pour leurs frères. Mourir au monde, mourir à soi, mourir, pour ainsi parler, au Dieu terrible, en s'anéantissant devant lui dans l'effrayante irradiation solaire de sa justice, voilà ce que peuvent faire des chrétiens lorsque la vieille machine de terre craque dans les cieux épouvantés... »[37].

Cet enfermement dans les ténèbres ne se fait pas sans risques, le sondeur d'épouvante, l'explorateur du gouffre – le poète – au seuil du néant, peut y laisser ses dernières plumes, Léon Bloy parle même d'une « dangereuse pédagogie de l'abîme ». À mesure qu'approche l'« imminente catastrophe » de la Fin des Temps, l'Irrévocable de l'Empereur des captifs – Satan – se fait plus insistant, plus redoutables se font ses attaques, comme nous l'enseigne l'*Apocalypse* de saint Jean. Mais, c'est au fond de cette nuit, et du fond de cette nuit, dans les ténèbres mêmes, égaré dans les dédales infernaux de l'effroi, au cœur de l'Abîme, que l'homme découvre « la joie dans le désespoir », que l'*Irrévocable du désespoir* – le pacte satanique et sa

« paralysante affreuseté » – se fait *Irrévocable de la joie*, par une réversibilité essentielle qui convertit le mal en bien, le temps en Éternité, ce qu'ils n'ont jamais cessé d'être d'une certaine manière, bien qu'un effet de prismes (le miroir paulinien) ait projeté dans la suite des temps l'ombre décalée – ce qu'autorise l'*absence* – de leur identité.

Bloy aimait à citer cette phrase de Carlyle : « *Le désespoir porté assez loin complète le cercle et redevient une sorte d'espérance ardente et féconde.* »

1• *Méditations d'un solitaire*, Œuvres de Léon Bloy, tome IX, Mercure de France, 1969, p. 268.

2• Œuvres, *op. cit.*, tome XIII, p. 319. Notons que Bloy avait en vue quelques archétypes philosophiques tout droit sortis de son laboratoire imaginaire, pour les besoins d'une cause sacrée - Hegel, par exemple (dont l'œuvre est partiellement traduite par Augusto Véra, un napolitain du siècle dernier) qui fait les frais du réquisitoire anti-moderne et anti-allemand (et anti-luthérien) de notre auteur. Disons-le tout net, Bloy fait rarement dans la dentelle et juge le plus souvent en méconnaissance de cause (et nous savons que la mauvaise foi est un des ressorts principaux de son irrésistible drôlerie), Bloy ne lit pas les philosophes ou guère, il ne les connaît que par ouï-dire, et fait une totale confiance à ceux de ses amis chargés de l'information théorique initiale (Ernest Hello, par exemple), gardant pour lui l'ultime estocade, le bon mot qui tue..

3• Œuvres, tome IX, p. 207.

4• Saint Thomas d'Aquin, *Somme Théologique*, I-II, 79, I ; 112, 3. (« Dieu n'est en aucune façon et sous aucun rapport cause du mal moral, ni directement, ni indirectement. » ; « La cause première du défaut de grâce vient de nous ») ; commentaires de Jacques Maritain *in Œuvres 1940-1963*, « Dieu et la permission du mal », DDB, 1978, p. 820.

5• Dans son excellent petit livre : *Léon Bloy*, DDB, 1966, p. 51, sq.

6• Début de l'alinéa 33 du « secret » de Mélanie, bergère de La Salette. Cité par Bloy, *Celle qui pleure*, Œuvres X, p. 231.

7• *Op. cit.*, Œuvres IX, p. 178.

8• *Méditations d'un solitaire en 1916*, Œ. IX, p. 268.

9• *Le Désespéré*, Œ., III, p.134.

10. Lu en exergue d'une émission de France-Culture : « Les Chemins de la connaissance », consacrée à La Théologie de l'histoire (produite par F. Angelier et F. L'Yvonnet) le 10 février 1995 (invité : Bernard Sarrazin).

11• « Quatre ans de captivité à Cochons-sur-Marne » (1er février 1903), Œ., XII, p. 148.

12• *Op. cit.*, Œ., IX, pp.178-179.

13• *Méditations d'un solitaire*, Œ., IX, p. 237.

14• Sophie Parraut, *in Bulletin de la Société des Études Bloyennes*, nᵒˢ 12-13, avril-juillet 1991, Nizet, Paris 1991, p. 78, sq.)

__media__/68e5.png

15• *Le Révélateur du globe*, Œ., I, p. 37
16• *Cf.* Catherine Backès-Clément, « La séduction du diable », *in Entretiens sur l'homme et le diable*, Mouton, 1965.
17• *Dans les ténèbres*, Œ., IX, « Le cœur de l'abîme », p. 300.
18• *Ibidem*, p. 299.
19• *Le Symbolisme de l'apparition*, Œ., X, p. 41.
20• *Ibidem*, p. 301.
21• *Le Désespéré*, Œ, III, op. cit.
22• *Bulletin de la S.E.B.*, *op. cit.*, nᵒˢ 12-13, p. 81.
23• Les « diableries » bloyennes iront se perdre parfois – c'est un risque que connurent quelques « Fins de siècle » – dans le satanisme de pacotille, et autres « vintraseries » ou « boullaneries » sulfureuses, pour amateurs de cabinets de curiosités.
24• *Cf. Le Mendiant ingrat*, Œ., XI, 6 juin 1894, p. 103 ; *cf.* également *Le Désespéré*, *op. cit.*, p. 131 : « Ainsi qu'il l'avait confié à son ami, il rêvait d'être le Champollion des événements historiques envisagés comme les hiéroglyphes divins d'une révélation par les symboles, corroborative de l'autre Révélation. »
25• *Cf.* P. Petit, *op. cit.*, pp. 61-62.
26• Albert Béguin, *Bloy, Mystique de la douleur*, éd. Labergerie, Paris, 1948, p. 95.
27• *Dans les ténèbres*, *op. cit.*, pp. 306-307.
28• Cité par A. Béguin, *Ibidem*, pp. 40-41.
29• « Le temps n'existant pas pour Dieu, l'inexplicable victoire de la Marne a pu être décidée par la prière très humble d'une petite fille qui ne naîtra que dans deux siècles. » *Méditations d'un solitaire, op. cit.*, p. 240.
30• *L'Âme de Napoléon*, Œ., V, p. 273.
31• *Méditations d'un solitaire*, Œ., IX, p. 238.
32• « La muraille de l'Irrévocable », in cahiers Résurrection « Léon Bloy », nᵒˢ 7-8, Didier, Toulouse, 1944 (repris *in Accords et dissonances*, Gallimard, 1967, édition à laquelle nous nous référons ici).
33• « Tandis que Baudelaire, regardant sans cesse vers la porte d'entrée, par laquelle il espère ressortir, reste immobilisé dans l'Enfer, lui [Bloy], faussant compagnie au poète, s'enfonce toujours plus avant dans les ténèbres à la rencontre de son Dieu en marche jusqu'à ce que, comme Dante, il débouche sous un nouveau ciel et découvre de nouvelles étoiles. » M. Moré, *op. cit.*, pp. 221-222.
34• *Ibidem*, p. 211.
35• *Ibid.*, p. 216.
36• Sur cette question de l'anéantissement mystique et de l'absolu dépouillement de l'âme chez Simone Weil, se reporter, entre autres textes, à *La Pesanteur et la grâce*, Plon, 1988, p. 42 sq.
37• *Le Désespéré*, *op. cit.*, p. 113.

Un instant d'inattention

Le *De malo* de saint Thomas d'aquin

Maurice de Gandillac

Pour tout lecteur ingénu des premiers chapitres de la *Genèse*, sans référence aux sources et parallèles babyloniens ni davantage aux exégèses philosophiques d'une théologie très postérieure, frappant est le discord entre l'affirmation originaire d'une création totale – celle du Ciel et de la Terre, sans aucune place pour quelque matière antécédente ou extérieure ni d'une quelconque puissance antagoniste à celle d'Elohim[1] – et, d'autre part, dès le second verset, une série d'oppositions, traces d'un secret dualisme, dès avant qu'apparaisse expressément, au quatrième verset, à propos de la Lumière, ce mot « bon » qui implique nécessairement son antonyme, le « mauvais », ici partout soigneusement occulté.

Serait-on jusqu'alors non « au-delà », comme dira Nietzsche, mais « en-deçà » du bon et du mauvais, dans une sorte d'innocence originaire ? Le texte n'interdit pas absolument cette interprétation, d'esprit bœhmien,

l'alternative Bien ou Mal n'apparaissant alors qu'avec cette séparation entre Lumière et Ténèbres dont le sens obvie est la naissance
d'une temporalité mesurable, mais où toute une tradition exégétique
lira la chute des mauvais Anges.

En vérité, on est irrésistiblement tenté d'entendre déjà comme « bon »
cet « Esprit de Dieu » (en hébreu du genre féminin) qui flotte sur les
eaux, et de supposer à quelque degré « mauvaises » – encore que créatures de Dieu, mais peut-être comme composantes nécessaires d'un
tout cohérent – tant les Ténèbres au-dessus de l'Abîme que la Terre et
son premier état de *tohu bohu*.

Reste que les « séparations » opérées les deux premiers Jours de
l'Hexaméron s'opèrent à l'intérieur de l'œuvre globale posée comme
telle par le premier verset qui fait naître Ciel et Terre du même *Fiat*[2].
La disjonction entre « là-haut » et l'« ici-bas » (notamment entre les
eaux du sol ou du sous-sol et celles qui tombent des nuées, les unes et
les autres ambivalentes, tantôt benédiction providentielle, tantôt
terrible châtiment) ne prend pas ici l'aspect franchement dualiste que
lui prêtent les doctrines dites par commodité « gnostiques » et dont
s'approcheront souvent, dans une certaine spiritualité ascétique, les
formulations extrêmes du *contemptus mundi*.

Dans le premier récit de la Création, de tradition « sacerdotale »,
aucune place n'est faite à une résistance de la matière contre l'esprit
ni à une puissance antagoniste à celle d'Elohim. Créé juste avant le
Shabat à l'image du Créateur, l'homme apparaît comme son inten-
dant sur terre. Valable paraît à ce niveau la formule de Descartes :
« Comme maître et possesseur de la nature. » Minéral, végétal et animal, le monde confié au labeur humain ne fait place, semble-t-il, à
aucun ennemi. Même des bêtes fauves nées au cinquième Jour, il est
écrit que « bonne » est la variété de leurs espèces et qu'à celles qui
rampent ne manquera point la nourrissante verdure.

On ne le sait que trop, avec le récit jahviste les choses vont se gâter.
Certes sur l'homme, ici présenté comme première créature, le Dieu
innommable, l'indicible Tétragramme, pour lui donner vie, a bien
soufflé lui-même, mais tel un potier, dans la glaise du sol primitif,
l'*adamah* dont fut fait Adam et dont il porte le nom. Pour paradi-
siaque que soit le séjour promis au premier couple, foncière paraît ici
sa sujétion au Créateur. À la promesse d'une heureuse prolifération
s'est substitué, en effet, un brutal interdit. Dès le premier instant, le
Mal s'annonce en toutes lettres dans la dénomination même de l'arbre

fatal avec, en filigrane la chute, l'expulsion, la malédiction, peut-être même le « repentir » divin

À cette catastrophe, des éléments de rédaction très ancienne, conservés dans le récit jahviste du Déluge, suggèrent l'active participation de personnages venus des mythologies païennes, capables de s'unir charnellement aux humains, mais l'épisode est bref, obscur, peu commenté et c'est bien par le péché du premier couple que s'actualise la fâcheuse virtualité signifiée dans le nom même de l'Arbre.

Comme il n'est pourtant guère pensable que soit naturellement rétif et indocile l'être en qui Dieu insuffla la vie (même s'il n'est point précisé ici qu'il l'ait façonné à sa ressemblance[3]), il faut donc qu'intervienne alors, pour le faire chuter, la bête que le texte désigne comme « la plus rusée ». C'est supposer assurément quelque épisode omis et justifiant, dans le monde animal, une dégradation de l'harmonie originelle[4].

Ne poursuivons pas davantage cette relecture de textes aussi obscurs que vénérables, notre propos étant plutôt de souligner chez le docteur angélique un effort très « sacerdotal » pour exténuer au maximum la volonté du mal à sa source même, jusque chez la créature angélique supposée sans corps et sans passion, plus proche qu'aucune autre de l'impeccabilité. Certes le serpent de Gen. 3,1-15 ressemble peu à ce Lucifer qui ne fut d'abord dans la Bible (notamment au verset 3 du Psaume messianique numéroté 109 par la Vulgate) que la brillante étoile du matin (notre Vénus) mais, pour la tradition ultérieure, « l'astre brillant qui tombe du ciel » – encore en Isaïe, 14, 12, métaphore du méchant roi de Babylone – paraît depuis l'Apocalypse (9, 1), sans y être nommé comme tel la Puissance démoniaque qui ouvre « le puits de l'Abîme »[5], le responsable supposé de l'intrusion du Mal, de la révolte consciente contre le Bien.

Ce qui le lie au serpent de l'Eden mais aussi à cette légende ophidienne qu'a longuement glosée Ernst Bloch, montrant toute l'ambiguïté du maudit animal dont bien connues sont les vertus pharmaceutiques (Moïse au désert le fit représenter en bronze pour protéger le peuple errant de son venin), c'est, en Apoc. 12, son expresse dénomination comme « le Satan, le Dragon, le Diable, qui fut jeté à terre et ses anges avec lui » – le chef, par conséquent, d'une cohorte céleste, mutinée et aussitôt déchue, qu'on comparerait volontiers à un Titan hésiodique si le motif de l'ire olympienne contre Prométhée n'était justement sa philanthropie alors que Lucifer ne cherche l'amitié des hommes que pour les mieux perdre.

Avec lui nous voilà loin de l'animal écailleux de si pauvre mine, sans doute introduit dans le Jardin des délices pour éprouver Adam et Ève, provocateur condamné, dès sa première mission, à manger la poussière et à subir l'inimitié de la femme – proche du Satan que présente le *Livre de Job*[6], docile exécutant d'une mise à l'épreuve du juste par l'accumulation des infortunes.

Pas plus que son décalque, le Méphisto de Gœthe dans le « Prologue au Ciel » du *Faust*, un tel acolyte, agent secret ou procureur du roi, ne fait guère de problème. Il en va autrement Grand Négateur que présente ensuite Gœthe, et davantage encore de la plus parfaite des créatures, le bel Ange qui se mue en Démon. Cas limite qu'un Thomas d'Aquin trouve nécessairement sur sa route dès qu'il prétend élucider le mystère du péché[7].

Dans un gros livre fort documenté[8], remaniement de sa thèse de théologie, Laurent Sentis oppose à la vaine et même dérisoire « théodicée » philosophique de Proclus ou de Leibniz une « foi chrétienne » seule capable, croit-il, de « surmonter », sinon de résoudre, « le dilemme d'Épicure »[9] – ceci, pense-t-il, grâce au pieux acte de confiance que prête l'Écriture à l'Iduméen Job, une fois rejetées toutes les « justifications » de son malheur –, recours ultime aussi du « philosophe » d'Abélard, une fois épuisés les arguments classiques de la théodicée augustinienne, dans son dialogue avec un juif et un chrétien[10]. Mais nous importent davantage ici les arguments qu'il trouve chez l'Angélique, surtout développés dans les deux *Sommes* et, quoi qu'en dise ce récent commentateur, relevant, pour une très grand part de la théodicée philosophique.

Les textes invoqués montrent de part en part chez l'Aquinate – fidèle à l'Aréopagite pour qui le Mal n'est aucun existant ni rien même qui lui puisse advenir comme accident[11] – le souci d'occulter même chez Lucifer (du moins à l'origine de sa déchéance) le scandale d'une volonté méchante.

Au siècle précédent, Abélard avait surpris et même scandalisé en écrivant que le désir comme le vouloir de l'homme, même pécheur, sont naturellement orientés vers d'authentiques biens, tant le fruit savoureux qui le tente dans le verger d'autui que la femme mariée dont les charmes n'ont par eux-mêmes rien de diabolique. Condamnable est seulement l'oubli du précepte divin qui, réglant le partage des biens et l'usage des épouses, interdit à cet effet le vol et l'adultère.

Sans aller, bien sûr, comme Jean de Meung, dans la seconde partie du *Roman de la Rose*, jusqu'à justifier par leur seule présence tout usage des instruments naturels du plaisir, saint Thomas lui-même, considérant l'exemple classique de David (d'après II Samuel, 11 et 12), souligne qu'en désirant Bethsabée quand il la vit au bain en toute sa beauté, le roi qui chantait devant l'arche ne voulut certes rien de mal[12]. Sa seule faute fut d'oublier, jusqu'à ce que Nathan le lui vînt rappeler, que plus grand bien est obéir au précepte divin que suivre l'instinct de nature.

Ainsi le péché naîtrait moins d'une malice positive que d'une absence de « considération », d'un défaut de « prise en compte », d'une sorte d'« inattention », mot que Sentis accepte tout en refusant les termes équivalents « distraction » et « étourderie ». Dès lors que, dans la tradition socratique (et selon l'enseignement d'Aristote), on exclut le méchant vouloir, faute de recourir à l'« inconscient » de Freud ou à la « mauvaise foi » de Sartre, ne reste comme explication que l'« inadvertance ». Cette manière d'envisager le péché humain est expressément étendue à celui d'Adam et d'Ève, trop émus par la promesse explicite d'un serpent bien présent devant eux pour ne pas perdre un instant de vue l'interdit qui leur fut notifié, à l'état brut, sans motivation, par ce maître des lieux dont on nous dit qu'à cet instant décisif il se promène au frais dans une autre partie de son jardin.

Passe pour la faute, pardonnable et expiable, d'une créature faite de glaise, mais l'argument de l'inattention vaut-il pour la chute de l'Ange et de ses diaboliques cohortes ? Visiblement embarrassé, le docteur angélique s'est repris, paraît-il, à trois fois pour rédiger le chapitre 109 de la troisième partie de sa *Somme contre les Gentils* où Sentis voit un des meilleurs témoignages de son « génie spéculatif ».

On y lit que, l'Ange n'étant qu'esprit, ce n'est assurément pas son appétit sensuel qu'on doit incriminer. Faute chez lui de « passion qui lie raison ou intellect et d'*habitus* préexistant qui l'incline au premier péché », il ne peut s'agir chez lui que d'un jugement erroné quant à l'ordre des fins, mais cette erreur elle-même n'est aussi qu'une absence presque fortuite, le déplorable instant où la plus parfaite créature, considérant à bon droit sa propre perfection, commet le péché d'orgueil, c'est-à-dire sans révolte ni récrimination, sans jalousie ou haine de Dieu, omet tout simplement de considérer – dans l'essentielle subordination de sa propre perfection à celle , « suréminente », de son Créateur – la part purement gracieuse d'un don surnaturel.

De l'Ange, en effet, seul échappe à tout péché possible cet « amour naturel » pour son Créateur qui est le « principe même de son existence ». À ce niveau, il ne saurait pas plus échapper à la norme que ne dévient de leur orbe les astres incorruptibles. Il en va autrement, pense l'Aquinate, pour cet octroi gratuit d'une participation à la divine Béatitude qui, à l'en croire, n'appartient pas, comme telle, aux « fins propres » de la plus parfaite créature[13]. Il n'est donc pas exclu que celle-ci l'oublie un instant et de la sorte « détourne sa perfection de son ultime fin. » Le ver, dès lors, est dans le fruit et la coupure symbolique entre Ténèbres et Lumière prend l'aspect dramatique d'un combat entre Ciel et Enfer, plus angoissant à coup sûr pour un Médiéval que pour le théologien du XXe siècle qui, comme Sentis, voit dans l'éternelle damnation la « solitude » du malheureux qui « s'enfoncerait de tout son élan dans l'orgueil et le mépris de ce qui n'est pas soi. »

On aura noté le prudent conditionnel, mais aussi la distance entre cette sorte de limite dialectique – qui fait encore place à un engagement volontaire et répété dans l'égoïsme – et l'hypothèse, au plus haut niveau du monde créé, d'un Mal surgi du simple instant d'inattention à une grâce surnaturelle.

Il nous souvient d'avoir entendu en 1936, à Pontigny, Martin Buber illustrer par deux mouvements de main le dualisme persan (index antagonistes pointés l'un contre l'autre) et la vision hébraïque de la chute (esquisse d'un tournoiement, d'une descente en tourbillon vers l'Abîme). Même sans admettre quelque Ormuzd dès l'origine luttant contre Ahriman, on hésite à ne voir dans la haine qui produit les shoahs la conséquence d'un simple instant d'inattention.

1• Ce pluriel ne peut renvoyer qu'à une richesse interne de la Puissance créatrice. Même si les Hébreux ont cru longtemps à l'existence d'autres dieux, ceux des Nations, c'est Elohim seul, pour eux, qui a tout créé, même le monde des impies et des idolâtres.

2• Qu'il ne se précise comme Verbe créateur qu'au quatrième Jour n'implique aucune différence de nature entre ces phases successives de surgissement.

3• Dans cette version le Créateur, il est vrai, semble proprement « jaloux ». Une fois perdue l'innocence première, sachant la distinction du bien et du mal, l'homme lui porte ombrage (*Gen.*, 3, 22, attitude analogue, sous une autre formulation en 11, 7 à propos de la Tour de Babel), il faut donc le punir en lui interdisant l'accès à l'arbre de vie, comme plus tard en confondant les langues, empêcher le groupement de tous en une même communauté.

4• Plus nette, il est vrai dans le document sacerdotal que dans le jahviste, lequel ne présente d'abord au jardin d'Eden que des arbres et de fruits, nul de ces animaux que l'autre récit déclare tous bons.

5• Serait-ce donc celui qui béait dès l'origine sous les Ténèbres, inclus par conséquent, en vue de la faute à venir, dans l'ordre même de la Création ? Laissons ouverte, comme bien d'autres, une question qui ne touche que latéralement au présent propos.

6• Conte fort impertinent tout aussi paradoxalement inclus dans les Écritures que le brûlant chant d'amour qu'est littéralement le Cantique.

7• Héritage grec et iranien, l'Ange apparaît moins dans le Pentateuque comme personne autonome que comme une façon convenue de faire parler Dieu aux hommes, voire de lui prêter un corps pour lutter contre Jacob, mais cette créature, supposée alors pur esprit, servira souvent aux Scolastiques pour explorer, par une sorte d'expérience de pensée, des cas limites comme le mouvement instantané ou la composition d'essence et d'existence tenant lieu d'hylémorphisme.

8• *Saint Thomas d'Aquin et le Mal*, Beauchesne Paris 1992.

9• Si Dieu est Toute bonté, le mal du monde montre les limites de sa puissance. Est-il omnipotent, comment le croire parfaitement bon ?

10• *Conférences*, Le Cerf, Paris, 1993, p. 204).

11• Unissant métaphysique et mystique, maître Eckhart prêchera que ce qui brûle en Enfer est un *Nichts*.

12• En insistant sur cet aspect de la faute, l'Aquinate se donne beau jeu. Moins facilement réductible à un bien réel mais inférieur paraît, en effet, le meurtre médité du mari légitime, Uri le Hittite. Le Psaume 51 (*Miserere*), prêté au roi repentant, souligne la gravité du crime et, au verset 7, l'attribue expressément, sinon au péché originel tel que le définira l'Épître aux Romains (5, 21 sq.), du moins à une « détérioration » congénitale de la nature humaine.

13• Une fois admise l'idée d'une créature totalement lumineuse, cette restriction ne paraît pas si évidente. Elle relève d'un soin de distinguer partout nature et surnature contre lequel s'élèveront Eckhart et ses disciples.

Désespérément vertueux

Rencontre avec André Comte-Sponville

D'où vient le mal ? », demandait Leibniz (*Théodicée*, I, 20). C'est le problème de toute théodicée : « *Si Deus est, unde malum ? Si non est, unde bonum ?* » (« *Si Dieu existe, d'où vient le mal ? S'il n'existe pas, d'où vient le bien ?* »). Est-ce encore le nôtre ? Je n'en suis pas sûr. Il se peut que Dieu nous soit devenu trop étranger pour que l'origine du mal nous fasse encore problème. Quant à l'origine du bien... Le corps et le monde pourraient suffire. Le problème aujourd'hui, me semble-t-il, est moins d'expliquer le mal dans le monde (comment n'y en aurait-il pas ?) que d'expliquer le monde lui-même. En quoi nous restons fidèles à Leibniz : « Pourquoi y a-t-il quelque chose plutôt que rien ? » C'est la grande question, disait-il, et il avait évidemment raison – quand bien même cette question serait sans réponse, comme je le crois, sans autre réponse que l'être même, qui n'en est pas une, et c'est pourquoi au fond (mais ce fond n'en est pas un !) il n'y pas de question. Le réel suffit au réel, et l'être répond seul aux questions qu'il ne pose pas. Cela fait un grand silence, qui est le monde, et la paix du monde.

Oui, mais le réel ne nous suffit pas, à nous, ni son silence, ni sa paix ; et nous hurlons dans le noir. « Semblables, disait Lucrèce, aux enfants qui tremblent et s'effraient de tout dans les ténèbres aveugles...» Comment autrement, puisque nous souffrons – puisque nous avons souffert, puisque nous souffrirons –, seuls et nus, comme des enfants en effet, sans défense contre l'horreur et la mort ? La philosophie n'est qu'une ruse d'écoliers, parmi d'autres. Il n'y a pas de grandes personnes. ANDRÉ COMTE-SPONVILLE[1].

■ **FRANÇOIS L'YVONNET :** *Si on ne peut raisonnablement et décemment douter de l'existence du mal tel qu'il se manifeste avec suffisamment d'évidence autour de nous, sinon en nous, c'est une tout autre affaire que de vouloir le penser, et la difficulté ne commence-t-elle pas justement dès lors que l'on se place, non au seul plan de la diversité effective des maux, qu'il suffirait comme telle de décrire, mais au plan du concept et de sa légitimité ?*

■ **ANDRÉ COMTE-SPONVILLE :** C'est un peu vrai de tous les concepts... Comme disait Montaigne, je cite de mémoire : « *Quelque diversité d'herbes qu'il y ait, tout s'enveloppe sous le mot de salade.* » Par définition, un concept unifie, subsume, comme diraient les philosophes, un divers empirique. La question se pose donc toujours. Ainsi le mal se dit-il multiplement, se dit-il en plusieurs sens, comme l'être selon Aristote. Il n'en reste pas moins que ce qui me semble unifier quant au fond cette notion de mal, c'est qu'il est le contraire de ce que l'on désirerait. Si bien qu'à mon sens, et c'est en quoi je reste fidèle à Spinoza, le mal ne se donne pas comme un absolu par rapport auquel on se déterminerait, mais au contraire comme le corrélat négatif du désir. Vous connaissez la formule de Spinoza dans l'*Éthique*, livre III, scolie de la proposition 9 : « *Ce n'est pas parce qu'une chose est bonne que nous la désirons, c'est inversement parce que nous la désirons que nous la jugeons bonne.* » Je dirais de la même façon – et Spinoza serait d'accord, il l'a d'ailleurs dit presque en ces termes : « *Ce n'est pas parce qu'une chose est mauvaise que nous l'avons en aversion, c'est parce que nous l'avons en aversion qu'elle nous paraît*

1. Extrait de la préface de : *Où est le mal ?*, ouvrage collectif, sous la direction de J. Porée et A. Vergnioux, L'Harmattan, 1994.

mauvaise. » Autrement dit, le mal c'est d'abord ce qu'on ne désire pas, ou plus exactement, c'est ce qu'on a en aversion, c'est donc le contraire de ce qu'on désire ou le contraire de ce qu'on désirerait. Il n'en reste pas moins que, comme on désire des choses différentes et de façon différente, le mal se dit effectivement en plusieurs sens, et on peut reprendre ici l'idée de Leibniz dans la *Théodicée*, où il distingue le mal métaphysique, le mal physique et le mal moral. Le mal métaphysique, explique-t-il, c'est l'imperfection ; le mal physique, c'est la souffrance ; le mal moral, c'est le péché. Et je crois qu'il a raison. En effet, le mal peut se dire et se dit essentiellement en ces trois sens. On désirerait que le réel soit parfait, autrement dit, que le monde soit Dieu, ce qui est assurément impossible, puisque si le monde était Dieu il n'y aurait que Dieu, il n'y aurait pas de monde (comme l'a vu Leibniz et comme le confirmera Simone Weil, dont nous avons déjà parlé ensemble[2]) : cette imperfection, c'est le mal métaphysique. Nous désirerions qu'il n'y ait pas de souffrance, or il y a de la souffrance : c'est le mal physique. Nous désirerions qu'il n'y ait pas de péché, or il y a du péché : c'est le mal moral.

La difficulté, pour moi, porte surtout sur cette troisième notion, car qu'est-ce que le péché s'il n'y a pas de Dieu, pas de diable, pas de commandement absolu ? Je dirais, avec Kant au fond, et finalement avec Pascal, que le mal moral – ce que Leibniz désigne par le mot « péché » –, c'est essentiellement l'égoïsme. Autrement dit, que personne ne fait le mal pour le mal, comme on le croit parfois, et qu'en ce sens personne n'est méchant au sens de Kant, que nous sommes simplement mauvais. Nous ne faisons pas le mal pour le mal, nous faisons le mal pour un bien : nous faisons du mal à l'autre pour notre bien à nous. Mes élèves de Terminale, naguère, lorsque je leur disais cela, très souvent évoquaient le sadique, qui fait le mal pour le mal, disaient-ils. Pas du tout, leur répondais-je, il fait du mal à l'autre parce que ça lui fait plaisir à lui ; or son plaisir, pour lui, c'est un bien... Il fait donc du mal à l'autre pour son bien à soi, comme nous tous quand nous faisons du mal : la vérité du sadique, comme de n'importe qui, c'est l'égoïsme. Je crois ainsi que la vérité du mal moral, c'est l'égoïsme : non pas le fait de s'aimer soi-même, ce qui me paraît évidemment légitime, mais le fait de s'aimer plus que tout, voire de n'aimer que soi, au point d'être prêt à faire souffrir l'autre,

2. « La grande disciple », entretien, *in Simone Weil, Le Grand passage, Question de*/Albin Michel, 1994.

ou à le laisser souffrir, pour augmenter ou pour ne pas compromettre son bien propre.

▨ **F. L.** : *Dans* Vivre[3], *deuxième tome de votre* Traité du désespoir et de la béatitude, *la première moitié de l'ouvrage est consacrée à la question du bien et du mal – « Au delà du bien et du mal ? », c'est le titre que vous avez donné à ces cent cinquante premières pages du livre –, vous commencez par un commentaire de l'anneau de Gygès, mythe exposé par Platon dans la* République. *C'est pour vous l'occasion d'une réflexion éthique fondamentale : d'un côté vous défendez avec Platon l'existence du fait moral, et vous égratignez Sade à cette occasion ; en même temps vous produisez une critique du même Platon et, partant, de Kant, de Sartre, etc., des morales dites « idéalistes », qui reposeraient sur l'idée d'espérance. À leur propos, vous parlez de tristesse et de haine, vous leur opposez l'idée d'une morale du désespoir, une sorte de désespoir rationnel. Pourriez-vous préciser votre pensée ?*

▨ **A. C.-S** : En effet, d'un côté, avec Platon, j'essaye de montrer qu'il y a un fait moral irrécusable ; autrement dit, qu'on ne peut pas réduire la moralité à la simple peur ou à l'hypocrisie –contrairement à ce que prétend Glaucon, qui se fait l'interprète de cette thèse dans le deuxième livre de la *République* – et que, quand bien même j'aurais le pouvoir de me rendre invisible (c'est le thème du mythe de l'anneau de Gygès), quand bien même je pourrais faire le mal sans aucun risque, sans que personne le sache, « *inconnu des hommes et de Dieu* », comme dit Platon, il n'en reste pas moins qu'il y a des choses que je m'interdirais, et cela vaut pour chacun d'entre nous. Nous sentons en nous le refus du mal, la condamnation du mal, non pas bien sûr que nous ne fassions jamais de mal, mais en ce sens qu'il y a du mal que nous nous refusons de faire, quand bien même il n'y aurait pour nous que des bénéfices à en attendre, quand bien même nous serions invisibles.

Donc, d'un côté, le fait moral comme dimension de la conscience me paraît irrécusable. Sur ce point, je crois que Platon a raison, de même que Kant dans les *Fondements de la métaphysique des mœurs*. Reste alors à interpréter cette dimension de la conscience, ce fait moral. Ce qui me distingue de Platon et peut-être encore plus clairement de Kant et de Sartre, c'est surtout le fait que je n'ai jamais pu croire au

---

3. PUF, coll. « Perspectives critiques », 1988.

libre arbitre, et c'est cela le rapport avec l'espérance. Le libre arbitre, comme pouvoir de choix, ne peut porter par définition que sur l'avenir : le choix ne porte jamais sur le passé (*on n'a pas le choix d'avoir saccagé Troie*, comme dit Aristote dans l'*Éthique à Nicomaque*), ni même vraiment sur le présent (nous n'avons pas le choix d'être assis en ce moment puisque nous le sommes, nous n'avons que le choix de nous lever ou de rester assis dans l'instant qui suit immédiatement). Ainsi, le libre arbitre ne peut porter que sur l'avenir, sur ce qui n'existe pas – ce pour quoi Sartre l'interprète très profondément en tant que néant, et ce pour quoi, précisément, cela signifie pour moi qu'il n'existe pas.

D'un côté, donc, il y a bien un fait moral irrécusable, il y a des choses qu'en effet nous nous interdisons, mais qu'on ne peut pas penser comme absolues, auxquelles on ne peut pas donner un contenu ontologique parfaitement consistant si l'on récuse l'idée de libre arbitre. C'est pourquoi, à cette morale de la haine, à cette morale de la culpabilisation, de la condamnation, j'oppose ce que j'appellerais plutôt une éthique de la miséricorde. Miséricorde, puisque si les hommes sont déterminés, si chacun est soumis à son histoire, à son hérédité, à son corps, à son inconscient, à son environnement social..., il n'y a pas lieu de le haïr. Comme le dit Spinoza, les hommes se détestent d'autant plus qu'ils se figurent d'être libres, et donc d'autant moins qu'ils se savent déterminés. C'est malgré tout une éthique, parce que le fait que le méchant ou le salaud soit déterminé n'empêche pas qu'il soit effectivement méchant ou salaud. Comme dit encore Spinoza : « Le chien enragé, ce n'est pas de sa faute s'il est enragé ; mais on a pourtant le droit de l'abattre. »

En d'autres termes, il y a assurément des différences de valeurs, il y a assurément des gens plus généreux que d'autres, plus courageux que d'autres, et d'autres plus égoïstes, plus lâches, plus cruels, etc. Ces différences ne me paraissent pas relever d'un libre choix de la volonté, de ce que Marcel Conche appelle le pouvoir indéterminé de se déterminer soi-même, donc du libre arbitre ; elles me paraissent au contraire relever de ce que Spinoza nommerait la nécessité, c'est-à-dire de toutes ces déterminations qui nous font ce que nous sommes, et qui suffisent, dès lors qu'on les connaît, à court-circuiter la haine – c'est pourquoi je parle de miséricorde –, mais qui ne suffisent en aucun cas à annuler les différences de valeurs. Entre un rat et un ange, dit Spinoza, même si chacun d'entre eux est déterminé à être ce qu'il est, la différence demeure : qu'ils soient l'un et l'autre déterminés, ça ne veut pas dire qu'un rat soit une espèce d'ange ni qu'un ange soit une espèce de rat. Entre le héros et le salaud, même si chacun est déterminé à être ce qu'il est, la différence demeure également : qu'ils soient déterminés l'un et l'autre ne veut pas dire que le héros soit un salaud, ni que le salaud soit un héros.

▪ **F. L. :** *Vous avez fait allusion à Sartre qui, dans* L'Existentialisme est un humanisme, *se plaît à citer Dostoïevski : « Si Dieu n'existait pas, tout serait permis. » Or vous montrez que Sartre n'échappe pas, en acceptant ce « tout est permis » – et ce malgré sa volonté d'athéisme –, à une certaine religiosité, celle qui concerne l'avenir.*

▪ **A. C.-S :** Qui est une religiosité de la liberté, donc de l'avenir. La notion centrale étant ici la notion de projet. Je trouve que le chapitre de Sartre sur la liberté, dans *L'Être et le néant*, est l'un des plus profonds qui soit, et lorsque je fais un cours sur la liberté, je fais toujours référence, entre autres textes, à celui-ci. Pourtant, il vaut pour moi en même temps comme réfutation : parce que, montre Sartre, qui dit liberté dit avenir, donc néant. Et c'est pourquoi, pour moi, la liberté n'existe pas ; ce que Sartre n'a jamais réussi à rendre absolument concevable, me semble-t-il, c'est que le néant soit quelque chose, que le néant ne soit pas rien...

▪ **F. L. :** *D'où, peut-être, l'inconsistance de sa morale...*

▪ **A. C.-S :** ... d'où l'inconsistance de sa morale, d'où surtout l'échec de sa morale. Parce que si la liberté c'est le néant, la morale est sans objet. On peut faire alors n'importe quelle morale, et Sartre ne peut donc en justifier aucune. C'est pourquoi je dirais que l'absence d'un tome II de *L'Être et le néant* était comme programmée à l'avance. C'est sans doute facile de le dire après coup, mais il me semble que, sur la pure décision, sur la pure liberté, on ne peut fonder ou ancrer aucune morale. Quant aux *Cahiers sur la morale*, œuvre posthume, inachevée, et d'un contenu philosophique assez pauvre, ils tendraient plutôt à expliquer pourquoi Sartre a dû renoncer à son grand livre sur la morale annoncé à la fin de *L'Être et le néant*...

Mais revenons à Dostoïevski. Je crois qu'il a tort et que si Dieu n'existe pas, tout n'est pas permis, parce que – même sans Dieu – nous ne nous permettons pas tout. Autrement dit, pour moi, la morale, notamment l'interdit, ne vient pas de Dieu, bien sûr, ni de la liberté qui en tient lieu (et c'est le beau texte sur la liberté chez Descartes, dans *Situation I*, où Sartre montre que ce qu'il reprend de Descartes c'est l'idée de liberté infinie telle qu'elle est en Dieu et en nous) ; la morale ne vient pas de cette liberté absolue, métaphysique, que les philosophes appellent « libre arbitre » : elle vient de l'humanité telle qu'elle est, telle qu'elle est devenue, elle vient de l'histoire. C'est l'humanité qui ne nous permet pas tout : il s'agit de n'être pas indigne de ce que l'humanité a fait de soi et de nous.

C'est pourquoi il n'y a pas, pour moi, de fondement de la morale, si on entend par là un fondement métaphysique absolu ; ce qui en tient lieu, c'est la fidélité. La foi en Dieu du côté de Dostoïevski et la foi en la liberté du côté de Sartre sont finalement des mouvements de croyance qui font être le néant imaginairement. De mon point de vue d'athée, j'oppose la foi à la fidélité (les deux mots viennent du latin *fides*) ; en somme, la fidélité est ce qui reste de la foi quand on l'a perdue. Dès lors qu'on n'a plus la foi en aucun absolu, qu'on ne croit plus en Dieu, qu'on ne croit plus en cette liberté absolue, et donc qu'on ne croit plus en l'homme comme sujet absolument libre, il reste à être fidèle à l'homme dans la nécessité de son histoire. Encore une fois, il s'agit de n'être pas indigne de ce que l'humanité a fait de soi et de nous, du moins (car la fidélité doit bien sûr être critique) de ce qu'elle a fait de meilleur.

■ **F. L.** : *Dans* Valeur et vérité[4], *vous parlez d'une pensée cynique, qui disjoindrait ce qu'une certaine pensée métaphysique et religieuse – de Platon à Simone Weil – au contraire conjoindrait, à savoir l'être et la valeur. Vous dites que ce qui est n'est pas ce qui doit être ; comment expliquer cela ?*

■ **A. C.-S** : C'est pour moi un point absolument central. D'un côté, la plupart des philosophes entrent dans ce que j'appelle le « dogmatisme pratique » – ils pensent que l'action, la *praxis*, peut-être pensée et jugée en vérité – et conjoignent en effet l'être et le bien, le réel et la valeur : ce qui est, est bon, le bien est, l'être vaut, le maximum d'être est en même temps le maximum de valeur, comme on le voit chez Platon autour du Bien en soi, comme on le voit aussi dans le christianisme, où le bon Dieu et le vrai Dieu sont le même. Le dogmatisme pratique est donc l'affirmation que la vérité et la valeur vont ensemble, sous la domination de la vérité : la valeur qui est vraie, le

---

4.PUF, coll. « Perspectives critiques », 1994.

bien est *vraiment* bien. J'oppose à ce dogmatisme pratique ce que j'appelle la « sophistique » (et, je crois, en assez grande fidélité à ce qu'a été historiquement le grand courant, à bien des égards estimable voire admirable, des sophistes antiques), qui va nous dire, comme les philosophes dogmatiques, que la vérité et la valeur vont ensemble, qu'elles sont du même côté, mais cette fois au bénéfice de la valeur. En d'autres termes, pour le dogmatisme pratique, la valeur est une vérité ; pour les sophistes, la vérité n'est qu'une valeur. Pour les philosophes dogmatiques, le juste est juste comme deux et deux font quatre ; pour les sophistes, deux et deux ne font quatre que comme le juste est juste, c'est-à-dire relativement à un certain jugement, à un certain désir, à un certain point de vue, à une certaine histoire, etc. En bref, pour le dogmatisme pratique, tout est vrai, y compris les valeurs ; pour la sophistique, tout vaut, y compris la vérité. Mais si la vérité n'est qu'une valeur, si elle n'est que le corrélat d'un désir, etc., elle cesse d'être vraie... C'est pourquoi, pour les sophistes, il n'y a pas de vérité, il n'y a que de la valeur ; il n'y a pas de faits, il n'y a que de l'interprétation, comme le dira Nietzsche (qui, de ce point de vue, est peut-être le plus grand des sophistes, en tous cas le grand sophiste de la modernité).

Contre ce qui me paraît être l'erreur commune du dogmatisme pratique et de la sophistique, c'est-à-dire de penser ensemble la vérité et la valeur sous la même catégorie, j'essaye de suggérer une autre position. Elle consisterait à disjoindre radicalement l'ordre des valeurs et l'ordre des vérités, l'ordre pratique et l'ordre théorique, en disant que le vrai n'est pas bien, que le bien n'est pas vrai, que ce qui est n'est pas ce qui doit être, et que ce qui doit être, ou qui devrait être, n'est pas. Cela interdit de fonder la morale sur la connaissance, et donc finalement de la *fonder*, en toute rigueur, et oblige à habiter l'espace qui sépare l'ordre de l'être de l'ordre du devoir être, la vérité de la valeur... C'est ce que j'appelle le cynisme – au sens de Diogène et Machiavel – : le cynique essaie d'être fidèle au vrai et au bien, sans les confondre ni les réduire l'un à l'autre, il essaie d'habiter l'abîme qui les sépare, ainsi que l'amour, parfois, qui les unit...

■ **F. L. :** *Il n'y a qu'un seul monde, affirmez-vous, d'où votre volonté de penser la productivité du désir et l'amour du réel disponible. Pourtant, et c'est assurément un des aspects originaux de votre pensée, cela n'exclut pas l'exigence morale. Chez des penseurs voisins, je pense à Clément*

*Rosset, par exemple, il y a comme une sorte d'inconséquence à vouloir
passer de l'amour du réel, de l'affirmation du désir à une quelconque exigence éthique...*

▓ **A. C.-S :** Ici, je crois que le couple Spinoza-Nietzsche est décisif.
Clément Rosset et moi-même, et on pourrait ajouter Gilles Deleuze
(deux philosophes pour lesquels, cela va sans dire, j'ai beaucoup de
respect), avons en commun une proximité avec Spinoza et Nietzsche,
et donc à ce qui leur est commun – c'est-à-dire, pour aller à l'essentiel, une philosophie de l'immanence, de l'affirmation, une philosophie du désir (chez Spinoza) ou de la volonté de puissance (chez
Nietzsche). Mais Clément Rosset et Gilles Deleuze ont choisi, lorsque
Spinoza et Nietzsche s'opposent, d'être du côté de ce dernier – c'est ce
qui nous sépare –, quitte à minimiser cette opposition ou à faire
comme s'il n'y avait pas de différence entre les deux – c'est là où, me
semble-t-il, Rosset et surtout Deleuze, qui a davantage travaillé en
tant qu'historien de la philosophie, se trompent. Je pense que ce que
Gilles Deleuze écrit sur Nietzsche est vrai pour l'essentiel, mais que
son propos sur Spinoza est souvent faux ou discutable, dans la mesure
même où il en fait un nietzschéen.

Quelle est la grande différence entre Spinoza et Nietzsche ? C'est justement la façon de penser le désir. Ils ont en commun de penser qu'il
n'y a de valeur que pour et par le désir, que la valeur n'est pas un
absolu, n'est pas un « quelque chose en soi », comme dit Epicure à
propos de la justice, que la valeur est le corrélat du désir, ou de la volonté : on appelle « bien » ce qu'on désire. Mais la direction du désir
chez Spinoza, c'est la direction de l'amour, alors que la direction du
désir chez Nietzsche, c'est la puissance.

Le désir, chez Spinoza, c'est le *conatus* : je désire exister le plus possible, mais à chaque fois qu'il y a un accroissement d'être, il y a joie,
et à chaque fois qu'il y a joie, il y a amour, puisque (c'est la définition
six des affections) : « *L'amour est une joie qu'accompagne l'idée d'une
cause extérieure* » ; ainsi, pour Spinoza, le chemin normal est le suivant : *conatus* (l'effort pour persévérer dans l'être), donc désir, donc
joie, donc amour. Ici, il se situe dans la pure filiation, non seulement
christique, mais évangélique, comme le montre de façon absolument
décisive Alexandre Matheron dans son extraordinaire livre *Le Christ
et le salut des ignorants chez Spinoza*.

Chez Nietzsche, la direction est celle de la volonté de puissance, très
proche du *conatus*, en un sens, mais qui ne débouche nullement sur

l'amour. Elle débouche sur une joie qui n'a d'autre dimension que l'affirmation de la puissance elle-même, autrement dit qui rate ce débouché éthique, à la fois très traditionnel et pour moi décisif, qui est évidemment l'amour.

À mon sens, ce qui interdit à Gilles Deleuze et à Clément Rosset de déboucher sur une éthique, c'est d'avoir raté ce passage du désir à l'amour par la médiation de la joie. On peut fonder une éthique sur l'amour, et c'est même l'éthique la plus évidente dans notre civilisation judéo-chrétienne ; mais il me semble impossible de fonder une éthique sur la seule puissance – cette éthique ne saurait en tout cas nous satisfaire.

▨ **F. L. :** *Vous vous plaisez à dire que l'amour nous libère de la morale. Serait-ce alors parce qu'ils en ignoreraient l'occurrence, leurs pensées ne s'autorisant jamais cette ouverture, que Gilles Deleuze et Clément Rosset – toute chose égale d'ailleurs – redouteraient l'exigence morale et la pesanteur du moralisme (au sens de la « moraline » nietzschéenne) ?*

▨ **A. C.-S :** Du même coup, en effet, ils ne peuvent avoir de la morale qu'une vision répressive, culpabilisatrice, castratrice ; ils tendent toujours à l'identifier à ce qu'on appelle, pour la condamner, l'« ordre moral ». Ce que montre Spinoza, c'est au contraire que l'amour, loin de nous enfermer dans la morale, nous en libère ; mais aussi que la morale, quand l'amour fait défaut (c'est-à-dire presque toujours !), reste nécessaire. C'est pourquoi, pour ma part, dans un chapitre de *Valeur et vérité*, j'ai essayé de retravailler sur les notions d'éthique et de morale – d'ailleurs en assez grande continuité avec mon maître Marcel Conche, mais aussi avec Gilles Deleuze, que je cite abondamment en la circonstance –, en montrant, sans entrer ici dans les détails, que l'on peut appeler « morale » tout ce qu'on fait par devoir, et « éthique » tout ce qu'on fait par désir et/ou par amour. C'est pourquoi l'amour – comme l'éthique – nous libère de la morale ; et c'est pourquoi l'*Éthique* de Spinoza est bien une éthique et non pas une morale, parce que dès lors qu'on aime, on n'a plus à se préoccuper du devoir.

Quelle mère nourrit son enfant par devoir ? J'ai moi-même trois enfants, l'aîné a treize ans, je vous jure bien que pas une seule fois en treize ans je ne l'ai nourri par devoir ! Je sais bien que ce serait mon devoir de le nourrir, mais ce n'est pas pour cela que je le fais : l'amour y suffit, et vaut mieux. Et quelle plus atroce expression que celle de

« devoir conjugal » ? Tant qu'il y a de l'amour, tant qu'il y a du désir, on n'a pas besoin de devoir. L'amour libère de la morale, l'amour libère de la loi, et c'est tant mieux.

Comme dit Spinoza à propos du Christ vis-à-vis de ses disciples : *il les libéra de la loi, et en même temps*, ajoute-t-il, *il l'inscrivit à jamais au fond des cœurs.* C'est ce que Gilles Deleuze, me semble-t-il, n'a pas perçu. Le Christ, d'après Spinoza, libère ses disciples de la loi, en leur disant en substance, c'est une formule qu'on trouve chez saint Augustin : « *Aime et fais ce que tu veux* » ; mais en même temps, continue Spinoza, il inscrivit la loi à jamais au fond des cœurs, parce que, comme le dit le Christ des Évangiles : « *Je ne suis pas venu abolir mais accomplir.* » Le Christ « inscrit la loi au fond des cœurs », parce qu'il dit à ses disciples que ce qu'ils faisaient auparavant par respect de la loi, c'est-à-dire par devoir, par soumission, tristement, ils le feront maintenant par amour, c'est-à-dire librement, par spontanéité joyeuse. Par exemple, le respect de la vie, qui était une contrainte, un impératif, un commandement, sera dès lors l'affirmation joyeuse de l'amour de l'autre, le respect de sa liberté, de la justice...

Ainsi, contrairement à ce que suggère Deleuze, la morale et l'éthique ne s'opposent pas, mais sont deux moments dans un même processus : on commence par se soumettre à la loi puis – au fond, c'est le sens de l'éducation – on se soumet à ce que Freud appelle le « sur-moi », l'intériorisation des interdits sociaux et parentaux, enfin on comprend qu'il est encore mieux de faire par amour ce qu'on nous a appris à faire par devoir. Éthique et morale, pour moi, sont donc deux choses différentes – en cela je suis d'accord avec Deleuze –, mais pas opposées, au sens où on devrait choisir entre les deux. La vérité, c'est que nous avons besoin des deux : quand l'amour est là, on n'a plus besoin de devoir ; nous n'avons besoin de morale que faute d'amour. Mais il faut ajouter très vite : c'est bien pourquoi nous avons terriblement besoin de morale, parce que le plus souvent l'amour n'est pas là, le plus souvent l'amour ne brille que par son absence ! Pour le dire dans les termes de l'histoire de la philosophie, je dirais que dans toutes les situations où nous ne sommes pas capables d'être spinozistes, c'est-à-dire d'agir joyeusement, librement, par amour, il nous reste à être à peu près kantiens, c'est-à-dire à accomplir notre devoir. Ou encore, dans les termes de l'histoire des religions : dans toutes les situations où nous ne sommes pas capables de vivre à la hauteur du Nouveau Testament, c'est-à-dire à la hauteur de cette éthique de l'amour qu'est l'éthique évangélique, il nous reste à respecter au moins l'Ancien Testament, c'est-à-dire à nous soumettre à la Loi.

▨ **F. L.** : *Nous ne sommes pas très loin, ici, de ce que disait Sénèque dans les* Lettres à Lucilius *que vous aimez citer : « Quand tu auras désappris à espérer, je t'apprendrai à vouloir »...*

▨ **A. C.-S** : Oui, mais c'est un peu différent, dans la mesure où l'espérance n'est ni la même chose que la volonté, ni la même chose que l'amour. C'est pourquoi je crois que dans ces deux ordres, aussi bien celui de la morale (agir par devoir) que celui de l'éthique (agir par amour), on est libéré, dans les deux cas, de l'espérance. Une des choses dont je suis satisfait, dans *Vivre*, sur la morale, c'est d'avoir montré que le devoir chez Kant est désespéré – autrement dit, que tant qu'on agit dans l'espoir d'un bien, on n'est pas du côté de la morale, mais du côté de l'intérêt. L'espérance, comme le montre Kant, est le pousse-au-crime de l'humanité. Tous les crimes, toutes les atrocités se sont faites dans l'espoir de quelque chose...

▨ **F. L.** : *Dans* La Religion dans les limites de la simple raison, *Kant consacre de longs passages à cette question...*

▨ **A. C.-S** : ... Kant est en effet très clair sur ce point. Alors qu'inversement, dit-il, agir moralement c'est agir par respect de la loi, sans rien espérer pour cela. Donc la volonté n'est morale qu'en tant qu'elle est libérée de l'espérance ; même chose pour l'amour, dans la mesure où agir par amour ce n'est pas agir parce qu'on espère ceci ou cela. L'espérance ne peut porter que sur l'irréel, l'amour ne peut porter que sur le réel. Si bien que la morale comme l'éthique ont pour moi cette dimension désespérée, au sens littéral du terme, puisqu'elles ne sont soumises ni l'une ni l'autre à l'espérance. Et je serais tenté de compléter la formule de Sénèque que vous avez citée et qui me paraît très vraie dans l'ordre de la morale, par une autre formule, plutôt éthique : « Quand tu auras désappris à espérer, je t'apprendrai à aimer. » Je crois que c'est le chemin de la vie, en tout cas humaine : nous commençons tous par l'espérance, et il s'agit d'apprendre à vouloir, c'est l'ordre de la morale, et il s'agit d'apprendre à aimer, c'est l'ordre affectif, l'ordre éthique, et finalement l'ordre spirituel.

▨ **F. L.** : *Puisque nous parlions de Kant, cela a-t-il quelque sens pour vous de parler – comme il en parle très explicitement – de mal radical ?*

■ **A. C.-S** : Oui, cela a un sens, et même un double sens. Dans un premier sens, je crois que, s'agissant du mal moral dont il est ici question, le mal radical c'est l'égoïsme, c'est-à-dire l'amour de soi, le « cher *moi* qui revient toujours », comme l'écrit Kant, l'amour propre dont on parlait au XVIIᵉ siècle, moins au sens de La Rochefoucauld qu'au sens de Pascal. Je crois qu'il y a une dimension de mal radical, c'est-à-dire que nous sommes mauvais, comme dit Kant, et non pas méchants. Pas méchants, puisque nous ne faisons jamais le mal pour le mal ; mais mauvais parce que nous préférons notre bien à tout. Autrement dit, il y a un mal radical, il y a une racine du mal qui est l'égoïsme. Ça, c'est la vérité morale de cette notion de mal radical.

En un second sens, je dirais qu'il y a une vérité du mal radical qui me paraît être davantage métaphysique, ou spirituelle : l'existence du mal radical, c'est aussi ce qui interdit de faire de l'homme un Dieu – en d'autres termes, c'est ce qui interdit de succomber au charme de ce que j'appellerais, avec Althusser, l'« humanisme théorique », c'est-à-dire la célébration d'une bonne essence humaine. Je crois que l'essence humaine n'est pas bonne, je crois qu'elle est plutôt moralement mauvaise, puisqu'elle est égoïste. Il n'y a pas de bonne nature humaine, il y a une mauvaise nature humaine parce qu'elle est animale, comme toute nature, et donc égoïste, et le bien se trouve donc non pas du côté de la nature mais du côté de la culture. C'est parce qu'il y a un mal radical, enraciné en nous (l'amour égoïste de nous-mêmes), que nous avons besoin d'autre chose que de nous – la culture, l'histoire, l'esprit, la loi... –, pour échapper à ce mal qui est à la racine même de l'être humain, à ce mal en nous qui est nous. Ainsi, aussi bien moralement que métaphysiquement, pourrait-on dire, cette notion de mal radical me paraît être une notion forte et toujours actuelle.

■ **F. L.** : *Votre dernier ouvrage, le* Petit traité des grandes vertus[5], *qui connaît un succès très considérable, l'avez vous conçu comme un recueil de sentences, d'apophtegmes, comme une sorte de manuel gnomique et normatif à l'usage des jeunes générations ?*

■ **A. C.-S** : Et bien finalement pas du tout ! Moi qui aime pourtant beaucoup l'écriture aphoristique (mon premier livre, non publié, était un recueil d'aphorismes), je n'ai pas du tout conçu celui-là sous cette forme, ni d'ailleurs comme leçon de morale. Le reproche idiot qui m'a

---

5.PUF, coll. « Perspectives critiques », 1995.

été fait par un critique – il me reprochait de découvrir que la générosité vaut mieux que l'égoïsme, que la douceur vaut mieux que la
cruauté, que la politesse vaut mieux que la grossièreté... –, est sans
fondement réel : il ne s'agissait pas pour moi de dire aux gens : « Tu
dois être généreux, tu dois être courageux... » Ce qui m'importait,
c'était de réfléchir à ce que sont la générosité, la douceur, le courage,
la bonne foi, la sincérité, la justice, etc. (j'ai retenu ainsi dix-huit
« grandes vertus »), et de voir dans quelle mesure, et dans quelle
limite parfois, celles-ci sont ou ne sont pas des vertus.

On ne peut donc pas parler de sentences, si l'on entend par là une
règle qu'il faudrait rappeler. Mon propos n'était pas de donner des
leçons de morale, ni de dire ce qu'il faut faire et comment il faut juger,
mais d'aider à réfléchir et à juger par soi-même. En ce sens, c'est un
livre de philosophie, plutôt qu'un livre de morale. Mais il est vrai que
ce livre de philosophie porte sur ce que j'appelle la « morale pratique »
ou « morale appliquée ». Ici, la question n'est pas celle du statut de la
morale (comme dans *Valeur et vérité*), mais de son contenu. Un contenu qu'il ne s'agit pas de répéter sous forme de sentences, de maximes
ou d'impératifs, mais dont il faut exhiber, expliciter, approfondir la
richesse humaine, la richesse spirituelle, et souvent la problématicité
philosophique, parce que lorsqu'on réfléchit à ce qu'est le courage, la
justice ou la bonne foi, on découvre que ces notions apparemment
simples nous posent un nombre considérable de problèmes.

▨ **F. L. :** *On peut penser, ici, à ce que dit Spinoza : « Mieux vaut enseigner la vertu que dénoncer les vices. »*
▨ **A. C.-S :** C'est en effet le parti pris du *Petit traité des grandes
vertus*. Quand on veut faire un livre de morale pratique, il y a au fond
deux voies. D'abord celle du mal, de la faute, du péché. J'aurais pu
écrire un *Traité des péchés capitaux...* Mais je risquais alors de m'enfermer, et le lecteur avec moi, dans le repentir, la honte, la mauvaise
conscience, la culpabilité, bref, dans la tristesse, et je suis persuadé
que c'est un mauvais service à rendre à ses contemporains que de
rajouter de la tristesse au monde. C'est pourquoi j'ai choisi la seconde
voie, spinoziste, si l'on peut dire : faire un livre de morale pratique
qui ne soit pas du côté du mal, de la faute ou du péché, mais du côté
du bien, du seul bien réel (je ne crois pas en un Bien en soi), c'est-à-
dire du côté du bien qu'on fait, du bien en acte, autrement dit du côté
des vertus. Une vertu, en effet, et c'est ce qui distingue les vertus des

valeurs, ce n'est pas autre chose que le bien qu'on fait, que le bien en acte (alors qu'une valeur, c'est plutôt le bien qu'on pense ou qu'on imagine). Vous savez ce que disait Alain de la justice : « La justice n'existe pas ; c'est pourquoi il faut la faire. » Je dirais de même : « Le bien n'existe pas ; c'est pourquoi il faut le faire. » Faire le bien, faire du bien, c'est la définition même d'une vertu.

▓ **F. L. :** *Soyons donc désespérément vertueux...*

▓ **A. C.-S :** Si nous étions vertueux dans l'espoir de quelque chose, nous ne le serions pas. C'est ce que montre génialement Kant dans la *Religion dans les limites de la simple raison* que nous évoquions précédemment : le chrétien qui ne ferait le bien moralement que dans l'espoir de son salut ne ferait pas le bien. Il agirait toujours *conformément au devoir*, tous ses actes seraient légaux au sens de Kant, mais aucun ne serait moral, puisqu'il n'agirait jamais *par devoir*. Si bien que, en toute rigueur et en toute justice, le chrétien qui ne ferait le bien que dans l'espoir de son salut ne ferait pas le bien et ne serait pas sauvé. Faire le bien désespérément... l'expression est pour moi pléonastique, car on ne fait vraiment le bien qu'à la condition de ne rien en attendre, au moins pour soi, qu'à la condition de le faire, comme dit Kant, « sans rien espérer pour cela. » Être désespérément vertueux, en ce sens, c'est simplement être vertueux... N'importe quel salaud, inversement, peut espérer mille et mille choses. Et chacun d'entre nous, c'est vraisemblable, espère la justice et la paix. Mais que faisons-nous pour les atteindre ? Il ne s'agit pas d'espérer : il s'agit de vouloir et d'agir.

Puritain, mais dans le bon sens...

Rencontre avec Clément Rosset

J e proposerais quant à moi de distinguer entre deux sortes de philosophes : l'espèce des philosophes-guérisseurs et celle des philosophes-médecins. Les premiers sont compatissants et inefficaces, les seconds efficaces et impitoyables. Les premiers n'ont rien de solide à opposer à l'angoisse humaine, mais disposent d'une gamme de faux remèdes pouvant endormir celle-ci plus ou moins longtemps, capables non de guérir l'homme mais suffisant, dirais-je, à le faire vivoter. Les seconds disposent du véritable remède et du seul vaccin (je veux dire l'administration de la vérité) ; mais celui-ci est d'une telle force que, s'il réconforte à l'occasion les natures saines, il a pour autre et principal effet de faire périr sur-le-champ les natures faibles. C'est d'ailleurs là un fait paradoxal et remarquable, quoique à ma connaissance peu remarqué, et aussi vrai de la médecine que de la philosophie : de n'être pas opératoire qu'à l'égard des non-malades, de ceux du moins qui disposent d'un certain fond de santé. CLÉMENT ROSSET *(in Le Principe de cruauté).*

■ **FRANÇOIS L'YVONNET :** *Peut paraître bien étrange et contradictoire mon souhait de vous interroger sur la question du mal, alors qu'elle brille plutôt par son absence – en tous cas sous sa formulation strictement morale – dans l'ensemble de vos textes, anciens ou récents...*

■ **CLÉMENT ROSSET :** Me connaissant déjà et m'ayant lu, vous devez savoir que je n'ai rien, mais absolument rien à vous dire sur le mal ! C'est un mot sous lequel je suis incapable de mettre quoi que ce soit, sinon dans un sens non moral. Je peux, bien sûr, mettre un sens propre au mot mal, comme au mot bien, quand je dis que j'ai bien mangé ou quand je dis que j'ai mal à la tête ou aux dents. Le mot m'est alors tout à fait sensible et je le conçois très bien ; mais le mal « moral » ou le mal « absolu » au sens kantien, m'est absolument indifférent. En cela, je suis fidèle à Spinoza ...

■ **F. L. :** *André Comte-Sponville, dans l'entretien précédent, se méfie un peu des lectures de Spinoza par trop « nietzschéennes »... La vôtre, par exemple, comme celle de Gilles Deleuze...*

■ **C. R. :** N'en déplaise à André Comte-Sponville, je suis fidèle à Spinoza et suis incapable de mettre un sens qui ne soit pas illusoire ou anthropomorphique aux notions de bien et de mal. Je ne suis pas du tout d'accord avec Comte-Sponville lorsqu'il dit qu'il y a un Spinoza nietzschéen et un Spinoza non nietzschéen ; Nietzsche a dit lui-même qu'il s'était reconnu pour l'essentiel dans la pensée de Spinoza. Par conséquent, Comte-Sponville – comme d'autres philosophes – s'est peut être forgé un Spinoza à lui, qui en arrive à ne pas être choquant et à perdre des aspérités qui demeurent sans doute intolérables pour quiconque est soucieux d'un minimum de morale ou de sens moral attaché aux notions de bien et de mal. Gilles Deleuze, lui aussi, et malgré tout, a moralisé Nietzsche comme il a moralisé Spinoza ; il m'a toujours fait l'effet d'être un homme qui se disait nietzschéen et spinoziste, mais pour qui les notions de bien et de mal – qui se confondaient d'ailleurs de manière assez naïve chez lui avec des options politiques tendant respectivement vers la gauche ou vers la droite – gardaient, de façon même larvée, une certaine importance. Cela cadre mal avec ce qui me semble être le « véritable » Spinoza et le « véritable » Nietzsche...

■ **F. L. :** *Dans l'avant-propos à la réédition de votre premier ouvrage* La Philosophie tragique[1], *paru en 1960, vous écrivez : « Ce livre, malgré tous* *ses défauts, reste [...] intéressant pour avoir énoncé vigoureusement deux thèmes dont je n'ai cessé, par la suite, d'éprouver la vérité [...] : 1- Le **paradoxe de la joie**, qui est de faire face à la tragédie, c'est-à-dire d'admettre sans dommage toute espèce de réalité ; 2- le **paradoxe de la morale** qui est de célébrer [...] une " vertu " exactement contraire à la joie, c'est-à-dire une simple incapacité à affronter le tragique, et à admettre la réalité. » En quoi ces deux attitudes sont-elles exclusives l'une de l'autre ?*

▨ **C. R. :** C'est un point sur lequel je me suis ré-expliqué dans Le *Principe de cruauté*[2], et sur lequel je me suis entretenu sur les ondes de France-Culture, il y a quelques mois, avec Alain Veinstein. Est-ce que ma définition de la joie comme approbation inconditionnelle de la réalité, implique l'approbation du réprouvable absolu ? Mon argument sera – puisqu'il me faut y revenir – que ce que je reproche à la morale, c'est son irrespect de la réalité. Il me semble qu'il y a dans la réprobation morale quelque chose qui implique que l'on voudrait que soit effacé ce qui a eu lieu, or ce qui a eu lieu ne peut être effacé. Il ne saurait y avoir pour moi d'entorse, la plus légère soit-elle, au respect de la réalité. J'entends par respect de la réalité non pas un respect moral, bien entendu, mais un respect historique – tout simplement la faculté d'admettre ce qui est. C'est la raison pour laquelle j'ai toujours eu tendance à penser que l'indignation morale était une manière détournée de refuser qu'une certaine réalité, trop désagréable peut-être, soit reconnue comme telle.

Si l'on prend l'exemple des exhortations et des indignations morales de Jean-Jacques Rousseau dans *L'Émile* contre La Fontaine ou contre Molière, elles concernent toujours des passages extrêmement tragiques. La Fontaine et Molière sont des auteurs cruels comme, je crois, beaucoup de grands auteurs, ce qui ne veut pas dire qu'ils ne sont pas des êtres aimables et qu'ils ne réprouvent pas la cruauté sous toutes ses formes. Mais lorsque Rousseau, que je prends ici comme figure éponyme de ce lien entre le refus de la réalité et la morale, fait allusion à des scènes cruelles chez l'un ou l'autre – telle scène de *L'Avare*, par exemple, quand le père et le fils se maudissent, scène d'une grande vérité et particulièrement atroce –, ce qui me gêne c'est qu'il récuse comme immorale toute réalité dès lors qu'elle est tragique. Je trouve que c'est là se payer de fausse monnaie. J'irai jusqu'à dire qu'il y a

---

1. Quadrige/PUF, 1991.
2. Éditions de Minuit, 1988.

quelque chose d'immoral dans cette affaire, au sens éthique, au sens de générosité intellectuelle, au sens de respect de la vérité. Si quelque chose me choque dans ce refus, c'est qu'on soit choqué, et qu'on croie se débarrasser de ce qui ne vous plaît pas et qui n'a aucune raison de vous plaire, en disant que c'est absolument scandaleux.

Les campagnes qu'on nous a servies ces temps derniers – des vaches folles aux Anglais fous, en passant par les pédophiles, et je ne sais quoi encore... – eh bien l'expression du scandale, l'indignation morale, me choquent et ce seraient peut-être, pour rire un peu, les seules choses qui me choqueraient moralement.

Au fond, la seule chose qui me choque moralement c'est la morale elle-même, parce que j'y vois une illusion, une duperie et un mensonge éhonté, une manière vraiment bien facile de se débarrasser de la réalité au nom des principes. Et cela me donne la nausée. Si je suis incapable de m'indigner – et on a souvent essayé de m'y conduire en me décrivant par le menu des pendaisons et autres crémations, que je ne puis que réprouver, mais que je refuse de condamner comme immorales –, il va sans dire que toutes ces monstruosités m'inspirent une horreur indicible. *Je suis puritain, mais dans le bon sens*, comme disait Faulkner. J'ai peut-être une morale à moi qui est incompatible avec ce que l'on entend d'ordinaire par morale, si l'on comprend par là les grands systèmes moraux de Platon, de Rousseau ou de Kant... Je constate que c'est un besoin tenace dans la nature humaine ; la foule est toujours prête à s'indigner, il n'est rien qui ne lui fasse plus plaisir qu'une belle petite indignation, et ce n'est pas toujours très joli à voir. Il y entre non seulement de la mauvaise foi, de la non-morale (au sens où je l'entends), du ressentiment, de la haine... À propos de cette haine, je pense à un dessin de Reiser où l'on voit des gens qui marchent sur un trottoir dans les deux sens et qui s'ennuient, qui rentrent du boulot, avec tous les soucis qui les attendent chez eux ; soudain, deux autos se percutent sur la chaussée, et aussitôt tous les visages s'éclairent, la journée est sauvée... Pour moi, c'est ça, la morale.

■ **F. L. :** *Vous dites, je crois que c'est dans* La Logique du pire[3], *qu'on peut toujours rêver d'éliminer le bourreau et l'imbécile, qu'on peut toujours rêver qu'Auschwitz n'ait plus jamais lieu, mais que, par contre, il reste à dire oui aux inconvénients d'exister – la maladie, la vieillesse, la mort – qui sont sans remède et ne sont pas le fait des autres...*

▨ **C. R. :** Bien entendu, et c'est pour ça que je vois dans la propension à l'indignation morale, comme je l'ai écrit dans *La Force majeure*[4], une manière de se détourner des maux essentiels, pour s'attacher, je vais choquer tout le monde, aux maux accidentels. Il est certain qu'Auschwitz est moins essentiel que mourir – tout le monde mourra – ; alors que si Auschwitz est monstrueux, Auschwitz est aussi historique et accidentel au sens de catastrophique. Rêver qu'Auschwitz n'ait pas eu lieu, le condamner *a posteriori*, n'a aucun sens, mais faire en sorte qu'il n'y en ait pas d'autres, je n'y vois bien entendu aucun inconvénient. Simplement, je m'indigne que l'on puisse s'indigner.

Parmi tous les attendus que j'aurais à prononcer contre cette propension morale et cette façon de parler de mal, figurerait en bonne place (peut-être en première place) cette tendance inavouée et hallucinatoire à oublier, à se dissimuler les maux essentiels en ne songeant qu'aux maux accidentels. Dans cette façon de faire s'estomper les maux essentiels par la seule considération des maux accidentels – des petits malheurs comme des immenses monstruosités – il y a quelque chose qui relève aussi du *divertissement* pascalien : pendant qu'on s'occupe de bien et de mal, on oublie un petit peu qu'on va mourir, c'est aussi cela que je n'aime pas... Je ferais valoir encore un autre argument contre la morale en général : parmi les nombreuses raisons pour lesquelles il me paraît opportun de mépriser le souci du bien et du mal, il y a ce défaut intellectuel (purement intellectuel, ce qui explique que quelques belles intelligences soient si ardentes à s'embraser de morale) qui consiste à s'épargner une analyse de ce qui s'est passé, de ce qui se passe, de ce qui est, de la réalité, au profit d'une approbation ou d'une réprobation.

Faire de la morale, c'est aussi une manière de ne pas penser. C'est une chose que j'ai constatée par mon métier d'enseignant, très souvent, jusque dans les copies d'Agrégation ou de CAPES : alors que la question posée n'est en aucun cas morale, les étudiants remplacent l'analyse demandée par une réponse à la question : est-ce que c'est bien, ou pas bien, mal ou pas mal ? La première fois que j'ai donné un sujet de dissertation à des étudiants de première année, c'était le suivant : le scepticisme. J'ai été ahuri en constatant que les quarante copies racontaient toutes la même chose, à savoir que c'était mal d'être sceptique, que le

3. Bibliothèque de Philosophie contemporaine/PUF, 1971.
4. Éditions de Minuit, 1983.

sceptique était immoral et vaniteux, alors que le savant, lui, était bon, et autres bêtises de cet acabit ! Je n'ai cessé d'essayer de leur faire comprendre qu'en procédant de la sorte ils s'interdisaient le travail qu'on leur demandait, celui de penser. La morale est un refus de penser.

■ **F. L. :** *La critique que vous faites de la morale ne veut pas dire que tout soit acceptable, il y a des choses que vous vous interdisez... Ainsi, vous ne renoncez pas à la nécessité de normer la connaissance et l'action ?*

■ **C. R. :** Au contraire, et voilà une autre critique que j'adresserai à la morale : elle nous dispense d'être normatif, d'être actif et de légiférer. Le plan de la moralité fait oublier celui de la légalité, de l'éthique (reportez-vous aux reproches formulés par Hegel à l'endroit de la morale kantienne). Si, pour moi, le mal et le bien n'ont pas de sens moral, ils ont un sens juridique. Il me semble, en effet, que le bien et le mal doivent être jugés non pas en fonction des intentions, non pas en fonction de la psychologie, mais en fonction des textes, ceux de la Cité, qui disent qu'on ne se tue pas, qu'on ne se blesse pas, qu'on ne s'injurie pas ; et si la loi était respectée, il n'y aurait pas besoin de morale et il n'y aurait pas de maux auxquels s'en prendrait l'indignation morale...

■ **F. L. :** *Mais qu'est-ce qui nous garantit que les lois de la Cité sont conformes à ce bien juridiquement entendu – il y a des lois iniques, tout de même –, et qu'est-ce qui permet de faire la part entre celles-ci et celles-là ?*

■ **C. R. :** Je pourrais vous répondre que ce qu'il y a de satanique dans des lois sataniques c'est qu'elles sont contraires à l'esprit des lois. Une loi dont on déclare qu'elle aura un effet rétroactif, comme sous Vichy, ou bien encore telle loi édictée par le père Ubu (il dit à un moment donné : « *Allez, dépêchez-vous, je vais faire des lois maintenant !* »), ces lois, dont je dis qu'elles sont sataniques, sont contraires à l'esprit des lois, ce sont presque des lois pour rire, « ubuesques », des lois qui érigent à la dimension de légalité ce qui est l'illégalité même. Mais je conviens que votre question est une question difficile, qui nous ramène à ce paradoxe que j'ai déjà énoncé : je m'indigne – et ça me donne la nausée – contre les gens qui s'indignent. Il y a un cercle, en effet. *Je suis puritain mais dans le bon sens*, comme si on pouvait être puritain dans le bon sens, comme si on pouvait s'indigner sans être moral, etc. Alors, comment faire la part entre les lois sataniques et les lois non sataniques ? Voilà qui est très délicat... Indépendamment des exemples un peu absurdes que j'ai cités, il est certain qu'il y a des lois, pourtant édictées par l'esprit des lois, qui conduisent à des résultats absolument catastrophiques. La condition des esclaves noirs aux États-Unis, par exemple, aurait pour origine, si je me souviens bien, une intention ecclésiastique très bonne : donner nourriture, femme et travail à des gens qui étaient soumis à très rude épreuve chez eux, en Afrique ; et les gens qui ont conçu le commerce triangulaire attendaient émancipation, liberté et richesse pour ceux qui, d'ailleurs, les attendent toujours (même si les choses ont légèrement évolué, il aura fallu une guerre, la seule que les Américains ait faite chez eux, pour qu'une petite minorité de Noirs s'enrichissent, les autres restant très à l'écart)... Votre question me laisse donc dans l'embarras, car il est évident que je ne saurais trop vous dire comment partager les lois sataniques des lois non sataniques, sinon par leurs effets, par leurs résultats, qui les révèlent bonnes ou mauvaises dans un sens légal et non pas moral. C'est pourquoi il est bon de corriger et d'améliorer sans cesse le code civil et le code pénal. C'est plutôt dans cette direction que je porterai une attention que d'autres dirigent plutôt vers l'indignation morale... Ainsi, pour moi, comme je vous l'ai dit, s'indigner et manifester contre un scandale est presque une façon de refuser de penser. Parmi les théoriciens absolument étrangers au bien et au mal, je pense à Nietzsche, à Spinoza, à Montaigne, il y a le cas de Machiavel, auquel j'ai consacré un cours cette année, dont l'immoralisme est vraiment stupéfiant...

▩ **F. L. :** *Dans* L'Anti-nature[5], *vous dites que Machiavel est non pas immoral, ce dont s'accommode toujours la morale (pensons aux imprécations de Sade contre Dieu et la nature), mais amoral...*

▩ **C. R. :** En effet, et c'est dans le même esprit que j'ai dit qu'il est plus scandaleux par ses silences que par ses paroles... Machiavel est d'un silence tel sur la morale que même Montaigne s'en choque. Notons que tous ceux qui sont si peu disposés à la vertu morale ou à la dénonciation du mal moral sont des gens qui, dans leur vie privée ou publique, ont toujours été ennemis de la cruauté, sensibles à la pitié ou à l'horreur de faire souffrir des êtres humains. L'argument selon lequel les gens sans morale sont des fripons dangereux ne tient pas du tout. Pour revenir à votre question concernant l'incompatibilité entre la joie et la morale, la réalité et la morale, d'aucuns m'ont déjà demandé si, en

---

5. Quadrige/PUF, 1986.

approuvant inconditionnellement la réalité je n'approuve pas, par là-même, les bourreaux d'Auschwitz. Je ferai d'abord remarquer que ceux qui font souffrir, ceux qui conçoivent et construisent des camps de la mort, ceux qui commettent d'immenses monstruosités ou de simples vacheries, sont des gens haineux et tristes. Il y a une loi absolument profonde ou, si vous voulez, un mystère de la nature humaine, sur lequel on ne reviendra jamais assez : c'est que le fait de faire du mal aux autres provient de ce qu'on est dans l'incapacité de se procurer du bien. Ceci explique le fait très étrange que beaucoup de gens, peut-être la majorité, éprouvent davantage de plaisir à « emmerder » les autres, à les priver de plaisir, qu'à s'accorder du plaisir à eux-mêmes. C'est l'indice que leur difficulté profonde, qui est en même temps la source de leur nuisance, est une incapacité à vivre, à être joyeux, à accepter la mort, la vie éphémère et toutes les misères de l'existence...

■ **F. L. :** *Les inconvénients d'exister de Cioran...*
■ **C. R. :** Tous les inconvénients d'exister... Je m'irrite un peu quand on me parle des bourreaux d'Auschwitz que je serais censé approuver, puisqu'ils sont l'exemple même de ceux qui sont incapables d'accepter la réalité et donc d'en recevoir du plaisir. C'est cette incapacité à recevoir du plaisir qu'ils compensent en infligeant de la souffrance et du mal à d'autres.

■ **F. L. :** *Peut-on dire – je pense ici au mythe de l'anneau de Gygès exposé par Platon dans la* République *– qu'il y a un fait moral ? Même si je pouvais agir en toute impunité, n'y a-t-il pas des choses que je ne m'autoriserais pas ?*
■ **C. R. :** Les hommes de bien qui ne sont pas des hommes de morale – c'est pour moi antithétique – n'ont pas besoin de l'épreuve de l'anneau de Gygès pour se refuser à agir cruellement. Je vous dirai cette vérité beaucoup plus générale, qui peut paraître encore plus scandaleuse pour certains : l'homme de morale se trahit en cela qu'il a besoin de principes moraux pour agir droitement.
L'homme de bien est un homme qui n'a besoin d'aucun principe, d'aucune maxime valant universellement – autant de choses dangereuses et très inquiétantes. Et qui ont pour premier effet de m'inspirer le soupçon que si Platon a eu besoin de l'épreuve de l'anneau de Gygès, Kant des maximes de la *Métaphysique des mœurs*, pour se retenir et être sûrs qu'ils étaient à l'abri du mal absolu, ils trahissent ainsi le fait

que le bien n'est pas pour eux évident au point qu'il se passe de tout fondement. Mais il ne se passe pas, bien entendu, de toute législation, car (et cela va contre tout un moralisme qui a fait du tort à l'homme, depuis Rousseau jusqu'à Marx, et davantage encore par la suite avec la thèse d'un homme bon par nature) si l'homme de bien a ceci de particulier qu'il se passe de morale, puisqu'il n'en a pas besoin, je ne dis pas qu'il n'y a que des hommes de bien, je suis très loin de le penser. C'est pourquoi la morale est absolument nécessaire pour se défendre et améliorer l'état des choses, mais dans un corps que j'imagine purement légal, purement social, en aucun cas psychologique ni soumis à quelques principes philosophiques ou moraux.

▥ **F. L. :** *Peut-on dire que l'homme de la morale se raconte des histoires ? Je pense ici à la définition du matérialisme que donnait Althusser et que vous rapportez dans* En ce temps-là[6] *: « Ne plus se raconter d'histoires »...*
▥ **C. R. :** Le matérialisme de l'Antiquité consistait certainement en un effort, entre autres choses, de « ne pas se raconter d'histoires ». Mais souvent, les figures modernes du matérialisme ont été un prétexte à se faire des « rêves bleus », comme dit très drôlement Alain Badiou dans un petit livre consacré à l'éthique, dont le premier tiers est une critique extrêmement alerte de la morale[7]. Pour moi, en effet, les hommes de la morale se font des illusions, ils se content des rêves bleus, et c'est justement ce que dit Badiou, en parlant d'Hannah Arendt, dont la morale est un peu du genre : « *Si tous les gars du monde...* » ; l'inconvénient, nous dit Badiou, c'est que tout ceci n'est qu'un conte bleu... En effet, Hitler était sûrement un homme plein de bonne volonté !

▥ **F. L. :** *Dans un de vos livres consacré à Schopenhauer[8], vous dites que « le mal n'est guère moins justifiable que le bien, il est seulement plus désagréable »...*
▥ **C. R. :** Schopenhauer, malgré son *Fondement de la morale*, appartient plutôt à la famille des anti-moralistes, son *Essai sur le libre arbitre*, qu'il nie, témoigne même de certaines accointances avec Spinoza. Le mal n'est pas pour lui intentionnel comme chez Kant, mais plutôt une fatalité quasi génétique – on naît Néron, ou Hitler... Alors que la

---

6. Éditions de Minuit, 1992.
7. *L'Éthique, essai sur la conscience du mal*, Hatier, 1993.
8. *Schopenhauer, philosophe de l'absurde*, Quadrige/PUF, 1989.

profonde idée morale ou illusion morale, c'est de dire qu'Hitler a dé-
cidé à quatorze ans d'être méchant, et on va voir ce qu'on va voir !
Eh bien non, je ne crois pas aux maximes de la morale, Hitler était
persuadé de faire le bien... C'était un fou de toute façon, mais c'est
une autre affaire...

■ **F. L. :** *Vous avez parlé d'une « logique du pire ». Peut-on, dans le même
ordre d'idées, parler d'une « morale du pire » et, dans l'affirmative, en
quoi est-ce encore une morale ?*
■ **C. R. :** Bien entendu, ce que j'ai exprimé par « autre manière d'être
moral » ou « éthique » au sens spinoziste, pourrait s'intituler « morale
du pire », et cela rejoint ce que je vous disais sur l'aberration de la
thèse de l'homme bon, qui est à l'origine de tant d'assassinats, de massacres et de famines... Ce qui m'agace un peu, ce sont les gens qui me
disent déduire de mes écrits que si j'avais eu dix-sept ans en 1941 ou
1942 – je n'en avais alors que deux ou trois – j'aurais pris le parti des
Allemands ! Si je suis extrêmement germanophile, tant par la philosophie que par mon goût de la musique, je n'aurais pourtant eu qu'une
idée, celle de foutre le camp à Londres, si cela avait été possible, ce qui
fut d'ailleurs loin d'être le cas pour le plus grand nombre... Je n'y
aurais certainement pas accompli des actions d'exploit ni sauté en
parachute, je me serais contenté de balayer les bureaux, mais ma
première idée aurait été de rallier le camp dit « de la France libre ».

■ **F. L. :** *Qu'est-ce qui vous aurait poussé à fuir ?*
■ **C. R. :** L'intolérable ! Il n'y avait rien à bouffer, le couvre-feu,
l'occupation, les humiliations constantes... Je sais bien que d'autres
esprits libres – qui n'avaient pas l'âge de faire la guerre, qui étaient
réformés, qui avaient la chance de n'être pas concernés par les rafles
anti-juives – ont pris la chose autrement. Georges Lambrichs, par
exemple, m'a souvent dit qu'on ne se rendait pas compte aujourd'hui
à quel point cette époque avait été une période de liberté intellectuelle
par rapport à la chape de plomb morale culpabilisante qui est tombée
sur la France avec le sartrisme d'après-guerre et son manichéisme
sommaire qui tenait lieu de morale dominante !
Mais il y avait les soldats allemands, des lois intolérables, et Pétain,
avec son moralisme abominable... Si quelque chose eut dû me faire
fuir, c'est bien Pétain parlant à la radio et débitant son moralisme...
Je ne dis pas qu'il ne fallait pas qu'il y eût un maréchal pour sauver

ce qui pouvait l'être..., mais Pétain prenait manifestement son discours au sérieux, c'était vraiment la face la plus hideuse du moralisme ! J'aurais fui sans demander mon reste, si toutefois j'en avais eu le moyen matériel... Ce que je regrette un peu, c'est que la grande voix de Pétain ait trouvé un écho dans une autre grande voix, celle de Sartre, qui nous a expliqué, à peine celle du maréchal s'était-elle tue, que nous étions tous des salauds. Pénible époque, tout de même !

▓ **F. L.** : *Il me souvient d'une question que vous avait posée il y a quelques années André Comte-Sponville, lors d'une émission télévisée de Michel Polac, et qui était restée en suspens : « Un salaud tragique, pour être tragique, en quoi est-il moins salaud ? »*

▓ **C. R.** : Comte-Sponville est-il un penseur tragique ? Il a été mené à ses horizons philosophiques (Épicure, Lucrèce, Montaigne) par son maître Marcel Conche, qui est un personnage lui-même très paradoxal, puisqu'il est sur le plan théorique plutôt du côté des auteurs non-moraux et tragiques, mais avec, en même temps, un souci de moralisme extrêmement strict et formalisé, qu'il a théorisé, par exemple, dans *Le Fondement de la morale* ; et cela a produit à la fois chez Conche et chez Comte-Sponville des bizarreries de pensée. Chez Conche, ce ne sont pas les arguments de Platon ou de Kant qui sont avancés ou discutés, mais plutôt un argument très affectif qui est la souffrance des enfants...

▓ **F. L.** : *Il en parle comme du mal radical !*

▓ **C. R.** : Il retrouve la morale par le biais du mal radical, comme il a trouvé le mal radical par le biais de la souffrance des enfants. Voilà quelqu'un dont toute la tête pense dans une certaine direction et en même temps dans une direction complètement opposée, par l'intervention de cet élément qu'est la souffrance des enfants, qu'il présente comme une chose plus injustifiable qu'Auschwitz ou que le racisme. Pour lui, c'est le mal radical ! Mais en quoi est-il plus radical que d'autres maux ? Cela a produit en tout cas ce personnage très étrange qu'est Comte-Sponville, qui prêche une philosophie en complet désaccord avec ses tendances profondes. « *Il faut être désespérément vertueux* », dit-il ; cela exprime bien le paradoxe de sa situation.
Je ne sais pas très bien ce que peut vouloir dire l'expression « salaud tragique », je ne sais pas s'il est salaud ou pas salaud, mais s'il est salaud il est salaud, bien évidemment, mais dans un sens très général... et en tout cas non sartrien !

■ **F. L. :** *Mais le salaud peut-il être tragique ?*

■ **C. R. :** Il me semble que le personnage qui aurait un tel profil serait à classer du côté de la perversion cynique, ce serait plutôt une sorte de salaud cynique (au sens moderne du terme, au sens sadien), à la fois pervers et cynique. Un tel personnage ne peut pas être salaud, il l'est par nature, il faudrait alors psychanalyser les origines de cette perversion (et essayer d'en comprendre le mystère), à savoir ce plaisir sadique à tuer des bêtes comme à tuer des hommes..., qui n'est certainement pas étrangère à tous les bourreaux de toutes les époques. D'ailleurs, l'humanité elle-même est sadique, puisqu'elle se réjouit d'aller au spectacle des exécutions capitales publiques, considéré par certains comme la chose la plus agréable qui puisse agrémenter une vie... N'est-ce pas proprement scandaleux ? Victor Hugo déplorait cette monstruosité – lui qui a écrit de très émouvantes lettres contre la peine de mort (je pense aux lettres de Jersey qui sont, pour une fois, d'un Victor Hugo très humain, sans ce style volontiers grandiloquent du moralisant).

■ **F. L. :** *Pour être absolument conséquente avec elle-même, votre pensée tragique ne doit-elle faire aucun cas de l'amour ? Ou bien est-ce l'amour, au contraire, qui peut nous libérer de la morale ?*

■ **C. R. :** Comme je vous l'ai indiqué, les gens très lucides et très tragiques sont généralement des gens très généreux et très apitoyés par la condition des hommes. Machiavel ne supportait pas les souffrances des autres et, pourtant, *Le Prince* est absolument silencieux sur la question du bien et du mal. Montaigne lui-même ne supportait pas la vue d'une goutte de sang... Il est vrai qu'il y a des salauds qui ne supportent pas la vue du sang, comme ce bandit de *L'Oreille cassée* de Hergé qui dit à son complice : « Fait vité, Alonzo, tou sais qué yé déteste les exécoutions capitales... », ou bien monsieur Rastapopoulos disant au docteur Krollspell dans *Vol 714 pour Sydney* : « Faites vite, docteur, je déteste voir souffrir ! »... Ce n'est pas de cette générosité là dont je parle lorsque je me réfère à Machiavel, à Montaigne ou même à Lucrèce, dont les œuvres témoignent, même si ce n'est pas toujours explicitement dit, d'un profond apitoiement devant la condition humaine.

Alors, est-ce que l'amour nous libère de la morale ? Je dirai qu'il est la condition de cette libération. On est moraliste par insuffisance d'amour. Donc, j'accorde la plus grande place à l'amour, c'est même la seule chose que je respecte en un sens absolu, et sous toutes ses formes. Et il est impossible d'aimer si on ne s'aime pas soi-même. Si on ne s'aime pas infiniment, il est impossible d'aimer infiniment.

Quelle place a l'amour dans ma pensée ? Je laisserai Vladimir Jankélévitch répondre à votre question, lui qui, pourtant, faisait profession de morale, ce que je ne fais pas, qui se disait homme de gauche, ce que je ne suis pas, qui ne pouvait pas souffrir les Allemands, alors que je suis – avec les réserves que je vous ai indiquées – très germanophile ; eh bien, cet universitaire, qui m'accueillit avec tant de sympathie, qui admit que je fusse ce que j'étais, m'écrivit une lettre (très très peu de temps avant de sombrer dans la démence) pour me féliciter de mon livre *La Force majeure*, et dans laquelle il dit cette chose qui m'a beaucoup ému : que le principe central de tout ce que je pensais était l'amour absolu...

▪ **F. L. :** *Que répondriez-vous à ceux qui, aujourd'hui, accablent aussi bien Nietzsche que Heidegger, autant de pensées moralement silencieuses, qu'il faudrait regarder comme étant, à cet égard même, singulièrement déficitaires ?*

▪ **C. R. :** Ces gens-là m'inspirent infiniment de dégoût. Les grandes voix se sont tues il y a dix ans, Lacan est mort, Sartre est mort... Il y eut quelques années de silence idéologique, durant lesquelles on s'est fait plus prudent et plus discret, mais j'ai toujours pensé que cela allait nous préparer un retour de bâton terrible ; et c'est un peu ce à quoi nous assistons aujourd'hui avec l'émergence d'une pseudo-philosophie qui réalise des tirages terrifiants et qui, bien souvent, n'enseigne qu'un moralisme de très bas étage, qui encourage plutôt l'humanité dans ses mauvais penchants... Je ne citerai personne, et surtout pas Comte-Sponville, puisque j'ai précisé plus haut ce qui m'en distingue philosophiquement, et qu'il serait tout à fait injuste de parler à son sujet de « moralisme de très bas étage ».

L'alliance mise à mal

Notion du mal et tradition juive

Claude Birman

Il faut connaître le mal pour pouvoir le combattre, notait Mazarin, fidèle à l'esprit de Machiavel, cet autre grand italien[1]. Connaître le mal, c'est en reconnaître l'existence et la gravité, contre la naïveté de tant d'étourdis pour qui il n'y a « pas de mal » à faire ceci ou cela, qui ne voient pas « où est le mal », comme ce pauvre Joë Nordmann aveuglé par ses nobles convictions communistes, incapable d'écouter Kravtchenko ou Margarete Buber-Neumann[2]. Une certaine noblesse d'âme est en effet presque incompatible avec la reconnaissance du mal. Le mal est, pour l'homme bon et droit, l'inimaginable, l'impossible, l'inadmissible. Cependant, ne pas admettre son existence, cela s'entend en deux sens tout à fait opposés ! Pour ne pas seulement se voiler les yeux, et par là laisser le mal se faire, il faut une grande sagacité, la patience d'observer jusqu'au bout l'insoutenable, à la manière des *Récits de la Kolyma* de Chalamov, afin d'éradiquer un jour effectivement l'insupportable. C'est la mémoire du mal commis et par là du mal possible, qui peut seule nous préserver de son retour.

Le défaut de mémoire est donc bien le premier des maux, car l'oubli du mal commis et subi est l'indice d'une légèreté plus essentielle. La signification propre de la mémoire du mal n'est pas, en effet, de l'ordre des « abus de la mémoire », dont nous parle Tzvetan Todorov[3]. La mémoire est certes trop souvent un asservissement, un dolorisme ou une rancune, sources de maux nouveaux. On sait ce que les déchirements des Balkans doivent à cette mémoire historique. Mais il faut s'expliquer ici patiemment. Il y a une mémoire active et une mémoire passive, une mémoire qui est une action de la liberté, une méditation qui pense le mal et sa possibilité à partir des maux commis, pour le faire cesser et nous en délivrer, et une mémoire qui n'est qu'une passion qui se saisit de nous faute de la première, qui nous alourdit et nous pousse au crime. Un lieu de mémoire comme le musée de l'île de Gorée au Sénégal, que la Fondation de Danièle Mitterrand a permis d'ouvrir dans le bâtiment même – restauré à cette fin – de la maison des esclaves, n'inspire pas la haine, ni l'esprit de vengeance. En commémorant les souffrances des Africains enfermés là autrefois, enchaînés des mois dans l'attente de la grande douleur de leur départ pour les côtes des Amériques, ce musée délivre deux fois du mal. Il rend leur dignité aux victimes en permettant un peu plus la reconnaissance des atrocités subies. Et que veut la victime – pour pardonner peut-être – si ce n'est d'abord que soit *reconnue* sa souffrance ? Mais en outre, en montrant le mal, ce musée permet aussi le repentir du fautif, qui serait impossible sans prise de conscience. Ainsi, la commémoration patiente des actes d'esclavage est la condition d'une réconciliation des bourreaux et des victimes, qui délivre les uns de la dénégation, et les autres du ressentiment. On dira que les uns et les autres sont morts aujourd'hui. Mais leurs descendants vivent, et faute d'un vrai travail de mémoire, ils resteraient asservis au poids du passé. Mandela, visitant le musée de l'île de Gorée, s'isola un moment, dit-on, dans le cachot où l'on punissait autrefois les esclaves rebelles. Il y trouva sans doute plus de force et de courage.

C'est que la mémoire active du mal commis est en son fond une mémoire de la liberté. Et cela non seulement parce qu'elle délivre du passé, mais encore parce qu'elle est la conscience même de la liberté, l'effort pour en saisir les errements par leur cause. La liberté est en elle-même le risque d'un vertige et d'une chute, dont Kierkegaard rappelle longuement que le nom est *péché*[4]. La liberté est en elle-même peccabilité. Elle ne se délivre du mal que par la responsabilité, tant à l'égard du mal commis que du mal possible. C'est pourquoi ceux qui ne voient pas le mal, qui ne le reconnaissent pas assez, pèchent par irresponsabilité.

Cependant, ne pas voir le mal n'est pas encore le commettre, c'est tout au plus le permettre. Victor Serge était plus attendri que furieux de l'incrédulité des socialistes belges lorsqu'il tâchait de témoigner auprès d'eux de l'atrocité du « socialisme » russe, qu'il avait fui à temps[5]. C'est que l'ignorance du mal exhale un parfum d'innocence... Il n'en va plus ainsi du mal dont on fait l'expérience, qui n'est plus un risque, une possibilité, une menace même, mais qui est là, présent devant nous, dans l'instant, ici et maintenant. Celui-ci n'est plus une inattention aux risques de la liberté, il est sa trahison effective. Comment dire simplement cette « trahison » complexe ? Trahir la liberté est à la fois un choix libre, et une absence de liberté. Le mal fait la preuve à la fois de notre liberté et de notre servitude. C'est pourquoi il est en un sens incompréhensible, contradictoire et mystérieux. Il est l'œuvre d'une liberté qui s'emploie librement à se nier elle-même. Kant a insisté sur cette obscurité, jusqu'à conclure qu'elle est si peu pensable que seul un mythe – celui de la chute, notamment, peut la représenter[6]. Il faut bien être libre pour choisir en effet de se complaire dans son intérêt particulier au détriment d'autrui, au prix du malheur de son prochain. Cette complaisance égoïste d'un être pensant n'est jamais tout à fait instinctive. Elle est pensée, et donc voulue, acceptée sous la forme d'un abandon de soi à l'intérêt de sa propre animalité. Certes, il peut y avoir plus de grossièreté que de vice dans une mauvaise action. Mais si fruste qu'on soit, être grossier, c'est toujours *céder* à un penchant. L'homme est, comme on sait, « condamné à être libre ». C'est pourquoi l'égoïsme de la sensibilité, la partialité naturelle, le désir de jouissance personnelle et exclusive, ne sont pas mauvais en eux-mêmes, et n'ont par eux-mêmes nulle valeur bonne ou mauvaise. C'est la volonté qui leur cède, qui se fait librement no-lonté, qui *fait* le mal. « *I can resist anything*, disait Oscar Wilde, *but tentation* » ! Le penchant au mal n'est pas en nous le penchant animal, mais la libre faiblesse avec laquelle nous lui consentons.

On peut opposer la pesanteur de la matière à la liberté de l'esprit, avec Hegel[7], ou à sa grâce avec Simone Weil[8], tout ceci dans le droit fil de Paul opposant la chair et l'esprit. On peut, avec Ovide et Paul encore, voir le bien et faire le mal, quand il conviendrait de voir le mal pour faire le bien. Mais ce que ces dualismes manquent peut-être, c'est la racine du mal, qui est davantage dans la dissociation du corps et de l'esprit que dans la légèreté de celui qui méconnaît la gravité du mal, ou dans la lourdeur de celui qui le réalise en effet. Si nous sommes irresponsables et grossiers, légers d'esprit, et lourds de corps, c'est d'abord sous l'effet d'un renoncement à l'humanité, au projet d'humanité, propre à requérir et mobiliser à la fois la vigueur de la pensée et les ressources de la matière. Le mal emploie le défaut de pensée et l'excès de force, la bêtise et la brutalité. Mais il est en lui-même l'insaisissable esquive de la méchanceté, le vice, le manque à être et la fatigue d'être de la liberté. Mal choir, d'où le méchant, évoque une maladresse. On tombe à l'occasion d'une distraction, et selon les lois de la pesanteur. Mais c'est qu'un défaut d'attention a délié l'union de l'âme et du corps par laquelle les humains assurent leur longue marche. Ainsi le mal, comme défaut, suppose le lien qu'il défait, la promesse qu'il trahit, l'alliance qu'il transgresse. L'homme qui renonce à sa propre quête d'humanité devient étourdi comme un oiseau, cupide comme un bovin, vicieux comme un reptile, pervers comme un mollusque, selon le célèbre mythe de Platon sur l'origine des espèces[9].

La leçon de la tradition juive

Le mal est l'infidélité à l'Alliance, voilà précisément la leçon de la tradition juive. Le *yetser a rah*, que l'on traduit trop vite par « penchant au mal », désigne dans la pensée rabbinique cette (dés)orientation, ce tournant qui trace un chemin égarant, qui forme (*yetsirah* veut dire « formation ») la voie d'un échec. Ainsi Elimèlek, au début du livre de *Ruth*, prend-il le chemin des Champs de Moab. Il quitte sa ville, Bethléem, dont le nom signifie « maison du pain », mais qui fait ironiquement, pour le présent, l'expérience de la famine. Moab est prospère, au contraire. Où est le mal ? Voici : le nom de Bethléem signifie précisément que la fidélité au monothéisme éthique de l'Alliance du Sinaï, que la continuation de l'aventure d'Israël, promet à l'horizon une prospérité, une réussite sur terre qui sera l'accomplissement de la dignité humaine, la manifestation d'un Souverain Bien pour lequel, synthétiquement, le bonheur viendra effectivement correspondre à la vertu[10].

Les Champs de Moab sont au contraire le signe de cette insolente extériorité qui manifeste que, dans le présent, la réussite matérielle appartient à ceux qui tournent le dos à la vocation humaine. Moab est le peuple qui refuse le pain, l'eau, et le passage aux Hébreux sortant d'Égypte, à l'issue de leur traversée du désert[11]. Moab sacrifie l'avenir au présent, l'hospitalité abrahamique à l'hostilité envers l'étranger. Il conserve quelque chose de la perversité de Sodome que son ancêtre Loth a fuie, mais après l'avoir habitée[12]. Elimèlek choisit donc « un bon tiens contre deux tu l'auras. » Il choisit de consentir à une habitation heureuse du monde, en renonçant au projet d'Israël, au projet d'assumer les affres de la contradiction entre la loi des hommes et la vie du monde, à l'effort pour rapporter l'être-au-monde à l'exigence morale qui le justifie. Dans le récit, c'est à la mort que le conduit sa défaillance[13]. Sa mort est l'échec du dessein que son nom impliquait : Elimèlek, « mon dieu est roi ». Ce dieu est celui d'Israël, qui exige l'obéissance à la Loi qui permet aux hommes d'accéder à l'autonomie qui les délivre des aliénations matérielles, sociales et culturelles. C'est à ce patient accomplissement de soi qu'Elimèlek renonce. C'est à lui-même qu'il renonce. Le mal est là : renoncer à devenir soi-même sous prétexte que la vie du monde tarde à donner ce qu'elle promet. Comme la famine sévit à Beth-léem, Eli-mèlek se dérobe à l'attente de son dieu. Il est celui qui n'ouvre pas le bon chemin, fait de patience et d'invention, qui ferait cesser la famine dans sa ville. Ne pas ouvrir la voie, s'esquiver, voilà le mal, le mal-être-homme, qui se traduit par un défaut de lucidité et de courage, un aveuglement et une lâcheté d'où tous les maux effectifs dérivent, toutes les souffrances, et la mort. Cette démission de la liberté est une soumission à l'ordre apparent du monde, qui n'est pas celui d'un monde de liberté. Comment tenir face à la « famine » ? Comment ne pas fuir ? N'est-il pas fatal que l'homme se refuse à assumer une liberté incompatible avec son existence dans le monde de la nécessité ? N'y a-t-il pas en ce sens une nécessité du mal ? Voilà le sophisme qui pérennise le refus de la liberté, qui enracine dans le cœur de chacun, et au centre des institutions, la volonté du mal : comment vivre libre dans un monde sans liberté ? Le mal n'est-il pas déjà là, avant même que l'homme ne renonce à agir, ne précède-t-il pas de toute son insuffisance la faiblesse humaine ? Ève accuse le serpent[14] comme Elimèlek fuit la famine. Si le monde manque à être un monde pour la liberté, comment la liberté pourrait-elle être au monde ? Entre vivre en homme et mourir de faim, ou manger à sa faim mais mourir comme homme, comme être en projet, Elimèlek a-t-il le choix ? Mais le choix de la liberté n'est pas prisonnier de cette impossibilité apparente. Car la liberté, par définition, change le monde et sa situation, possibilise l'impossible[15]. La lucidité consiste à apercevoir que si les conditions de réalisation de la liberté ne sont pas données, c'est qu'il revient justement à celle-ci de les produire. L'homme est l'être qui lance des ponts pour passer les rivières, au lieu de regretter que les rivières ne puissent être franchies[16].

Le récit du livre de *Ruth* a davantage pour propos de montrer comment le mal se surmonte et se répare, que d'incliner à croire à sa fatalité. La fuite et l'échec d'Elimèlek montrent la mésaventure de la liberté, qui est son risque permanent. Mais la lucidité de Noémi et le courage de Ruth témoignent de la possibilité d'ouvrir des voies d'avenir qui donnent consistance à la quête de soi. Relisons le verset qui dit le retour de Noémi à Bethléem, après la mort des siens :

> « *Alors elle se leva, elle et ses belles-filles, et elle retourna des champs de Moab, car elle avait écouté, dans les champs de Moab, que YHWH s'était souvenu de son peuple pour leur donner du pain* » *(Ruth, I, 6).*

Noémi se relève après la mort des siens. C'est un douloureux travail de deuil. Mais c'est aussi que la mort de ses proches est en même temps la fin, l'effacement de leur rejet de l'Alliance. Là où le mal s'efface, le bien peut renaître. L'écoute de Noémi, son *chema*, est un réveil de sa lucidité. Elle avait suivi Elimèlek comme un roseau plie sous le vent. Le vent cesse, le roseau se redresse. Elle s'était comme détournée d'elle-même, rabaissée par la peur de manquer et l'attachement aux siens. C'est à elle-même qu'elle revient, en retournant de Moab vers son dieu, son peuple et sa ville. Qu'a-t-elle entendu au juste, qu'a-t-elle écouté et compris, à l'issue de l'épreuve traversée ? Ici, le sens profond affleure sous le sens littéral. Elle n'a pas seulement appris que la famine chez elle a cessé. Elle a plus essentiellement découvert que son dieu donne du pain au peuple qui se reconnaît comme le sien. Elle a compris du dehors, à l'occasion de l'épreuve des Champs de Moab, que la fuite d'Elimèlek était infondée, que le chemin de temps que son peuple tâche de suivre mène à cette vie pleine que le pain symbolise ici. Elle a appris que la Loi donne l'honneur et le pain, tandis que son refus procure le déshonneur et la peine.

Cependant, si Noémi n'est pas seulement une Hécube affligée par le destin, sa conversion n'est pas un simple retour au point de départ, une rentrée dans le rang du troupeau d'une brebis égarée. Reconnaître le mal conduit à le combattre, et de cette lutte sort un bien nouveau. Car Ruth, sa jeune belle-fille, l'accompagne. Celle-ci représente la part de pureté que retenait la société moabite, qu'elle détenait comme une bulle d'air piégée sous l'eau par une pierre. Noémi délivre Ruth et sa bonté du monde mauvais qui l'opprimait. Ruth porte en elle l'élan de la fuite de Loth hors de Sodome[17]. Noémi la ramène aux descendants de cet Abraham dont Loth s'était écarté. Et le discernement de Noémi va guider Ruth vers Booz, celui qui s'était maintenu fidèlement à Bethléem, dans la filiation d'Israël, pendant qu'Elimèlek l'abandonnait. De Booz et Ruth naît l'aïeul du roi David. Et la légende veut que Ruth vécût jusqu'à ce qu'elle vit Salomon[18], fils de David et roi de paix et d'abondance selon l'Alliance, monter sur le trône. Ainsi, non seulement Noémi avait entendu et écouté la leçon de son épreuve, mais elle s'était entendue à donner aux événements cette tournure même qu'Elimèlek avait jugée impossible. La tradition ajoute le développement suivant :

> « *À l'époque où le roi Salomon révéla le Cantique des cantiques, la boue du premier serpent qu'il avait injectée en Adam et Ève disparut du monde* »[19].

La boue du premier serpent, son venin, espèce de sperme maléfique, c'est ce manque à être du monde tel qu'il est donné, cette nudité tellurique des besoins et des pulsions. Le serpent séduit dans la mesure où l'attention au dessein adamique faiblit. Alors le souci d'une emprise sur le monde prend le pas sur l'exigence d'une constitution de soi patiente, d'une élaboration, dans le temps, d'un monde relationnel intersubjectif que la liberté a pour vocation d'inventer à l'occasion de l'être-au-monde. Ce manque à être cesse d'insister seulement quand se rencontrent effectivement les deux démarches convergentes qui visent la même quête d'humanité à partir de ses deux limites. L'une, que Booz symbolise, est l'insistance de l'Alliance du désert et de sa droiture au sein même des détours et des compromis de la terre habitée. L'autre, que Ruth représente, est l'effort pour rallier et convertir le cours du monde à la fidélité à la Loi de vie propre aux hommes. Dans le *Cantique des cantiques*, ce chant de deux chants, la tradition voit le secret de cette union : un chant alterné où deux chants se rejoignent : le chant de Moïse[20], par l'entremise de qui la loi se dévoile, comme venu du ciel intelligible de l'exigence morale, et le chant de David, qui monte de la terre, de ses débats et ses combats, pour en appeler au sublime[21].

Ainsi le mal, comme infidélité à soi-même, se combat sur deux fronts, dans la mesure où sa réalité est reconnue, et sa fatalité refusée. Du côté de la leçon de Moïse, il y a l'insistance déterminée sur l'unité de l'humanité et sa solidarité qui vise à rétablir le dialogue entre tous et chacun pour donner droit de cité à une conciliation de toutes les formes d'expression de la liberté. Du côté de la geste du roi David, il y a la visée du désarmement et du développement des peuples de la terre entière. La conjugaison de ces deux efforts, nous promet la tradition, peut vaincre le mal, et (r)établir la plénitude de la paix de Salomon.

1• Mazarin, *Bréviaire des politiciens*, Arléa, 1996.

2• Joë Nordmann, *Aux vents de l'histoire*, Actes Sud, 1996.

3• *Les Abus de la mémoire*, Arléa, 1995.

4• *Cf. Le concept d'angoisse.*

5• *Cf. Mémoires d'un révolutionnaire.*

6• *Cf. La religion dans les limites de la simple raison.*

7• *Leçons sur la philosophie de l'histoire*, introduction.

8• *La pesanteur et la grâce.*

9• *Cf.* la fin du *Timée.*

10• *Cf.* Kant, *Critique de la raison pratique.*

11• *Deutéronome*, 23, 5.

12• Cf. *Genèse*, 13.

13• *Ruth*, 1, 3.

14• *Genèse*, III, 13.

15• Voir à ce propos l'œuvre de Léon Chestov, pour qui le péché consiste dans la croyance à la nécessité, qui paralyse la liberté.

16• *Cf.* Lamartine, *La Caravane humaine.*

17• *Cf.* l'étonnant tableau de Corot peignant cette scène (*Genèse*, 19).

18• Le nom de « Ruth » vient du verbe « voir », au sens de voir le bout, l'aboutissement.

19• Midrach Hanéelam sur Ruth 83b, trad. Charles Mopsik, éd. Verdier, 1984, p. 131.

20• *Exode*, 15.

21• *Cf.* Psaume 2.

Le mal n'est pas

La réfutation augustinienne
du manichéisme

Frédéric Laupies

L e manichéisme n'est pas pour saint Augustin une
erreur de jeunesse à jamais surmontée. La doctrine
de Mani fait partie de ces thèses qu'il faut sans cesse
réfuter et qui, sans cesse, reviennent obséder la pensée.
Très proche de l'orthodoxie, elle en est aussi radicalement
éloignée.

Figure récurrente de la justification de Dieu, elle pose
dans toute son urgence la question du mal et lui donne
une réponse compatible avec la perfection de Dieu. Avec
le manichéisme, le problème du mal est élevé au rang de
question théologique fondamentale : pas de théologie
sans théodicée ! Paradoxalement, donc, au moment de
réfuter les manichéens, saint Augustin affirme son accord
avec eux sur trois principes fondamentaux : Dieu est, il y
a le mal, Dieu n'est pas l'auteur du mal.

*« C'est aussi notre foi que Dieu n'est pas le père du mal
et qu'il n'a fait aucune créature mauvaise. Nous sommes*

tous deux d'accord sur ce point que Dieu est incorruptible et inviolable »[1].

Les sectateurs de Mani posent la bonne question : comment affirmer ensemble la réalité du mal et l'existence d'un Dieu parfait ? Leur réponse a le mérite de la cohérence, elle se contente de développer analytiquement les termes mêmes de la question : si le mal existe et s'il n'est pas imputable à Dieu, il faut poser qu'il est en vertu d'un autre principe que Dieu, qu'il est une substance incréée ; il y a ainsi affrontement entre deux êtres inconciliables et pourtant mélangés dans la réalité empirique, le bien et le mal.

Cette solution simple est pourtant inacceptable : pour sauvegarder l'incorruptibilité de Dieu et sa perfection, on est conduit à nier son unicité et sa toute puissance : monstruosité théologique.

La théodicée doit passer par une autre voie. Mais en existe-t-il une autre : comment affirmer que Dieu est créateur, que « *tout fut par Lui et sans Lui rien ne fut* »[2] sans imputer le mal à Dieu ?

L'originalité de saint Augustin consiste à changer les données de la question : tant qu'on se demande ce qu'est le mal, on est voué aux apories et aux faux problèmes : pour justifier Dieu sans nier le mal, il faut dire que le mal n'a pas d'être... qu'il ne fait donc pas l'objet d'une création ! Mais est-ce pensable ? Qu'est-ce qu'une réalité qui n'est pas... sans pour autant ne pas être ?

Une telle gageure philosophique n'est concevable que si l'on se donne les moyens de penser ce qui, sans être, peut produire des effets. Seul le concept de négation répond à une telle condition. La négation, en effet, n'est pas un être : elle n'est pas une substance mais un processus, elle n'est pas par elle-même, elle est tributaire de l'existence de ce qu'elle nie. Ainsi, pour nier la négation, il faut soit la nier elle-même soit nier ce qu'elle nie – pour supprimer la maladie, le médecin peut supprimer la maladie ou supprimer le malade.

C'est parce que le manichéisme ne pense pas le mal comme négation qu'il ne peut concilier le mal et Dieu sans faire du mal un dieu.

D'où vient cette absence du concept de négation ? La négation elle-même n'est pas pensable sans le concept de relation. Elle peut produire des effets sans être quelque chose par elle-même parce qu'elle est une relation : le coup de hache dans l'arbre en nie la

---

1. *Contre Fortunat, Œuvres de Saint Augustin*, Desclée de Brouwer, 1951, T 17, p. 163.
2. Évangile selon saint Jean, 1, 3.

réalité spontanée et autonome ; il n'est pas un être qui s'ajouterait à l'être de l'arbre mais un processus qui disloque ce qui était solidaire. Il y a négation parce que la situation relative des parties est changée.

Or le manichéisme est incapable de penser la relation : pour lui, pas de coupure ontologique, pas d'altérité, pas de différence. Seule existe la simplicité absolue, le multiple n'est que la démultiplication du même. « *Les âmes bonnes sont pour lui la substance même de Dieu* » (*Traité des deux âmes*, XII,18). Le dualisme est une espèce de monisme : on pose deux substances distinctes sans mélanges parce qu'on ne peut concevoir des degrés d'être et des relations entre eux.

Saint Augustin va développer les contradictions internes au manichéisme et montrer ainsi que le mal n'est pensable que si l'on passe d'une ontologie de l'être à une ontologie de la relation. On ne peut, en effet, hypostasier le mal sans tomber dans des contradictions sur les plans psychologiques, moraux et métaphysiques.

Si, le mal est un être à part entière, il devient impossible de comprendre en quoi il peut être objet de désir. En effet, le désir peut être défini comme « *un mouvement non contraint de l'âme en vue de ne pas perdre ou d'acquérir quelque chose bon ou jugé tel* »[3] ; mais « *il n'y eut jamais le moindre bien dans le mal suprême.* »

Comment donc comprendre que ce mal absolu puisse, d'un quelconque point de vue, apparaître désirable ? Or le mal ne peut se donner pour ce qu'il n'est pas et ne pas se donner pour ce qu'il est, puisqu'il est radicalement simple. La substantialité du Mal rend impossible la séduction.

Mais il y a plus. La réalité morale du mal est elle-même incompréhensible si le mal est une substance : à supposer que le mal soit séduisant, comment comprendre le péché, le fait de faire le mal que l'on aurait dû éviter ?

Si le mal n'est pas un accident mais une substance, il faut dire que le pécheur a une âme essentiellement mauvaise. Il n'était donc pas libre de ne pas pécher, il n'a donc pas péché. « *Tout ce que font ces âmes, si c'est par nature qu'elles le font et non par volonté [...] nous ne pouvons dire qu'elles ont péché* » (*Traité des deux âmes*, XII,17). Pour sauver la substantialité du mal, on est donc contraint de refuser tout

---

3. *Traité des deux âmes*, op.cit., p. 97.

sens à la notion de faute. Le mal ne doit plus se dire que d'un état nécessairement et intrinsèquement mauvais.

L'univocité du mal s'explique non parce qu'il y aurait une identité du mal moral et du mal physique mais parce qu'il n'existe que le mal de type physique... Or la substantialité du mal rend le mal physique lui-même impensable.

« *Je blâme avec toi la fange des eaux marécageuses : loue avec moi à la fois la forme et la qualité des eaux et les membres bien adaptés des habitants qui y nagent, la vie qui contient et régit le corps et tout l'équilibre accordé à chaque sorte de santé [...] car si tu veux leur ôter ces choses, il n'y aura plus de corps* » et donc plus de mal (*Contre l'épître du fondement*, XXX).

Les êtres mauvais sont bons en tant qu'ils sont des êtres. Le mal n'est donc pas une nature, il est une « contre nature » (*ibidem*, XXXIV, p. 483).

On parvient ainsi à une définition claire du mal : « *Qui pourrait douter que tout ce qui est mal soit autre chose que corruption ?* » (*ibidem*). Le mal est essentiellement privation ; comme tel, il suppose le bien dont il est la perte. Il n'y a donc pas de réalité ontologique du mal mais seulement une phénoménalité du mal.

Une question demeure toutefois. Comment comprendre la possibilité même de la corruption ? D'où vient le mal ?

Le scrupule manichéen pourrait ressurgir ici : si la création est susceptible d'être corrompue, ne faut-il pas dire que le créateur est complice du mal ? (*Contre Fortunat*, XX, pp. 165-67). N'aurait-il pas dû créer une nature incorruptible ? La question de l'essence nous reconduit à la question de l'origine.

La réponse augustinienne se fonde sur la distinction de deux plans : le corruptible et le corrompu.

« *Les natures qui peuvent se corrompre n'ont pas été engendrées de Dieu, mais ont été créées de rien par Lui* » (*Contre l'épître du fondement*, XXXVI, p. 493).

L'incorruptible ne peut être que Dieu Lui-même ; le Fils unique engendré non pas créé avant tous les siècles est Lui-même incorruptible parce qu'Il est Dieu de même substance que le Père. « *Nous voyons par là qu'il est injuste de demander que ce que Dieu a fait de rien soit souverainement bon au même titre qu'est souverainement bon celui que le Père a engendré de Lui-même, car s'il ne l'avait pas engendré unique, il n'eût pas engendré ce qu'il est Lui-même, puisqu'il n'y a qu'un seul Dieu* » (*ibidem*, p. 495). Cela ne signifie pas que la création est mauvaise : elle est un bien inférieur à Dieu Lui-même puisqu'elle est tirée du néant, mais un bien tout de même. « *Je t'en prie, nature rationnelle, souffre d'être un peu au-dessous de Dieu [...] par là apparaît quelle dignité te revient du fait que Dieu, qui seul a une nature supérieure à la tienne, a créé d'autres biens qu'à ton tour tu surpasses.* »

Seule la distinction entre création et engendrement permet de penser des degrés d'être et donc des degrés de biens. On évite ainsi de conclure que ce qui n'est pas Dieu est mal par le fait même.

La créature participe à la fois de l'Être par soi qui l'a créée et du néant d'où elle est tirée. Elle peut chercher à rester incorrompue et par là ressembler à l'incorruptible, comme elle peut se corrompre et ressembler au néant. Drame du salut ! C'est le péché qui opère le passage du corruptible au corrompu : l'homme introduit le désordre en préférant des biens inférieurs au lieu de s'unir au bien suprême.

Dès lors, il n'est pas étonnant que les biens que l'homme dépasse lui deviennent pénibles : Dieu a sur les biens qui sont soumis au pouvoir de l'homme un pouvoir plus grand que lui. Il peut donc, sans être l'auteur de la corruption, « *s'être réservé le pouvoir de livrer à la corruption celui qui mérite d'être corrompu, à savoir celui qui, par le péché, commença lui-même à se corrompre, afin qu'ayant de plein gré voulu la corruption qui le charme, il ressente malgré lui la corruption qui l'afflige.* »

Le mystère du mal renvoie, une fois de plus, l'homme à lui-même : de même que Celui que je cherche hors de moi est en moi, de même, je suis la réponse à la question du mal.

Si la corruptibilité est la marque de la fragilité ontologique propre à la création, la corruption est l'œuvre négatrice d'une liberté qui croit s'affirmer en s'opposant au principe de tout bien. Une telle négation est séduisante parce que la volonté qui s'y exerce est en elle-même un bien, mais elle se perd en s'aliénant à des biens inférieurs. Il n'y a ainsi aucune nécessité du mal. « *Père, je ne te demande pas de les retirer du monde mais de les préserver du mauvais* » (*Évangile selon saint Jean*, ch. 7). Il n'y a pas de tragédie du mal : le corruptible n'est pas le corrompu.

En refusant l'univocité de l'être, saint Augustin peut penser le mal comme une négation et ainsi en rendre raison sans l'imputer à Dieu. Cette solution va nettement au-delà d'une spéculation métaphysique :

elle donne lieu à une anthropologie. Elle permet de faire droit à la réalité de la personne: je ne suis pas le mélange de deux substances mais un être créé, une nature rationnelle qui dispose du pouvoir de devenir ce qu'elle est ou de se détruire. Cette alternative proprement dramatique est la situation même où se dévoile pour moi l'obligation d'être libre. Reporter le mal sur l'être des choses est le plus sûr moyen de se dérober à ce choix, qui reste toujours à faire.

Le bien
et le mal
dans le taoïsme

Jean-Paul Milou

Traiter de cette question demande des précautions. La première tient à la question même, « occidentale », « métaphysique »... *Le* bien et *le* mal !... Comme si une entité unique se tenait derrière la souffrance, la mort, le péché, l'erreur, etc. ; comme si une solution théorique pouvait répondre pleinement à une question théorique...

Le préjugé qui la sous-tend est qu'il y a correspondance entre nos problèmes philosophico-religieux, formulés dans une langue indo-européenne et des textes « chinois » du IVe ou IIIe siècle avant J.-C. (déjà, notre rapport aux sémites, juifs ou arabes est bien ambigu, en dépit d'une proximité géographique évidente et d'influences réciproques millénaires) ; et les traductions renforceront cette illusion – elles qui, indépendamment de toute volonté d'interpréter, « traduisent » en effet et transforment ; ce taoïsme traduit (et fort récemment : les jésuites en latin, au XVIIᵉ siècle… ; en français, au début du XIXᵉ), devient ou une bizarrerie « chinoise » ou un produit marginal de notre propre culture.

La seconde difficulté provient du « taoïsme » lui-même, indécis dans la datation de son œuvre maîtresse, très tôt débordé, attaqué par le bouddhisme, mélangé à lui – donc cerné par l'indianisme (fût-il passé par le Tibet et devenu mahayanisme), quelle qu'ait pu être l'inspiration anti-indienne du Bouddha lui-même. Et, avec la naissance du *Chan* (禅), ce bouddhisme sinisé, la situation culturelle de la pensée de Lao Zi et de Zhuang Zi sera de plus en plus imprécise.

Ne succombons pas, cependant, au relativisme qui, du XIXᵉ siècle historiciste aux années structuralistes qui s'achèvent, ont renchéri sur la diversité, l'incommunicabilité des cultures : il y a bien derrière les mots et les mythes des « choses », des choses qui parlent, et qui parlent de même pour tous : un enfant qui souffre dans les bras de sa mère ; un dignitaire qui manque une marche et tombe ; une mouche qui pique… ! Et les penseurs, ceux qui pensent vraiment, qu'ils soient chinois des premiers siècles ou européens des temps modernes, entendent ce langage !

Ces remarques faites, essayons une réponse, des réponses (qui ne se superposeront peut-être pas) à la question posée.

Une première réponse

Réserve extrême du *Dao De Jing*, à l'égard de ce que Nietzsche appellera la « moraline », la domination des valeurs dites « morales » sur toutes les autres, fussent-elles religieuses. La tradition chinoise a, très tôt, opposé le mystique et asocial Lao Zi (auteur plus ou moins mythique du *Dao De Jing*) au bien convenable et policé Confucius – l'ermite ou l'errant de la montagne, à l'expert en rites et conduites, volontiers donneur de leçons de… morale. La Voie (*dao* 道) qui donne pouvoirs ou aptitudes à répondre aux circonstances variées (*de* 德), ne se découvre (si tant est que la « voie » puisse se « découvrir ») qu'à celui qui renonce aux oppositions culturelles figées, à toute institutionnalisation, *establishment* ritualisé, codifié, pour retrouver la vie, dirions-nous, « naturelle » (« céleste », dit Lao Zi), avec ses corrélations-oppositions : homme-femme, montagne-vallée, vie-mort, clair-obscur, etc., par-delà le bien et le mal. Abandonner l'opposition abstraite du bien et du mal pour découvrir le couple Ciel-Terre et, en lui, derrière lui, insaisissable le *dao*, milieu, œil au fond du puits (*chong* 冲).

Et je ne suis pas sûr que nous soyons très loin de Lao Zi, si, une nouvelle fois, nous nous référons à Nietzsche (qui ne connaissait guère la Chine) dénonçant avec force ceux qui ont dit que là où il y a souffrance, il y a « faute »... Ou bien au stoïcien fameux : « Souffrance, souffrance, tu ne me feras pas dire que tu es un mal... »

Télescopage des valeurs, s'anéantissant dans leur spécificité devant la valorisation suprême, la « valorisation » morale...

Ainsi lit-on dans le *Dao De Jing* :

> « *A-t-on abandonné la Voie, la grande Voie ?*
> *Alors on parle d'humanité, de justice.* »
> (Richard Wilhem, l'un de nos meilleurs traducteurs européens,
> met les points sur les *i*. À l'humanité [*ren* 仁] et à la justice
> [*yi* 义], il substitue la moralité et le devoir ; aux vertus clés
> du confucianisme, nos propres schémas kantiens.)

> « *On parle alors de Raison, de Savoir ?... C'est l'occasion*
> *pour " les fieffés hypocrites ".* »
> (Traduction, excellente aussi, de Houang et Leyris.)

> « *Les familles se divisent-elles ? Alors apparaîtra le devoir filial.*
> *Les États tombent en décrépitude, alors on mettra en avant le*
> *civisme* » (Dao De Jing, *XVIII*).

Première réponse, premier enseignement (bien que le sage n'enseigne pas, ou enseigne sans enseigner...) taoïste : dégager toutes choses de leur interprétation morale pour les retrouver libres et transparentes, même dans leur contradiction !

UNE DEUXIÈME RÉPONSE

Voici une deuxième réponse, qui ne fait, peut-être, que généraliser la première : non plus libérer le jeu des valeurs (religieuses, esthétiques, cognitives, etc.) de l'emprise morale, mais libérer la pensée, la conduite de toutes les valeurs qui, dans leur essence même, sont sociales, figées, durcies... Libérer le savoir de ses normes instituées ; l'audition des gammes ou des mots qui l'aveuglent ; l'œil des couleurs traditionnelles ; le goût, des cinq saveurs ; la parole, de la logique, etc.

Tel est, tel peut être, le sens des expressions courantes dans le *Lao Zi* : savoir sans savoir, goûter le sans-goût, entendre l'inaudible, parler sans parole, etc., etc., toutes ces expressions, culminant dans le « *leit-motiv* » : 为 無 为, que l'on traduit habituellement par : « Faire sans faire »... Traduction qui dessine davantage une question qu'une réponse : Que veut dire « faire » ? Que veut dire « ne pas faire » ?...

Et après tout, nous pourrions nous-mêmes, dans notre propre culture, nous interroger sur le sens du mot « faire »... ! Agir ? Entreprendre ? Produire ? Mais : faire le clown, faire chou blanc, faire l'affaire... ?
Et « enseigner sans enseigner », en français, ce n'est pas une phrase absurde... mais le « sans », que signifie-t-il ici ...?
(Le regard attentif sur un texte chinois du IIIe siècle avant J.-C, arabe du VIIe siècle, peut beaucoup pour nous éveiller à ce que nous disons (sans le dire), nous, Européens du XXe siècle...)

Une réponse peut-être, au deuxième chapitre du *Lao Zi*, où se rencontre la première occurence du *wu wei* 無 为 :

Sous le Ciel,
Chacun sait « FAIRE », Beau le Beau,
Ainsi,
Le laid
Chacun sait « FAIRE », le Bien Bien,
Ainsi,
le mal
[...]
Ainsi, le sage
ne FAIT pas...

Nous avons ici une indication sur le « faire » et le « non- faire », aussi précise que difficile. Il semble bien qu'ici, tout au moins, « faire » ait le sens de constituer, poser (allemand : *Setzung, Stellung*), instituer, fixer quelque chose comme *valant* – et de ce fait le non-valable, le non-valide –, d'installer une échelle de mesure fixe, des échelles de mesure spécifiques qui organisent les choses à travers le *plus* ou le *moins*. Et le sage, se dérobant au faire, du moins à son « insistance », ne *fait* pas, *dépose*, laisse aller les choses à elles-mêmes sans leur imposer de normes...

Serait-ce s'abandonner à un « comparatisme » facile que de songer à Socrate qui, à la même époque, à Athènes, échouait dans sa quête d'une saisie conceptuelle du « Bien qui n'est que bien », ou du Beau en soi, et s'en remettait à son démon intérieur, son ange, et ses conseils négatifs (« Ne fais pas ! ») pour sa conduite ?

Plus proche de nous, Heidegger, qui invoqua, sur le tard, après tant d'années passées avec les présocratiques, le patronage de Lao Zi, dénonce la « pensée en valeurs » dont Nietzsche, pour lui, fut l'ultime héros... À l'appel nietzschéen vers la création de nouvelles valeurs, « par delà le bien et le mal », Heidegger oppose le retour à une pensée de l'Être, disons des Choses telles quelles, et non de leur appréciation valorisante ou dévalorisante. Contrairement à toutes les apparences, culmine en Nietzsche, la pensée « métaphysique », qui circule dans tout l'Occident, de Platon à Kant... Meurtrière... nous détournant de l'expérience de l'Être, du cheminement au milieu des choses, du dao (道)...

Dieu même, est mort d'être devenu Valeur...

Et nous rencontrons chez Heidegger toute une « ascèse » de la « dé-position » (dénonciation du *Vorstellung*), de la *Gelassenheit* (laisser aller)...!

Le chapitre III du *Dao De Jing* nous engagerait facilement à persévérer dans cette entente du *wu wei* :

Ne pas exalter, traduit-on, *les hommes de talent.*

Ne pas faire cas des biens qui suscitent le désir.

Ne pas faire voir, étaler aux yeux, mettre en évidence ce qui est précieux... Ne pas mettre en valeur.

... Et, bien sûr, d'abord la sagesse elle-même. Zhuang Zi met en scène le sage qui, après des années de méditation solitaire, entre au restaurant du village et pleure de ce que les serviteurs oublient de servir les autres..., et ce même sage, après dix années de solitude supplémentaires, revenant au même restaurant, rit de ce que tout le monde oublie de le servir : on ne le voit même plus !...

Deux premières réponses, à peu près cohérentes et compréhensibles pour nous, Occidentaux... Revenir à une vie et à une perception « naturelles » des choses, dégagées de tout *a priori* – moralisant d'abord, culturel ensuite... Une attitude libre à l'égard de tout ce que le monde dit bien ou mal, estime valable ou non valable... Et aucun de nous ne pourra nier qu'il y a beaucoup de sagesse en elle !

Certes, mais ce n'est là qu'une *attitude* ! Une façon plus ou moins habile de rendre ce monde moins pesant ; un genre de vie... Et le *Lao Zi* ouvre, je crois, sur une réflexion plus profonde – disons, pour employer nos mots et notre jargon, plus ontologique qu'éthique ou, pour être plus clair, moins pédant, « branchée » sur ce que sont les choses, en elles-mêmes, et non sur une façon de les aborder, plus ou moins subjective.

UNE TROISIÈME RÉPONSE

Une troisième tentative de réponse, donc, et celle-ci, déjà un peu plus déconcertante pour nous, habitués que nous sommes depuis Platon à faire de l'Être – c'est-à-dire le Bien, le Beau, le Vrai, donc le Bonheur s'il est atteint ou accepté – l'ultime, l'Absolu, la référence suprême, et du Non-être son éternel opposé – à la fois le Rien mais aussi la source de toute fausseté, de tout mal ou malheur. Je suis celui qui est, nous enseigne-t-on, faisant parler haut le dieu biblique ; et Satan, éternellement déchu, est celui qui dit toujours : Non !

Or, si le sage taoïste « fait sans faire », « pose sans poser », parle silencieusement, sent l'insensible, etc., ce n'est pas qu'il ait inventé ce comportement, ou adopté ce style de vie, c'est que les choses mêmes, en elles-mêmes, ont cette « allure », se comportent ainsi... dans leur cœur (ou dans le Ciel qui les entoure et les font ce qu'elles sont) ; il y a cette réserve, ce retournement, cette distance...

Les choses (disons, au risque, de nouveau, de faire de la « métaphysique » prétentieuse...) comme le sage – comme toute parole inspirée (*fan* 反) se retournent –, sont et ne sont pas, offrent leur plénitude et leur vide.

73

Et, si nous avions voulu, nous aurions déjà pu traduire le *wei wu wei* (faire sans faire 為 無 為) par « Être sans être » (car *wei*, en chinois, peut signifier « être », aussi bien que « faire »).

> Mais n'avons-nous pas en français, la même possibilité...? Les jeunes, aujourd'hui, disent : Je veux *faire* médecin, là où nous disions, nous les plus anciens, je veux *être* médecin.
>
> Et, pour passer d'une remarque « comparatiste » triviale à une allusion plus savante, Heidegger, dans sa quête de l'Être (quête que l'Occident hellénico-métaphysique aurait toujours dépassée trop vite, selon lui) rencontre le néant, le rien, car nous dit-il très taoïstement : « L'être tourne au néant. »

Être, ne pas être... Oui, non... Le premier chapitre du *Lao Zi* (et nous nous limitons presque, vous l'avez remarqué, aux trois premiers chapitres, si denses), nous annonce la merveille d'emblée, le mystère obscur, que notre vie et notre méditation n'auront qu'à « éclaircir » ? – non !... qu'à rendre plus obscur encore...

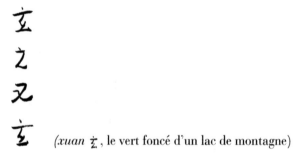

(*xuan* 玄, le vert foncé d'un lac de montagne)

Le *wu* et le *you* (無 有, traductions habituelles : Être-non-être ; Avoir-ne pas avoir) ont une essence commune, « tournent l'un à l'autre »... Et le sage, « entre » (en-deçà, au-delà ?), au milieu de la vie et de la mort, du bien et du mal... – ou, mieux, accompagnant leur jeu, leur balancement..., n'étant fixé ni sur l'un, ni sur l'autre, sans y être indifférent –, « flotte » librement, erre sans espoir ni regret.

Obscur, certes... ! *Xuan*... Et la sagesse taoïste, là encore, n'est pas tout à fait, comme la nôtre, orientée vers l'évidence à trouver, la « visibilité » à assurer... ; bien plutôt, disais-je, de rendre ce qui est obscur plus obscur encore..., de « garder » (comme monter la garde) préserver, « sauver » l'obscur...

Et l'échange, la réciprocité du 樂 et du 哀, de la souffrance et de la joie, de la réalité et de l'illusion, du oui et du non, n'a rien à voir avec quelque indistinction, nuit (où toutes les vaches sont noires, comme chacun sait), mélange confus, ni avec une quelconque « synthèse » dialectique ; une racine, une correspondance, et non une coïncidence ; un « site », un « ciel » qui les installe dans la proximité.

Et peut-être, nous engageons-nous dans un sentier qui mène à ce « site », sous ce « ciel », en nous aidant (provisoirement), une nouvelle fois, de la méditation de Heidegger, qui écrit :

> *Plus joyeuse la joie*
> *Plus pure la tristesse qui sommeille en elle*
> *Plus profonde la tristesse*
> *Plus « appelante » [je rufunden] la joie qui y est reposant.*
> *Tristesse et joie, jouent l'une dans l'autre.*
> *[Trauer und Freude spielen ineinander]*

Ou des réponses de Jean de la Croix, à ceux qui lui demandaient ce qu'il avait ressenti dans sa prison : à l'un, l'extrême de la souffrance, à l'autre, la joie la plus pure.
Plus concrètement, plus taoïstement (sans tragique), aidons-nous de l'image du sage, qui reste obscur, retiré, profond, calme...

玄

... et qui, ainsi, tel le lac de montagne, peut refléter les étoiles, être sensible au moindre frémissement de la surface, associant de la sorte la plus grande clarté à la plus grande ténèbre.
Ou encore, toujours « taoïstement », l'image du couteau – avec lequel découper discrètement – si fin, si aiguisé qu'il découpe sans couper, laissant indemne la chair..., distinguant sans séparer.

Nous pourrions, nous devrions peut-être en rester là, confus de ces « réponses » trop claires, trop abstraites, trop cérébrales ; de cette version conceptuelle, méthodique, ordonnée (plus ou moins) d'une « sagesse » qui se veut sans nom ; d'un « tour de corps » – comme on dit un « tour de main » – ayant plus de rapport avec nos façons de marcher, de boire, de manger (de « chier » ou de « pisser », dira plus brutalement le bouddhiste *chan* Lin Ji, au Xe siècle), qu'avec les grandes « options » métaphysiques (et qui, cependant, les rend caduques). Mais nous arrêter ici serait dissimuler ce que ces trois « réponses », même en les considérant d'un point de vue purement théorique, comme une sorte d'exégèse d'un texte, peuvent avoir d'insuffisant, voire de fallacieux.

UNE QUATRIÈME RÉPONSE

N'hésitons pas à présenter une quatrième réponse qui contredira en partie les précédentes – et qui, je l'espère, ôtera à toutes les remarques faites ici, le caractère de réponse...

C'est qu'en effet, en dépit du balancement entre le *wu* 無 et le *you* 有 – le non-être et l'être, le négatif et le positif –, l'accent est mis sur le *wu* 無. Et l'interprétation traditionnelle parlera plus facilement de la « doctrine » taoïste comme école du *wu wei* 無 為 (ne pas être, ne pas faire...) que comme école du *wei wu wei* 為 無 為 (faire sans faire, être sans être...) ; ainsi, dès le premier chapitre du *Lao Zi*, si le *you* 有 est présenté comme la mère des dix mille choses, l'être à l'origine des « choses » multiples, s'engendrant les unes les autres, le *wu* 無 est, lui, origine du Ciel et de la Terre qui, eux, sont « uniques » en eux-mêmes, et « durent », sont établis dans la permanence.

Le non-savoir est « privilégié » (si l'on peut risquer ce mot pour une doctrine si peu « valorisante » et « hiérarchisante ») par rapport au savoir (le sage sait de moins en moins, dit Lao Zi, et Zhuang Zi lui conseille de nourrir ce qu'il sait de son ignorance). La fadeur (l'insipide – l'eau –) est préférée... Le vide, c'est cela même qui permet à une maison ou à un vase d'avoir une utilité... Le « saint » est, de préférence, laid, infirme, « inutilisable » comme fonctionnaire, professeur ou soldat... Il demeure là où les autres ne veulent pas demeurer, là où le « monde » verse ses ordures... On n'en finirait pas d'accumuler les aphorismes ou anecdotes qui illustrent cet apparent choix de ce qui est négatif : le sage, comme le ciel, n'est pas « humain », « compatissant », *bu ren* 不 仁, il traite les hommes comme des chiens de paille... Et Lao Zi porte atteinte, ici, à la vertu fondamentale du confucianisme.

Scandale, pour la pensée occidentale ! Ce n'est pas que nous ne connaissions, dans notre tradition spirituelle ou philosophique, une voie dite « apophatique » (de l'Aréopagite à Jean de la Croix, en passant par Maître Eckhart) ou dialectique (Hegel), un passage prolongé sur les bords du nihilisme (Nietzsche, Heidegger...), de la souffrance (Simone Weil), voire de la perversité (Bataille) ; mais celle-ci n'est jamais que provisoire : l'apparent non-être tourne à l'être, la souffrance à la joie, le péché à la rédemption... et si les parents meurent, leur mort est la vie de leurs enfants (Hegel) ; les « mauvais » côtés des choses sont condition des progrès historiques (Marx).

Quoi de plus incompréhensible, pour nous, que l'inscription, sur la tombe du cinéaste Ozu :

Ou, au contraire, de *trop* compréhensible, si nous y reconnaissons la tendance « bien connue » des Orientaux vers l'extinction, le *nirvana*, la passivité ? Conclusion trop facile !

Difficile à « saisir », à « comprendre », à accepter... Le mal ! L'erreur ! La souffrance ! La bêtise – la mienne, la vôtre... ! Le péché !... Et la souffrance de l'enfant « fou » qui pousse des cris de terreur !... Et les damnés pour l'éternité ! Aucune philosophie (aucune sagesse), aucune religion (aucune sainteté), n'élimine ce scandale, cette « pierre » d'achoppement sur le chemin de tout optimisme « bien pensant », de toute « pieuse » pensée... Comment les accepter comme ultime fondement... sans espoir d'accomplissement positif ?
Et si, justement, c'était cette volonté de « fondement ultime », d'« achèvement satisfaisant », à trouver dans une « saisie », une conceptualisation, une compréhension, un besoin de trouver un « quelque chose » nommable, montrable, acceptable, et d'y installer nos croyances ; si, justement, c'était cela que nous étions invités, par la pensée taoïste, à abandonner... ! Et *abandonner, refuser, nier*, ne sont pas les mots qui conviennent...

> *Rien n'est à abandonner !...*
> *seulement !... quoi ?*

Essayons quelques indications, nous mettant sur la « Voie » – quoique ce soit déjà beaucoup trop dire – ; nous verrons que, à la recherche d'une « explication » d'un « Chinois » du Vᵉ siècle avant J.-C., nous y découvrons le non pensé de notre propre culture...

> Edmund Husserl écrivit les *Méditations cartésiennes* à l'occasion du tri-centenaire du *Discours de la méthode* de René Descartes.
> Ce livre est bien connu des philosophes contemporains. Il y développe une méthode dite « phénoménologique », qui prolonge et accentue le « doute » cartésien ; Descartes mettait hors de ce qui est susceptible d'être mis en doute des notions trop « évidentes » pour pouvoir être suspectes : la distinction du vrai et du faux, de l'être et du non-être... Husserl, lui, veut atteindre, comme point de départ, ce qui ne laisse aucun préjugé en son sein, et c'est ce « savoir » même, de la distinction du vrai et du faux, du non-être et de l'être qu'il entend non pas nier, non pas « mettre en doute » (ce qui est impossible), mais « suspendre », « neutraliser »... Il ne sait trop quoi dire et retrouve un vieux mot grec, *Epochè*, pour faire signe vers une expérience (*Erfahrung* indique mieux l'expérience comme entrée dans un « voyage »), qui laisse « intacte » la chose même et, en même temps, nous désengle d'elle, nous libère d'elle.

Ne devons-nous pas entendre (et non pas comprendre) le *wu* taoïste (le *wu* comme *cri* d'Ozu, vibrant sur sa tombe) comme une invitation à laisser être, à « laisser les choses se donner » telles quelles, sans y inscrire, avant même qu'elles se donnent, nos présupposés ? (Oh ! Dieu ! Suprême vérité... Bien ultime... Que de gens sont sûrs de toi ! Que de gens t'ont rencontré, fait parler... Nos oreilles sont cassées de sermons assénés, nos regards de « bonnes » consciences exhibées, de « beautés » déshabillées qui sortent du puits...!).
Oh ! Oui !...

D'abord... ne pas savoir... ne pas croire... toujours y revenir...

wu

Et cela veut encore moins dire : ne pas croire, ne pas *les* croire... Peut-être, renoncer au « croire » comme au « ne pas croire » !... Une pensée *libre*, ouverte, qui cesse de se *croire* « accomplie » dans la Croyance ou la Non-croyance... – même dans le Doute (qui peut être un « mol oreiller » !)

Martin Heidegger, prolongeant, quoiqu'il en ait, l'inspiration de celui qui fut son maître, Edmund Husserl, tente d'échapper à la métaphysique occidentale, toujours, selon lui, dominée par une distinction, une dualité non pensée... Il s'efforce vers une pensée de l'Être, échappant à l'opposition banale de l'être et du non-être, de la présence et de l'absence... Une pensée de l'Éclaircie (*Lichtung*), au sens de la clairière dans la forêt, qui permet le jeu de l'absence et de la présence – pensée que, dit-il, aucun Grec (aucun de ceux qui pensent à la suite des Grecs) ait jamais eue...

Simplicité !

... à l'origine, impensée, de tout ce que l'Occident a pensé de multiplicités...

Lichtung !

Curieusement, à l'origine du mot chinois *wu*, disent les spécialistes, un homme 亻, détruisant des arbres 林, ouvrant la clairière, où jour-nuit, homme-femme, vrai-faux, bien-mal, vont jouer les oppositions.

Peut-être, faute d'avoir atteint cette ouverture du *simple* (et, encore une fois, s'agit-il ici d'atteindre, d'être atteint ?), manquons-nous ce qui ne l'est pas...

Le bien ? Le mal ?... Le connaissez-vous ?...

Vraiment ?

Frederich Nietzsche nous dit : pour moi, vous n'êtes pas assez « bons »... parce que vous n'êtes pas assez « mauvais »... Savez-vous le « bien » et le « mal » ?

Et voici deux histoires que l'on raconte.

L'une, à propos du Bouddha. Le Bouddha enseignait, comme chacun sait, à se détacher de la « vie », à atteindre l'extinction de tout désir... et, de là, à la non-naissance. Mais, disait-il, se détacher tout autant de l'instinct de mort (pour employer une expression freudienne), du goût du – ou de la croyance au – non-être...

Tous deux – instinct de vie comme instinct de mort – au même niveau ! Également aberrants !

L'autre est musulmane. Satan, dit-on, l'ange de lumière, se priva de
la lumière divine, ayant refusé de se prosterner, sur l'ordre de Dieu,
devant la créature humaine, imparfaite. Et, depuis, Satan attend...
Attend que Dieu l'appelle et lui dise : « Satan, je t'ai tenté, comme
eux tous, autrefois ; toi seul m'a été fidèle, et a refusé d'adorer autre
que moi... », et le rétablisse dans sa primauté sur les autres créatures.
Si bien qu'aujourd'hui encore, entre le bien et le mal, le vrai et le
faux, tout est ouvert...

Façons de dire qui, à « vrai » dire, je l'espère, ne disent « Rien »...
Seulement ouvrent l'espace où l'on peut dire quelque chose, ou ne
rien dire... (sans doute le mieux !), mais qui prennent sens de la vie
de chacun d'entre nous, vie quotidienne « simplement » vécue, du
dao 道 ne distinguant que pour mieux simplifier.

Pour terminer, laissons résonner le *wu* de la tombe d'Ozu, à travers
les propos d'un autre Japonais, tentant, lui, une traduction du mot
kouo, vide du ciel, et disant qu'après tout, tout ce que lui, Asiatique,
mettait dans ce mot de secret et de lumineux, était bien proche de ce
que le philosophe occidental met dans le mot « Être », et que nous
n'avons pas encore « pensé »... bien qu'en ayant beaucoup parlé.

Discussion sur le péché

(Extraits)

Présentée par François L'Yvonnet

La « discussion sur le péché », dont nous reproduisons ci-après un extrait, eut pour cadre, le 5 mars 1944, le grand appartement du quai de la Mégisserie à Paris, où Marcel Moré, polygraphe et non-conformiste (pour reprendre une expression de l'historien Loubet del Bayle), tenait une manière de salon ; un aréopage de beaux esprits, d'horizons et de convictions fort divers, trouvèrent ainsi en ces temps sombres, occasion et matière à controverses spirituelles, voire même, grâce aux sandwichs et autres canapés, une manne susceptible de tromper la faim.

Cette dispute théologico-philosophique tournait autour des *XIV Thèses fondamentales* de Georges Bataille touchant « le bien et le mal dans leur rapport avec l'être ou les êtres », et de leur contestation par Jean Daniélou. Bataille, dans sa volonté de « saper les fondements de la morale vulgaire », pose que seule la volonté du mal produit entre les hommes une authentique communication (thèse V). Daniélou, jésuite et patrologue, futur cardinal, fait valoir que l'excès, la négativité, la communication, le sacrifice, ne sont des valeurs mystiques que pour autant qu'on ne s'attache pas à leur seule forme, mais que soit fait cas de leur contenu : « La mort sur la Croix est un sacrifice en tant qu'il est offert par le Christ pour les péchés du monde... » ; un don d'amour, en somme, et non un simple crime expiatoire.

La discussion, présidée par Maurice de Gandillac, s'engagea alors, sans concession, parfois même un peu vive, entre des gens aussi différents que Pierre Klossowski, Jean Hyppolite, Arthur Adamov, le père Maydieu, Louis Massignon, Pierre Burgelin, Jacques Madaule, Gabriel Marcel, Jean-Paul Sartre... D'autres, quoique présents, restèrent silencieux, comme Nicolas Berdiaev, Albert Camus, Maurice Blanchot, Maurice Merleau-Ponty ou Simone de Beauvoir.

Il est assez remarquable, notons-le, que personne dans cette assemblée prestigieuse, au cours d'une discussion consacrée tout de même au mal et au péché, n'ait fait, en ce début 1944, la moindre référence, fût-ce sous forme de « contrebande », à la guerre et à l'occupation allemande.

———————

G. BATAILLE • Dans toutes les morales, quelles qu'elles soient, les valeurs n'ont été composées que par les interférences des deux systèmes : système de la contestation d'une part et système positif de la séparation du bien et du mal de l'autre. Ce que j'appelle, d'un côté, le déclin, et de l'autre, le sommet.

Ce qui me paraît grave, c'est qu'à partir d'un certain point, il est possible d'être privé de la faculté de décrire un bien et un mal qui soient suffisamment persuasifs pour que l'on puisse maintenir l'autre côté des choses, ce que j'appelle la montée au sommet.

Pour monter au sommet, il faut un prétexte, c'est-à-dire que pour se livrer à des contestations et à un système de contestation de soi-même, pour accomplir ces violations de l'intégrité de l'être dont j'ai parlé, il faut un prétexte qui soit emprunté aux notions de bien et de mal et, de cette façon, on peut presque dire que le tour est joué. C'est ce que, en somme, le père Daniélou a souligné tout à l'heure quand il a représenté que l'Église catholique décrivait des possibilités tout à fait différentes, que le Christianisme permettait, à partir du péché, de gagner un état de chose, qui ne soit plus le péché et situer de cette façon le chrétien hors du péché. Mais, précisément, à un moment donné, ce que j'ai cherché à montrer – il me semble que les conditions actuelles sont données pour cela –, c'est que cette possibilité manquait, et que par conséquent l'homme était forcé de choisir entre deux voies : l'une qui consisterait à s'anéantir lui-même, à renoncer à toute espèce de sortie hors de lui-même, en somme, à fabriquer une économie de la dépense rationnelle, qui serait limitée à la production de la somme d'énergie nécessaire à la fabrication, qui, par conséquent, éliminerait de la vie tout ce qui est pur gaspillage, pure dépense, pur luxe, pure absurdité ; l'autre selon laquelle il maintiendrait une dépense, un luxe, un gaspillage qui n'aurait plus de raison d'être qu'eux-mêmes. Il me semble d'ailleurs, que ce problème moral est plus aisé à concevoir et plus aisé à percevoir dans des forces extrêmement grossières parce que, en effet, il n'y a rien de plus banal que de dire, à propos de tel luxe, à propos de tel gaspillage, qu'il a lieu pour telle ou telle raison, que c'est pour ceci ou pour cela que M. ou Mme Untel donne une fête, que c'est pour ceci ou pour cela qu'une population ou une peuplade fait une fête. Mais à partir d'un certain moment, on ne peut plus dire cela. Il me semble que nous en arrivons, si raisonnables que nous soyons devenus finalement (je dis « nous » parce que j'en suis sous des apparences contraires) à perdre la faculté de donner un motif à nos dépenses. Nous n'avons pas pour autant gagné la faculté de donner à ces dépenses une limitation qui les réduise aux valeurs d'énergie nécessaire à la production. Non, il existe encore un trop-plein considérable, un trop-plein qu'il faut dépenser comme on pourra, et le moment arrive où, pour dépenser ce trop-plein, on n'aura plus aucune espèce de motif parce qu'il apparaîtra que c'est un non-sens.

J.-P. SARTRE • Le péché, chez vous, a une valeur dialectique, c'est-à-dire qu'il s'évanouit de lui-même ; il a le rôle de vous pousser vers un état où vous ne pouvez plus le reconnaître comme péché.

G. BATAILLE • Naturellement.

J.-P. SARTRE • Tandis que chez le chrétien, au contraire, même s'il échappe, le péché reste ce qu'il est. Par conséquent, ce n'est pas du tout la même notion. C'est quelque chose qui apparaît à un moment donné, qui sert d'adjuvant, qui vous amène à une sorte de scandale, d'où ensuite vous arrivez, par la contestation, à un état qui est celui que vous cherchez. À ce moment-là, vous ne pouvez plus le prendre comme péché.

G. BATAILLE • Comme dans toute dialectique, il y a dépassement et non pas suppression. Là, je me réfère à la dialectique hégélienne, je ne fais pas mystère de ce fait que je suis plus que tout autre chose et sans l'être de bout en bout, hégélien.
La notion de péché liée à l'action, vous la reconnaîtrez facilement ; c'est la négativité hégélienne, la négativité qui est l'action.

J. HYPPOLITE • Chez Hegel, je ne suis pas sûr qu'elle ne perde pas ce caractère de péché. Est-ce le péché qui se ramène à la négation ou la négation au péché ?

G. BATAILLE • Il semble que la négativité qui est l'action est toujours destructrice.

J. HYPPOLITE • Il y a, comme le disait Sartre, dans votre discours, un langage chrétien et une ambiguïté chrétienne ; c'est peut-être hégélien aussi. En aviez-vous besoin pour votre éthique humaine ?

G. BATAILLE • J'en avais besoin pour cette discussion, pour que le débat actuel soit facilité.

J. HYPPOLITE • Certainement pas pour cela, ce n'est pas pour faciliter un débat. Vous avez besoin de cette notion chrétienne de péché pour vous-même, pour la morale du sommet.

G. BATAILLE • Je l'ai employé dans mon livre avec plus de prudence que je ne l'ai fait aujourd'hui, et beaucoup moins souvent. J'y ai, aujourd'hui, insisté assez longuement.

J. HYPPOLITE • La question est : pouvez-vous vous passer de ce langage ? Est-ce que vous pourriez transcrire votre expérience en vous en passant ?

G. BATAILLE • Ce ne serait pas commode. Il faudrait employer des périphrases.

A. ADAMOV • En tout cas, au lieu de *péché*, vous pourriez dire *faute*.

G. BATAILLE • L'ambiguïté resterait.

J. HYPPOLITE • La faute, ce n'est pas la même chose ; la faute se situe dans la morale du déclin, elle n'est pas du même ordre que le péché. Vous avez besoin de ce qu'il y a d'infini dans le péché.

G. BATAILLE • Cette notion me paraît commode parce qu'elle se réfère à des états vécus avec une grande intensité, tandis que si je parle de faute, je fais intervenir l'abstraction.

R.-P. DANIÉLOU • Je crois que, sans cette notion, votre œuvre perdrait tout entière sa coloration, et en un sens, c'est un élément qui me paraît lui être essentiel. J'ai l'impression que Sartre, tout à l'heure, essayait de vous enfermer dans sa position à lui, et qu'en réalité vous la débordez précisément par ce qui vous constitue vous-même, qui est cette espèce de refus de vous laisser enfermer dans une position quelconque. J'ai l'impression que si vous n'aviez plus cette notion de péché, immédiatement vous perdriez ce qui spécifie votre position elle-même. Je ne sais pas si je m'exprime très clairement. Il y a là un point que je ne crois pas que vous pouvez laisser échapper sans abandonner pratiquement, de manière à peu près totale, votre position.

J. HYPPOLITE • Après la seule lecture de votre livre – je ne vous connaissais pas –, mon impression était la suivante : quelqu'un qui avait absolument besoin de la position chrétienne, car, pour contester cette position chrétienne, cette position est indispensable. Ce n'est pas une question d'autre langage, c'est la question de l'ambiguïté de cette position chrétienne, ambiguïté qu'on peut vous reprocher du côté chrétien comme de l'autre. C'est elle qui fait votre originalité. Si je la supprimais, je n'aurais plus votre livre.

G. BATAILLE • Votre impression est tout à fait juste. Ce que je crois tout de même erroné, c'est l'illusion que j'ai donnée d'avoir besoin de cette position pour me livrer à des sacrilèges et, de cette façon, trouver une vie morale que je n'aurais pas trouvée sans le sacrilège et, par conséquent, de rester dans l'orbite chrétienne. Il est évident, d'ailleurs, que je prête le flanc à cette accusation, par ma faute. Je crois que je n'ai pas prévu qu'elle devait être aussi nette. Je n'ai pas prévu, surtout, qu'on n'apercevrait pas quelque chose d'autre, qui est ce que je pourrais appeler la désinvolture. Si j'ai fait cela, c'est parce que je m'en moque, c'est parce que je ne suis enfermé nulle part, c'est parce que, d'un bout à l'autre, j'ai ressenti un sentiment d'aisance qui outrepassait toutes les règles communes à ces situations.

Je dois dire que je ne me suis pas senti le moins du monde sacrilège, que cela m'était totalement égal, que tout ce à quoi je tenais, c'est à n'être enfermé par aucune notion, à dépasser les notions infiniment, et pour pouvoir les dépasser ainsi et me prouver à moi-même – et à la rigueur prouver à autrui (jusqu'ici j'y ai mal réussi) – cette désinvolture, j'avais besoin de m'enfermer, ou de partir de situations qui enfermaient auparavant d'autres êtres. Il me semble que je ne pouvais pas trouver autre chose. Si j'avais été dans un pays autre, si j'avais été en Orient, ou si j'avais été dans un milieu musulman, ou bouddhiste, je serais parti de notions assez différentes, je crois. Je suis parti des notions qui avaient l'habitude d'enfermer certains êtres autour de moi et je m'en suis joué. C'est tout ce que j'ai fait. J'ai très mal réussi à l'exprimer. Je crois que, surtout ce que j'ai mal réussi à exprimer, c'est la gaieté avec laquelle je l'ai fait. Cela est peut-être inhérent à une difficulté profonde que, peut-être, je n'ai pas réussi à faire sentir et que je rencontre encore aujourd'hui : à partir d'un certain point, m'enfonçant dans mes difficultés, je me trouvais trahi par le langage, parce qu'il est à peu près nécessaire de définir, en termes d'angoisse, ce qui est éprouvé peut-être comme une joie démesurée, et, si j'exprimais la joie, j'exprimerais autre chose que ce que j'éprouve, parce que ce qui est éprouvé est à un moment donné la désinvolture par rapport à l'angoisse, et il faut que l'angoisse soit sensible pour que la désinvolture le soit, et la désinvolture est à un moment donné telle qu'elle en arrive à ne plus savoir s'exprimer, qu'elle en arrive à laisser son expression en-deçà d'elle d'une façon normale.

Il me semble d'ailleurs qu'on pourrait rendre compte de cette difficulté-là assez facilement, même d'une façon terre à terre, en représentant ceci : que n'importe comment, le langage n'est pas adéquat, le langage ne peut pas exprimer, par exemple, une notion extrêmement simple, à savoir la notion d'un bien que serait une dépense consistant en une perte pure et simple. Si, pour l'homme, je suis obligé de me référer à l'être – et l'on voit tout de suite que j'introduis une difficulté – si pour l'homme, à un moment donné, la perte, et la perte sans aucune compensation, est un bien, nous ne pouvons pas arriver à exprimer cette idée. Le langage manque parce que le langage est fait de propositions qui font intervenir des identités, et à partir du moment où, du fait du trop-plein des sommes à dépenser, on est obligé de ne plus dépenser pour le gain, mais de dépenser pour dépenser, on ne peut plus se tenir sur le plan de l'identité. On est obligé d'ouvrir les notions au-delà d'elles-mêmes. Je crois que c'est d'ailleurs en cela que consiste probablement le plus singulier de la position que j'ai développée.

Dans l'ensemble, d'une façon tout à fait générale, ceux que je vise consistent en des êtres ouverts par opposition aux êtres fermés. Ce qui me sépare clairement de ce que le père Danièlou a représenté tout à l'heure, c'est que, finalement, il était obligé de viser un être qui, n'importe comment, se ferme. J'entends un être qui se ferme malgré le désir qu'il a d'être ouvert et ce désir est trop sensible à travers l'histoire de la théologie. Si je me réfère en particulier à Grégoire de Naziance, la chose semble particulièrement frappante. Mais toujours est-il que, n'importe comment, le mouvement est plus fort que ces regrets ; n'importe comment, l'être se ferme et l'être de Dieu, l'être de l'Église sont des êtres fermés quand ceux que je vise sont des êtres ouverts, c'est-à-dire, au fond, des êtres ineffables, des êtres qui ne peuvent pas être exprimés en tant que tels, puisque, étant ouverts, ils sont à peine des êtres, puisqu'ils sont des décompositions en permanence, puisqu'au fond, la pensée elle-même ne peut les appréhender, mais est détruite par eux.

Une âme cachée

Lettre inédite
à Catherine Pozzi

Louis Massignon

La mère de Louis Massignon venait de mourir le 28 avril. Elle était la veuve de Fernand Massignon, sculpteur connu sous le nom de Pierre Roche. Catherine Pozzi (mère de Claude Bourdet) est la sœur du diplomate Jean Pozzi, ami de jeunesse de Louis Massignon, sociologue et Professeur au Collège de France. Auteur de plusieurs recueils de poèmes, elle souffre déjà du mal qui devait l'emporter quelques années plus tard, comme le fils aîné de Louis Massignon. DANIEL MASSIGNON.

21 rue Monsieur, Paris VII

Chère Madame et amie,

Votre lettre, d'une si franche amitié, est sous mes yeux.
J'avais cru, plusieurs fois, réaliser l'expérience de la mort
– mais les dernières journées de ma Mère, que j'ai passées

de plus en plus avec elle (et les nuits, sans qu'elle le sache), m'ont montré qu'il me restait beaucoup, encore, à comprendre. Ma Mère me disait souvent : « Tu ne peux comprendre combien c'est dur. » Elle a, en effet, savouré, en pleine lucidité, les étapes de ce déchirement final. Tous les organes essentiels étaient intacts – simplement la profonde douleur générale de la destruction physique commencée (elle s'est levée tous les jours, et est morte dans un fauteuil, assise), la septicémie gagnant, après quatre mois de névrite –, grâce à une colibacillose assez banale et indolore. Elle était lucide, résignée, conservant toute la vivacité, le primesaut gai et pur qui éclatait dans ses regards et ses réflexions, toujours si étonnamment « jeunes » – c'est du dedans, plus que du dehors qu'elle priait – elle était une âme cachée, et avait conservé, veuve, l'habitude qu'elle avait prise, jeune femme, de prier et souffrir en secret pour son mari très aimé, et incroyant, jusqu'au bout.

Elle est morte sa main dans ma main, c'était promis. Ses yeux s'étaient éteints d'abord, cherchant en avant une petite croix, signe d'au-revoir, que je tenais tout près, puis elle n'entendit plus, puis le cœur, fidèle et ferme, s'arrêta « Surrexit Christus, spes mea », dit l'antienne pascale qu'elle aimait. Le printemps, chaque année, n'est que le pressentiment radieux de la résurrection des morts.

Certes l'aumône n'est parfaite que venant de quelqu'un qui se sent privé de tout – et puisque c'est dans ce grand abandon que vous avez prié pour ma Mère – elle lui doit certainement devant Dieu quelque grâce que nous saurons un jour, et dont je vous dis déjà merci.

Je lui avais parlé de vous, de mon téléphonage, d'abord manqué, puis de ma visite. Je reviendrai vous voir. Je pars pour l'inhumation en Bretagne, auprès de mon Père, et ne reviendrai que Dimanche.

Croyez, chère Madame, et amie, aux hommages respectueux de ma profonde sympathie.

Louis Massignon

Ce M. 5 mai 1931, conversion de St Augustin (le figuier de Milan)

Le retournement de l'inévitable

Rencontre avec Jacques Lacarrière

Il semble pour le moins évident que notre monde, celui du feu obscur, est le domaine du mal. Ce terme, il ne faut pas l'entendre ici au sens moral mais au sens biologique. Le mal, c'est l'existence de la matière elle-même, en tant que création parodique, ordonnace truquée des semences premières ; c'est l'existence de ce sommeil de l'âme qui nous porte à prendre pour réel ce qui n'est que le monde illusoire des songes ; ce sont toutes les données – on dirait aujourd'hui toutes les structures – de notre univers quotidien. Il exsude le mal par chaque pore et notre être pensant est lié au mal aussi inéluctablement que notre être physique l'est au carbone de nos noyaux. JACQUES LACARRIÈRE *(in Les Gnostiques).*

■ **FRANÇOIS L'YVONNET :** *En exergue de la première partie de votre ouvrage consacré aux gnostiques[1], il y a cette phrase d'Abellio, extraite de* Les Yeux d'Ezéchiel sont ouverts *: « La mort d'une abeille assassinée par sa reine est* *chargée d'autant de sens que les massacres de Dachau. » Sans vous demander une exégèse abellienne, quelle signification particulière accordez-vous à cette phrase, à vrai dire assez énigmatique ?*

▨ **JACQUES LACARRIÈRE :** Je crois me souvenir (le livre est déjà ancien) que j'ai choisi cette citation d'abord parce que j'étais en pleine période de lecture abellienne, et ensuite parce qu'il m'a semblé, à l'époque, qu'avec les gnostiques, cette phrase prenait un sens particulier. Elle était aussi pour moi une énigme, mais en même temps elle contenait une vérité difficile à accepter, mais peut-être fondamentale, à savoir que toutes les morts s'équivalent. De même qu'il n'y a pas de bons et de mauvais meurtriers, il n'y a pas d'êtres pour qui la mort ne serait rien, et d'autres pour qui elle serait tout. Et cela vaut pour tous les êtres vivants, Abellio le montre à sa manière. Cela vaut même pour l'abeille, insecte pourtant tenu pour grégaire, pour le moins individualisé qui soit, cela vaut tout autant pour la fourmi qui nous semble être un automate vivant, dépourvue de toute conscience. Il y a donc quelque chose de provocant dans ce texte d'Abellio, par l'énormité de ses implications, et en même temps il comporte une vérité essentielle...

▨ **F. L. :** *Qui étaient donc ces gnostiques ? Peut-on se contenter – Tertullien nous y invite – d'en faire des hérétiques chrétiens des premiers siècles ?*

▨ **J. L :** Ce n'est pas une hérésie chrétienne – les débats de ce type, d'ailleurs, tournent vite court – et, pour ma part, je ne les tiens pas du tout pour des chrétiens. À l'époque, tout le monde se réclamait du christianisme ou de la Bible. Aujourd'hui, par exemple, ceux qui posent des bombes et ceux qui prient dans le désert pendant des jours, peuvent se réclamer de l'islam, bien que ce ne soit pas le même islam, et même souvent pas l'islam du tout. C'était un peu la même chose à l'époque des gnostiques, tout le monde se disait chrétien, rien n'était vraiment fixé. Je crois d'ailleurs que les gnostiques ont aidé à savoir qui était chrétien et qui ne l'était pas – certes dans leur perspective propre. Ils avaient sans doute des affinités, voire des éléments de culture chrétienne, mais, profondément, la « gnose » ne me semble pas chrétienne.

---

1. *Les Gnostiques*, coll. Spiritualités Vivantes, éd. Albin Michel, 1994.

■ **F. L. :** *Le courant gnostique s'enracine dans un dualisme – vous aimez d'ailleurs à rappeler qu'il y a le bien et le mal comme il y a matière et antimatière, corps et anticorps. Comment penser à la fois ce dualisme fondateur et le mal comme privation ou comme ignorance, comme cela apparaît dans certains textes ?*

■ **J. L :** L'existence de ce que les gnostiques appelaient, plutôt que le mal, la déficience, c'est-à-dire un manque fondamental, ne peut s'expliquer que de deux façons : ou le mal est consubstantiel au monde ou il est venu après. Dans le cas de la Bible, la chose est assez claire : à l'origine, il n'était pas prévu, il est venu après ; c'est le libre arbitre de l'homme qui l'a inclus dans le monde, encore que l'on pourrait dire que Dieu le savait de tout temps. Il n'est pas, en tout cas, concomitant à la création du monde – il y a même une période brève, semble-t-il, de quelques semaines ou de quelques heures, où l'homme a été sans péché et donc sans mal. Mais pour les gnostiques – et ils ne sont pas les seuls, les manichéens aussi –, le bien et le mal sont des termes que l'on a utilisés ensuite pour désigner un état premier de la matière et de la pensée où ces deux entités sont ressenties comme consubstantielles au monde. Cette grande lutte entre bien et mal – que l'on pourrait nommer tout aussi bien entropie et négentropie, rassemblement et dispersion, concentration et dilution du monde – commence dès le début.

La seule différence entre les uns et les autres, manichéens et gnostiques, c'est que pour les zoroastriens, par exemple entre Ohrmazd et Ahriman, il y a une lutte et qu'elle peut donc être gagnée, alors que pour les gnostiques, il n'y a pas de lutte mais seulement deux mondes, l'un qui est vrai, l'autre qui est faux. Il y a une réalité et son simulacre ou son miroir. Nous sommes nés dans le miroir, et le mal, au fond, c'est le miroir...

■ **F. L. :** *C'est presque paulinien. Je pense au* Premier Epître aux Corinthiens *(13, 12) :* « Videmus enim nunc per speculum in aenigmate... » – « *Car nous voyons à présent dans un miroir, d'une manière obscure, mais alors ce sera face-à-face* »...

■ **J. L :** Je ne sais pas si c'est paulinien... Cette image est pour moi surtout platonicienne, mieux encore plotinienne.

■ **F. L. :** *Je souhaiterais revenir sur l'idée de déficience. Comment peut-on penser le mal à la fois comme déficience et le penser comme*

*consubstantiel au monde ? La déficience n'est-elle pas, au moins logi-
quement, sinon chronologiquement, toujours seconde ?*

▨ **J. L :** Oui, c'est bien la raison pour laquelle les gnostiques – cela ne
vaut pas pour les zoroastriens – ressentaient cette déficience comme
faisant partie de la nature même du monde, mais de ce monde truqué.
Il y a là l'équivalent d'une déviation optique, comme lorsqu'on plonge
un bâton dans l'eau : la rectitude primitive a été, en quelque sorte,
diffractée par la nature même de ce monde, qui est un monde de
parodie ou d'imitation, disons même de détournement. On est là dans
une schizophrénie cosmique évidente : ce monde n'est qu'une caricature, une semblance, un simulacre du monde véritable, inaccessible,
au-delà des sphères du Plérôme, qui est toutefois perceptible par ce
que la Gnose enseigne – à savoir la véritable condition de l'homme,
qui est non pas de s'identifier à ce monde trompeur, mais d'essayer de
réaliser la conscience de ce qu'il y a ensuite, dans l'autre monde. Dans
l'évangile de Thomas, il est dit : « *Sur cette terre vous ne voyez que la
ressemblance, que l'apparence de vous-mêmes, mais quand vous
verrez votre véritable visage, votre icône, qui vous préexiste, en sup-
porterez-vous la grandeur ?* » Il y a bien le sentiment qu'il y a quelque
part dans un monde non directement perceptible et inaccessible, notre
être véritable qui nous attend, qui nous préexiste et que nous rejoin-
drons. Entre les deux, il y a la tromperie, la duperie et l'illusion d'un
monde qui est le produit d'un simulacre, c'est-à-dire d'un imitateur.
On pourrait même dire que nous sommes ici dans le domaine d'un fai-
seur, qui a un pouvoir d'imitation et non de création. Il y a le monde,
mais il n'y a pas l'être. Il y a le limon, la vie, le sang, le sperme, le
sexe, mais il n'y a pas le pneuma, etc.

▧ **F. L. :** *Il y a donc, d'une part, l'idée d'une chute du Plérôme originel
dans un monde contingent, chute qui ne doit pas être interprétée comme
la conséquence d'une faute, une chute sans péché, en quelque sorte. Il y a
d'autre part une anthropologie trichotomique : le corps* (soma), *l'âme*
(psyché) *et le souffle* (pneuma), *qui complique quelque peu le schéma
dualiste. Comment penser à la fois cette chute sans faute, et donc sans
Rédemption, et la possibilité d'un passage, d'une traversée de ce qui
sépare les mondes ?*

▨ **J. L :** Je crois que pour les gnostiques (terme qu'il faut préférer à
celui de gnose : il y avait en effet, si l'on en croit le jeune gnostique
alexandrin Épiphane, une bonne soixantaine de communautés

identifiées et d'ailleurs dénoncées comme telles par les Pères de l'Église), et quelle qu'ait été leur diversité doctrinale, tout ce que l'on fait contre ce monde parodique est bon. Ainsi le diable, par exemple, est-il à la fois l'objet de la méfiance, mais aussi de l'admiration des gnostiques. D'où, aussi, leur culte de Caïn, d'où leur culte du serpent des origines qui était le seul à posséder la véritable connaissance, le seul à savoir que l'ordre créé par Dieu dans l'Eden, était faux et donc qu'il fallait bien le transgresser. Tout ceci implique une antisociété, une position antisociale systématique – pas antisociale comme on l'entend aujourd'hui lorsqu'on descend dans la rue pour réclamer une augmentation, mais au sens de changer de condition.

La mort – nous revenons à l'exergue d'Abellio – de n'importe quel être vivant reste insupportable. Si on commence à admettre que ce n'est pas grave que les oiseaux meurent ou que les serpents meurent, que ce n'est grave que pour l'homme, on méconnaît l'unité foncière du monde. La mort est intolérable partout. À la limite, on peut penser à ces jaïnistes de l'Inde du sud qui se promènent avec un morceau de gaze devant la bouche pour n'avaler aucun insecte. Il y a donc un respect de la vie qui va de pair avec cela, malgré leur attitude foncièrement anti-cosmique, si j'ose dire. Ce qui m'avait d'abord passionné chez ces gnostiques (la première édition du livre que je leur ai consacré est sortie, par pure coïncidence, en 1968) c'était cette radicalisation du refus.

Le mal est une sorte de présence permanente, insidieuse, interne à l'homme et au monde. Le mal est le monde lui-même. Il n'est donc pas identifiable sous des formes précises. L'adhésion au monde, la procréation, par exemple, pouvait être ressentie par certains comme une adhésion au mal ou du moins un accroissement du mal, puisque la procréation augmente la matière du monde. Personnellement, je ne suis pas du tout d'accord et la matière ne me dérange en aucune façon ! Mais on voit bien qu'il y a chez les gnostiques une schizophrénie certaine. Il y a eu des ratés, une très grave erreur d'origine, une sorte de « farce », qui a dévié les intentions du Dieu-premier. Il y a d'un côté, un vrai dieu qui a été occulté et de l'autre un monde caricatural dont nous sommes les habitants et les victimes. Le seul comportement possible est alors le refus du monde...

■ **F. L. :** *Il y a eu la chute primordiale, une scission des mondes, et l'homme n'est pour rien dans cette malédiction qui le frappe. La « respon-*

sabilité » en reviendrait plutôt au démiurge, que vous qualifiez de « sadi-co-pervers »...

▩ **J. L** : Même si, au départ, le démiurge ne pouvait prévoir toutes les étrangetés de sa création, plus on avance dans la connaissance du fonctionnement interne de la cellule, des fonctionnements biologiques de l'homme, etc., plus on est surpris par la complexité. Comme le dit François Jacob, on a l'impression que la nature n'a fait que du bricolage depuis les origines, que l'évolution n'est qu'une suite de bricolages malheureux ou de bricolages heureux. Seuls subsistent les bricolages heureux, les autres étant oubliés ou annihilés... C'est une parole qui serait gnostique, en quelque sorte après coup. J'ai qualifié le démiurge de sadico-pervers, parce que les gnostiques eux-mêmes ne pouvaient penser les choses qu'en termes d'intentions personnalisées ; aujourd'hui, on dirait les choses autrement. Les gnostiques, à cette époque, voyaient dans les conflits du monde des luttes de démons à anges, de démiurges à créateurs. Le démiurge n'étant qu'un pseudo-créateur. Avec toujours cette idée de tromperie. Si le monde est comme il est, avec ses complications incroyables, ses bifurcations aberrantes – la mante religieuse femelle, par exemple qui dévore le mâle au moment de l'accouplement, ou encore les bonellies, ces vers marins dont la femelle, bien plus petite que le mâle, vit dans l'œso-phage de son partenaire – à quoi riment toutes ces complications ? Il y aurait là la marque d'un démiurge pervers. Le mécanisme même de la continuité de la vie repose sur des « dévorations » successives, sur des séries de morts successives. Les gnostiques ne pouvaient pas, en regardant les détails des processus cosmiques, être rassurés, ils voyaient partout, à différents plans et échelles, des complexités inex-plicables, qui révélaient un démiurge, sinon sadico-pervers, en tout cas complexico-alambiqué...

▩ **F. L.** : *L'image de François Jacob, concernant le bricolage de l'évo-lution, comporte en même temps une critique (contenue dans le darwi-nisme, d'ailleurs) de toute espèce de finalisme, de toute explication de type téléologique...*

▩ **J. L** : Sans doute, mais à l'époque des gnostiques, on ne pouvait pas s'exprimer dans un langage non religieux ou non cosmologique. Le mot « bricolage » est effectivement particulièrement heureux parce qu'il exclut l'idée de finalité ; on a affaire, ici, à l'idée de com-binaisons ou d'essais hasardeux, ce qui implique que, ni avant ni après, n'intervient une quelconque finalité, et encore moins, l'idée de providence...

Au fond, ce qui m'a attiré chez les gnostiques, j'y reviens, c'est leur aspect contestataire, ils vont jusqu'au bout de leur contestation radicale. Même si leur pensée est tombée dans un fatras cosmologico-mythologique totalement indigeste, il y avait à l'origine un cri très authentique. Il y a une phrase d'un gnostique, que j'avais associée dans mon livre à une phrase d'Artaud presque identique, qui dit : « *J'étais seul dans ce monde depuis des milliards d'années, et nul ne le savait !* » Voilà une pensée très forte, qui me réconcilie avec eux. Par contre, les descriptions du Plérôme, ou la *Pistis Sophia*, me semblent totalement absconses. C'est la raison pour laquelle, d'ailleurs, j'ai essayé d'éviter de rentrer dans leur théologie, pour les rencontrer sur un autre plan où leurs paroles nous touchent encore...

■ **F. L. :** *Vous les qualifiez d'éveilleurs qui nous arracheraient au sommeil de la vie. Dans un passage de votre ouvrage, vous soulignez leur opposition, que vous semblez d'ailleurs partager, à toute la mythologie chrétienne compensatrice et castratrice. Ce sont vos propres termes...*

■ **J. L :** On peut leur attribuer le privilège de la lucidité. Ils ne veulent pas se masquer, ils ne veulent pas prendre de faux-semblants. Ils se refusent à admettre par avance les horreurs et autres monstruosités du monde. C'étaient bien des révoltés – pas des révolutionnaires – au sens plein du terme. Révolte, qui est allée loin tout de même, bien qu'on ne sache trop ce que fut leur vie réelle – même si je me suis amusé à les décrire, du moins certains d'entre-eux, sous une forme romanesque, dans *Marie d'Égypte*. Devant le désordre que représente le mal, il faut s'unir, il faut faire front. On ne lutte pas contre la mort, mais on peut lutter contre l'effritement, la dispersion, par le rassemblement, la cohésion. Il s'agit au fond de rendre les choses les plus cohérentes possibles, pour lutter contre le désordre du monde. C'est ce que disait Simon le Mage...

■ **F. L. :** *Dès lors, les termes de bien et de mal sont-ils encore adéquats ? Ne faudrait-il pas plutôt parler du bon et du mauvais – on pense ici à Nietzsche ou à Georges Bataille ?*

■ **J. L :** Ou encore de cohésion et de dispersion, d'énergie positive ou négative (comme dans le bouddhisme), d'accroissement et de diminution, de ce qui irait dans le sens du courant ou à contrecourant, dans le sens du maintien des agglomérats ou de leur dispersion... Les orphiques, bien avant les gnostiques, n'étaient pas loin de cette idée, quand ils voyaient dans le monde la dispersion du *vitellus* (l'œuf primordial), l'humanité étant née de cette séparation, de la perte de la chaleur et de l'unité primitive... Il y a toujours cette idée que plus on se distingue des autres, ne fût-ce que par les mœurs, les langues, les races, les cultures, plus on est seul. Il y a par conséquent toujours ce rêve, sinon naïf, du moins enfantin, d'une condition originelle où il n'y aurait pas de division des langues, par exemple...

▨ **F. L. :** *... en somme, un monde pré-babélien...*
▨ **J. L :** ... pré-babélien, en effet. Chez les orphiques, c'est très net, encore que Babel ne fasse pas partie de leur mythologie.
Les gnostiques me semblent avoir compliqué les choses. À côté d'eux, certains Pères de l'Église paraissent lumineux, même si on n'adhère pas à leur théologie. Comme il est agréable, par exemple, de lire saint Augustin après les gnostiques ! Leur pensée – mis à part Basilide et Valentin, peut-être – est souvent très incohérente, parcellaire en quelque sorte, parce qu'ils mettent souvent l'accent sur des problèmes secondaires. Cette lutte contre un démiurge, qui lui-même n'apparaît pas à travers le monde mais uniquement dans ses actes, pourrait passer pour un attrape-nigaud. Mais ont-ils vraiment cru à tout cela ? On peut en douter. Je ne suis pas sûr que leur système cosmologique complexe ait eu leur adhésion, je pense, par contre, qu'ils vivaient conformément à leurs convictions. Il est de toute façon quasiment impossible de dire à quoi les gens croient et, *a fortiori*, ont cru. On pourrait poser la question aujourd'hui : qui croit vraiment à Adam et Ève ? Qui, à Alexandrie, au IVᵉ siècle, croyait vraiment à Barbélo ou à Sophia ?

▨ **F. L. :** *Pas plus que les Grecs ne croyaient naïvement à leur mythologie, bien qu'elle fût chargée d'un sens profond pour eux...*
▨ **J. L :** Cela me semble évident. Ils en faisaient seulement un certain usage, il y avait au fond, entre les hommes et les dieux, des relations de bon voisinage, et en même temps des relations d'échanges. On a besoin d'eux, ils ont besoin de nous.

▨ **F. L. :** *Dans cet univers complexe, que vous évoquez, quelle place y a-t-il pour une morale ?*

■ **J. L :** La question de l'agglomérat et du « dégglomérat », si je puis dire, est devenue pour moi, depuis ces dernières années, une question particulièrement importante. Il y a ce qui s'assemble et ce qui se désassemble. C'est le seul système. De même que les planètes sont des agglomérats de poussières, il y a l'agglomérat structuré de la vie, plus complexe sans doute, mais il faut toujours une structure cohérente. Tout agglomérat ne dure qu'un certain temps – l'éphémère n'est pas « prévu » pour vivre cinquante ans, mais douze heures, l'homme est « prévu » pour vivre quatre-vingts ans – cela ne vaut pas seulement au plan biologique, une famille est aussi un agglomérat provisoire. Il y a même des agglomérats qui ne durent que quelques instants – lorsqu'on est dans le métro, par exemple, personne ne pense à ce moment-là que cet agglomérat ne se reproduira jamais à l'identique, parce que sa cessation est sans importance.

Ce que nous appelons « mal », qui n'est jamais que la forme relative de la mort, consiste en tout ce qui désagglomère l'être humain. Si on tue un corps, il va se disperser, en l'occurrence pourrir. Si on disperse une famille, par l'adultère ou l'assassinat, par des scissions quelconques, on dissout un agglomérat qui s'était créé entre êtres humains, et en allant même plus loin, on pourrait désagglomérer des sentiments. Ainsi, je me demande si le mal n'est pas ce qui accélère la désorganisation de toute structure vivante. Certes, nous ne sommes pas ici dans l'ordre de la morale, il semble seulement que nous ayons besoin de rester cohérents. Je n'ai pas besoin de toutes mes cellules pour rester moi-même, mais j'en ai besoin quand même d'un certain nombre, pour continuer à rester là, parler et exister. Tuer quelqu'un, c'est le remettre dans le circuit de la dispersion des éléments. Évidemment, si on devait dire cela devant un tribunal, ça n'aurait aucun sens, car ce n'est pas pénal, cette pensée ne concerne que le sens de l'acte à l'intérieur du système vivant. Je me demande si le mal, ce n'est pas ce qui accroît le désordre de l'univers, en tant que force de scission, de dispersion, de désorganisation et de dissolution...

■ **F. L. :** *D'où l'idée d'entropie, empruntée à la thermodynamique...*
■ **J. L :** ... d'où l'entropie, en effet. Et la vie – comme la culture, d'ailleurs – n'est jamais qu'une négentropie tout à fait imprévisible, et sans doute condamnée à longue échéance. J'ai grandi au bord de la Loire, et j'ai toujours été fasciné par les contre-courants provoqués par les piliers des ponts ; un objet pris dans cette situation pourra

remonter le courant très longtemps. Je ne savais pas encore que c'était cela, la vie, ce qui va à contre-courant de l'ensemble de l'évolution du monde. Pourquoi une explosion est-elle mortelle, sinon parce qu'elle disperse ? C'est une explication qui me semble élémentaire, non pas cosmique, mais atomique du mal. Le mal, c'est ce qui désagrège, désatomise, déstructure, et donc par la force ce qui désassemble.

▨ **F. L. :** *Puisqu'on ne peut détacher le mal de la conscience du mal, c'est-à-dire de ce qu'il est pour nous, il pourrait apparaître aussi comme ignorance, ignorance et illusion (qui est « ignorance au carré », selon l'expression platonicienne) de notre condition. Quelle sagesse d'homme nous reste-t-il ?*

▨ **J. L :** Puisqu'on ne peut pas faire autrement, autant accepter – je ne dis pas « accélérer » – cette tendance inévitable vers l'entropie. La sagesse, peut-être, c'est de retourner ce caractère oppressant pour le transformer en caractère apaisant. Une sorte de retournement de l'inévitable.

Berdiaev et le mal

« Au commencement était la liberté »

Pierre Rocalve

D ans sa préface de 1938 à *Spéculation et Révé-lation*, de Léon Chestov, Berdiaev écrit : « Léon Chestov était un philosophe qui philosophait de tout son être ; pour lui la philosophie n'était pas une spécialité académique, mais affaire de vie ou de mort. Il était l'homme d'une pensée unique. Et frappante était son in-dépendance par rapport aux autres courants de pensée de son temps. Il cherchait Dieu, cherchait comment libé-rer l'homme de l'emprise de la nécessité. Et c'était son problème personnel. Sa philosophie appartenait à un type de philosophie existentielle... »[1].

Ces propos, on pourrait les appliquer à Berdiaev lui-même, encore qu'ils ne rendent pas compte de la totalité de sa démarche. Plutôt que philosophe, il était un pen-seur religieux. Il fut d'abord, et avant même de formuler sa pensée dans des ouvrages philosophiques, une sorte de prophète.

Dans les premières années de sa vie, il fut avant tout un révolutionnaire, un révolté. Ses premières œuvres sont celles d'un publiciste engagé qui voulait réformer son pays et régénérer le monde. Mais il ne se considérera pas comme un révolutionnaire politique, professionnel ; sa révolte était « de nature spirituelle »[2], ce qui lui permettra de garder toujours ses distances à l'égard du marxisme qui le séduisit un temps et en lequel il vit un instrument de rupture avec le passé. Mais dans les nombreux textes où il a analysé l'expérience marxiste-léniniste[3], il a toujours défendu au nom du personnalisme (il a écrit des pages superbes sur « la personne ») un marxisme idéaliste contre le matérialisme marxiste, « tout en continuant à approuver les exigences sociales du marxisme »[4]. Il se réclamait d'un « socialisme personnaliste ».

Prophète, il le restera, lorsqu'il adhéra en 1909 à l'Église orthodoxe et qu'en exil sa pensée se systématisera et que la fin de sa vie sera marquée par une série d'œuvres proprement philosophiques. Il pourra alors se dire « philosophe du conflit » et « anarchiste mystique » ou, plus justement encore, « réaliste mystique », car toute sa pensée tirera sa force d'une expérience spirituelle personnelle, mystique, destinée à éclairer l'existence individuelle et collective[5].

Le point de départ de sa démarche philosophique restera, il l'écrira souvent, sa « révolte contre le donné du monde, son refus d'accepter aucune objectivité quelconque »[6].

Dès lors, Berdiaev cherchera à donner une réponse chrétienne aux problèmes du monde moderne. Mais il se considérera toujours comme un représentant de « la liberté religieuse » et jamais comme un converti, encore que « l'orthodoxie [lui fut] plus congénitale que le catholicisme ou le protestantisme »[7]. L'esprit de l'orthodoxie est constamment présent dans son œuvre et particulièrement dans sa dimension eschatologique. Sa pensée se présentera de plus en plus comme une philosophie existentielle de l'histoire qui cherche, à travers la personne individuelle, à déchiffrer et transfigurer l'histoire : « *Ma pensée, centrée sur le commencement et sur la fin, n'admet qu'une seule métaphysique : la méta-histoire* »[8]. Et, dans la préface qu'il écrira en 1927 pour *Esprit et Liberté*[9], il se présente, ce qui finalement le caractérise le mieux, comme un « *théosophe chrétien, dans le sens où l'étaient Clément d'Alexandrie, Origène, saint Grégoire de Nysse, Jacob Boehme, saint Martin, Fr. Baader, Vladimir Soloviev.* » Énumération éclairante s'il en est de ses sources théosophiques et chrétiennes. Mais à laquelle il faudrait ajouter, parmi ceux dont la pensée l'a le plus marqué – il n'a cependant été le disciple de personne –, Schopenhauer, Kant, Nietzsche et Dostoïevski. Olivier Clément ne pourra-t-il pas écrire de lui qu'il était un « Nietzsche chrétien » ? Avec des accents apocalyptiques.

LA PROBLÉMATIQUE DU MAL : DU MAL À LA PERSONNE ET À DIEU

Berdiaev a consacré une grande partie de son œuvre à la critique de l'être, de l'ontologisme (qu'il appelle le plus souvent l'« objectivation »), celui de Parménide ou d'Aristote, et à celle de l'idéalisme allemand (particulièrement de Hegel) dont il est plus proche, mais auquel il reproche d'aboutir à un déterminisme moniste. Berdiaev est, lui, un existentialiste chrétien.

Son existentialisme a pu être qualifié de « théandrique »[10] : « *Il existe dans l'homme*, écrit-il, *un élément divin, il contient pour ainsi dire deux natures, il est à l'intersection de deux mondes, il porte en lui une image à la fois humaine et divine* »[11]. Nous allons voir l'importance de ce « théandrisme » dans la réflexion de Berdiaev sur le problème du mal.

Le problème du mal fut, reconnut-il, comme pour Kierkegaard, le point de départ de sa réflexion existentialiste, la créature étant essentiellement lutte entre le bien et le mal. Il pose la problématique dans les mêmes termes que Dostoïevski, et on retrouve souvent dans son œuvre l'analyse qu'il a faite de la pensée de ce dernier dans *L'Esprit de Dostoïevski*. L'un et l'autre mettent en présence deux mystères qui n'en sont qu'un, celui de la liberté et celui du mal.

On n'explique pas le mal, montre-t-il, car il n'est pas rationnel. Il est inexplicable par définition, paradoxal. Il est une vérité existentielle, non explicable. Le mal, nous dit Berdiaev, naît de la liberté et, comme elle, il est irrationnel, il échappe à toute définition. C'est un concept limite, sans cause. Et c'est cela même qui le caractérise :

> « Le mal est absolument irrationnel et sans fondement, il n'est déterminé ni par le sens ni par la raison. On peut se demander quelle est la cause du mal, car c'est le mal qui a fait naître le monde de la nécessité, de l'enchaînement où tout est soumis à la causalité. Or le mal, originairement, se lie à la liberté, non à la causalité [...] La liberté signifie ici absence de cause »[12].

Et dans *L'Esprit de Dostoïevski*, il développe les antinomies suivantes qu'il trouve chez cet auteur :

> « Le bien libre suppose la liberté du mal. Mais la liberté du mal conduit à la destruction de la liberté elle-même, à sa dégénérescence en une nécessité mauvaise. D'autre part, la négation de la liberté du mal et l'affirmation de la liberté exclusive du bien aboutissent également à la négation de la liberté, à sa dégénérescence en une nécessité bonne. Nécessité bonne qui n'est plus le bien puisqu'il n'y a de bien que dans la liberté »[13].

La liberté se détruit par son propre développement. Cette dialectique tragique a hanté la conscience chrétienne. Relier le mal à la liberté a toujours été la position des théologiens chrétiens pour exonérer Dieu de la responsabilité du mal et le justifier (théodicée). Berdiaev, qui se pose en penseur chrétien, se situe dans le courant de la conscience chrétienne, lorsqu'il écrit :

> « La présence, au fond de chaque être, de cette liberté irrationnelle par laquelle la source première du mal est révélée, est la condition nécessaire pour comprendre le monde, pour garder la foi dans son sens profond, pour concilier l'existence de Dieu et celle du mal »[14].

C'est, de fait, le christianisme, par opposition à l'Antiquité, qui a conféré à l'homme cette liberté, initiale et finale.
Mais Berdiaev se démarque de la théologie chrétienne, qui croit expliquer le mal par la liberté créée et rationnelle. Si la liberté était créée tout entière par Dieu, argumente-t-il, elle ne serait qu'une liberté unie éternellement à Dieu. L'histoire serait le règne de Dieu et serait incompréhensible. Vouloir rationaliser le mal, porter sur lui « *un regard purement transcendantal* »[15], en surmonter les antinomies, est une erreur de l'enseignement traditionnel chrétien qui conduit au dualisme et au manichéisme. Cet enseignement ne tient pas assez compte de la signification immanente du mal « *vécu comme un moment tragique de la découverte et du développement de la liberté de l'homme.* »
Il se démarque profondément, aussi, de la théologie chrétienne de la Providence. Il se demande comment l'ontologie moniste et optimiste peut tenir devant le scandale du mal. Pour lui, celui-ci suppose en

effet l'existence du non-être et il ne peut être expliqué en partant d'un système fermé, moniste, de l'être : « *Une ontologie du mal est impossible et il est très bien qu'elle soit impossible car elle serait une justification du mal* »[16]. Toutes les doctrines traditionnelles de la Providence divine lui paraissent, de ce fait, indigentes.

> « Dieu n'agit point partout dans ce monde objectivé, il n'a pas été le créateur de ce monde déchu. Dieu se révèle en ce monde, dans les prophètes, dans la Foi, dans le souffle de l'Esprit, dans les montées spirituelles de l'homme mais Dieu ne gouverne pas le monde, qui se trouve sous le pouvoir du " prince de ce monde ". Dieu est " non monde " et sa révélation dans le monde est une révélation eschatologique. Dieu se trouve dans le monde comme tâche et comme liberté. Dieu est présent et n'agit que dans la liberté. Dieu est esprit et ne peut agir qu'en esprit et par l'esprit »[17].

Aussi – et c'est là son originalité, qui lui fut inspirée par la théologie apophatique de l'Église d'Orient et par la théosophie – Berdiaev, à la suite de maître Eckhart, de Boehme et de Schelling, situe-t-il la liberté irrationnelle, incréée en-deçà de l'Être, précédant l'Être.

Comme Boehme, il appelle cette Liberté incréée l'« Indéterminé », l'*Ungrund* (la *Gottheit*, *Deitas* d'Eckhart). Ce n'est pas l'Être mais l'abîme-absence de fond, le principe premier, potentialité, énergie potentielle, « *liberté absolument originelle* »[18], ou encore mystère, néant divin, processus théogonique, perpétuel enfantement de Dieu. Cette liberté n'est pas un être qui existerait parallèlement à l'Être divin, au Logos.

Cette distinction entre Dieu et l'*Ungrund* (la Divinité) « *n'est pas exprimable dans une métaphysique ou ontologie [...] Elle ne peut s'exprimer qu'en des termes d'expérience et de vie spirituelles* »[19]. On a pu parler d'« Immaculée Conception de Dieu »[20].

> « *Dieu créateur et tout puissant sur l'être, ne l'est pas sur le non-être, sur la liberté incréée qui lui demeure impénétrable.* »

Berdiaev ne voit jamais en Dieu la liberté initiale dans laquelle le mal trouve sa source. En les séparant, il lave Dieu de tout soupçon de responsabilité dans le mal. Il revient à la Liberté originelle, irrationnelle, sans commencement – et à elle seule – de répondre du mal.

Dès lors, la liberté, qui est à l'origine de la différenciation du bien et du mal, fonde à la fois la personne, la valeur sacrée de la personne et Dieu et, ce faisant, elle fonde la synthèse théandrique. « *Le mystère de la liberté est celui de la personne* »[21].

La personne est, pour Berdiaev, l'idéal du primat de la liberté ; l'homme est justifié s'il fait de ce primat son éthique. « *L'existence de la personne a pour condition la liberté [...] Et cette liberté n'est pas le libre arbitre [...] elle n'est pas la liberté de choix qui suppose la rationalisation* »[22]. Aussi Berdiaev ne cesse-t-il de répéter, d'un ouvrage à l'autre, que « *la personne est en dehors de l'être et s'oppose à l'être* »[23], car l'être est « *un système de déterminisme clos.* » Pour lui, les expressions « personne », « sujet », « homme libre », « homme à l'image de Dieu » sont synonymes :

> « La personne n'est une personne humaine que pour autant qu'elle est en même temps humano-divine ; ses éléments divins sont la liberté et l'indépendance à l'égard du monde objectif. Cela signifie que la formation de la personne est due, non au monde objectif, mais à la subjectivation de la force que lui communique l'image de Dieu. La personne humaine est un être théandrique »[24].

Mais dans la synthèse originelle du Dieu-Homme, dans la synthèse théandrique, il faut distinguer la liberté divine qui est connaissance et amour (n'oublions pas que la liberté divine précède l'être de Dieu) et la liberté irrationnelle qui est un dynamisme élémentaire. La liberté humaine procède de l'une et de l'autre[25]. Dieu n'est pas le créateur de la liberté humaine mais son illuminateur, laissant à la liberté humaine la possibilité de se transformer et de recréer par ses propres expériences créatrices. De même :

> « Dieu existe justement parce que le mal et la souffrance existent dans le monde, l'existence du mal est une preuve de l'existence de Dieu. Si le monde consistait uniquement dans le bon et le bien, alors Dieu ne serait plus utile, le monde lui-même serait Dieu. Dieu est, parce que le mal est. Ce qui signifie que Dieu est parce que la liberté est »[26].

Et Berdiaev de montrer que le bien et le mal sont inextricablement liés et qu'il est bien souvent impossible de les distinguer l'un de l'autre.

La Chute, le péché originel, la Rédemption

Toute l'œuvre de Berdiaev porte sur la dialectique du divin et de l'humain, où viennent s'affronter liberté de Dieu et liberté de l'homme.

> « L'homme réalise en lui l'image divine et inversement. Le drame de Dieu et le drame de l'homme ne sont qu'un seul et même drame. »

Aussi l'histoire est-elle action réciproque de Dieu et de l'homme depuis la chute, point de départ de cette dialectique. La chute est le premier et le plus grand des paradoxes, car elle est la tragédie de Dieu, que Berdiaev décrit ainsi dans *Destination de l'Homme*[27] :

> « Dieu désire son autre lui-même, son ami ; il languit après lui et attend sa réponse à l'appel qu'il lui adresse, l'invitant à sa vie et à sa plénitude [...] Cette réponse fut d'abord un assentiment à la création, puis une révolte contre Dieu et une haine envers lui, c'est-à-dire un retour au non-être originel [...] C'est à ce moment-là seulement que le néant qui n'est pas un mal en soi, en devient un effectivement [...] La liberté insondable qui s'abîme dans le néant est entrée dans le monde créé et c'est elle qui donne son adhésion à la création du monde. Le Dieu créateur a tout fait pour l'éclairer conformément au grand dessein qu'il avait de la créature, mais il ne put vaincre la puissance du mal que recélait cette liberté sans risquer de la compromettre elle-même. Et c'est pourquoi le monde est tragique et le mal y règne en maître »[28].

Cette notion du tragique de la vie en Dieu est essentielle. Car « *la tragédie existait avant la distinction du bien et du mal et elle subsistera avant sa disparition [...] Le tragique correspond précisément à ce qui est innocent au sens moral ; il n'est pas le résultat du mal. Si le Golgotha représente la tragédie des tragédies, c'est bien parce qu'un innocent, exempt de tout péché, y subit le martyre* »[29].

Le récit biblique ne doit donc pas être pris au pied de la lettre, comme si la chute était le fait du péché commis par l'homme au début de l'histoire. La chute n'a pu s'accomplir dans le monde naturel parce que le monde lui-même est le résultat de la chute... Celle-ci est un événement du monde spirituel ; en ce sens elle est antérieure au monde, eut lieu avant le temps et engendre notre temps[30]. « *La chute est le passage de l'homme de la spiritualité au monde de l'objecti-*

vation, le moment où l'être humain, enfant de Dieu, devient enfant du monde et de la nécessité »[31]. Et, plus net encore : « *La chute ne s'est pas produite dans le temps. C'est le temps qui est une conséquence de la chute* »[32].

> « La chute se trouve être nécessaire car la réalisation du sens suprême de la création exigeait la liberté ; la chute est la violation du Sens, et cependant nous devons lui en reconnaître un ; le passage du paradis originel, ignorant encore la liberté, au paradis qui la connaît »[33].

La chute n'est donc pas une désobéissance à Dieu, qui n'est pas un despote ; le péché originel est engendré par la dialectique intérieure de la liberté humaine. Dès lors, la chute peut être surmontée : l'endurcissement qu'est le monde naturel est « *un état de l'esprit qui peut ne pas durer* »[34], puisque le monde naturel n'est que le reflet du monde spirituel.

Mais cette conception du péché originel donne lieu, dans l'œuvre de Berdiaev, à deux versions apparemment contradictoires de la chute et de la rédemption. Il hésita, en effet, entre attribuer la chute à la responsabilité humaine ou à la nature.

D'une part, dans *Le Sens de la Création*, sa première œuvre philosophique (1911-1914), à l'époque où il était sous l'empire de la théosophie, le mal apparaît comme une décision de la liberté personnelle et la liberté est responsable du péché originel, ce qui a pour conséquence que tout le sens de la vie spirituelle consiste à reconquérir la liberté originelle.

> « L'homme avait été créé comme un foyer de rayonnement universel ; mais dans la plénitude de sa liberté il a voulu suivre l'Ange déchu, il a perdu sa place souveraine et il est tombé à la condition animale... Lui qui eût pu se définir hardiment en tant que créateur libre, il s'est soumis à un ange déchu »[35].

D'autre part – et c'est sa position postérieure la plus fréquente – la chute est présentée comme une structure de l'homme, inhérente à son existence ; elle est la condition humaine elle-même dans la temporalité. Il en résulte une irréversibilité radicale : le péché est inévitable et la chute ne peut être dépassée que sur le plan eschatologique – c'est-à-dire avec l'abolition du temps[36].

Cette contradiction qui est au cœur de la dialectique chrétienne – et interchrétienne (*cf.* Pélage et saint Augustin, jésuites et jansénistes, Luther, Calvin...) – n'est, disions-nous, qu'apparente, car structure (Berdiaev parle le plus souvent d'« objectivation » et d'« aliénation ») et responsabilité humaine sont corrélatives : les deux interprétations se postulent. C'est parce que l'homme s'était déjà fermé à l'amour en refusant de participer à la création de Dieu (péché originel), qu'il a éprouvé l'être comme une objectivation, une structure de mal.

Les paradoxes de la chute ne peuvent être surmontés que par la révélation du Dieu trinitaire, par le sacrifice d'un Dieu qui se sacrifie dans l'être. L'expérience du déchirement (mal métaphysique) doit être complétée par celle du dépassement.

« L'éthique doit devenir eschatologique »[37].

Comme pour Dostoïevski, la liberté véritable n'est possible pour Berdiaev que dans le Christ, dans le sillage du Dieu devenu homme. Le Christ rédempteur est la liberté même : liberté, mal et rédemption sont intrinsèquement liés. La Trinité avec le Dieu Homme est au principe et au centre de toute la pensée de Berdiaev.

Le Rédempteur est le Libérateur, car une fois qu'a surgi le dédoublement, la distinction du bien et du mal, la loi (le judaïsme), la norme juridique sont incapables de la surmonter. L'éthique de la loi, bien qu'absolument nécessaire, dans un monde où règne le péché, est insuffisante car elle ne voit l'homme qu'à travers le mal ; elle est faite pour l'homme déchu et aliéné. C'est une éthique « de la peur et de la platitude » (l'éthique de Kant en est pour lui un exemple). C'est de l'insuffisance de l'éthique de la Loi que naît celle de la Rédemption (*cf.* saint Paul).

L'efficacité de la Rédemption vient du fait que le Christ, le Nouvel Adam, est la personne théandrique authentique. C'est pourquoi l'éthique de la rédemption, l'éthique du Christ est celle de la subjectivité, de la personne intérieure. Elle place la personne humaine au-dessus de la loi.

Le Christ est l'homme spirituel, l'homme existentiel authentique, l'homme absolu, parfait. En Christ la nature humaine coopère à l'œuvre de rédemption. Le sacrifice est la loi de l'ascension spirituelle...

« Le Fils de Dieu, seconde hypostase de la Trinité Divine, surmonte par la souffrance de la Croix, l'opposition entre la liberté humaine et la nécessité divine. » « Dans le Christ, nous est révélée une troisième liberté, conciliant les deux autres »[38].

« Au Golgotha, la liberté devient la force de l'amour divin et cette force, sauvant le monde, illumine et transfigure la liberté humaine. La Vérité apparue comme souffrance et amour nous rend libres sans contrainte ; elle crée une nouvelle liberté supérieure »[39].

L'ÉTHIQUE DE L'EXPÉRIENCE DU MAL ET L'ÉTHIQUE DE LA CRÉATION

L'expérience du mal prend ainsi un aspect positif. Elle est « *le chemin tragique de l'homme, son destin, l'épreuve de sa liberté* »[40]. L'angoisse engendrée par l'aliénation achemine l'esprit vers l'illumination. C'est l'expérience du mal qui engendre la connaissance, la conscience et la spiritualité : la connaissance du bien et du mal apparaît comme une chute, mais les yeux d'Adam et d'Ève s'ouvrirent et ils furent libérés d'une béatitude innocente et ignare.

> « L'homme rejeta l'intégralité édénique, désira la souffrance et la tragédie de la vie universelle, afin d'éprouver sa destinée [...] jusqu'à son ultime profondeur »[41].

Felix culpa. Il s'ensuit une dialectique de libération « prométhéenne » par la recherche du Logos. L'Histoire apparaît comme un développement intérieur créateur, inéluctable, puisque l'homme porte en lui l'image du Dieu créateur, de la Liberté créatrice.

> « Le développement issu de la liberté n'a rien de commun avec celui qui dérive de la nécessité, car il n'est pas déterminé, c'est un acte créateur. Le développement n'est que l'expression extérieure de ce qui s'accomplit à l'intérieur ; or, il s'y produit un épanouissement et un déploiement créateur qui procède de la liberté »[42].

L'éternité se manifeste par des brèches, des percées dans le temps historique. La création humaine prend valeur éternelle. Et la mort prend un sens. Elle seule peut empêcher la rechute dans l'objectivation. Tout en étant une « *violence exercée dans le monde naturel, elle échappe au non-sens, à l'absurde* »[43]. « *Son sens réside en ce que l'éternel est irréalisable dans le temps, en ce qu'en lui l'absence d'une fin correspond à un non-sens* »[44]. La mort, symbole du péché originel, « tentative de ramener la création au non-être »[45], n'est donc pas la fin de l'existence personnelle mais celle d'un monde objectivé qui lui était étranger et qui était le support de la vie historique.

C'est ainsi que du dédoublement – mal et bien – naît, dans l'acte créateur, la libération de l'homme.

> « La source du principe personnel éternel est précisément le mal »[46].
>
> « Le mal est un terrible bien, fruit et preuve de cette liberté de l'esprit humain qui engendre dans la vie un principe irrationnel et d'indicibles souffrances »[47].

Berdiaev considère que cette idée « *de la prédestination créatrice de l'homme est l'idée maîtresse de [sa] vie* »[48].

Dans son *Autobiographie*, il nous dit que sa philosophie résulte de l'illumination par laquelle il sentit que la conscience du péché peut et doit se convertir en conscience créatrice. Cette libération est possible grâce à la Rédemption.

> « Sous l'aspect du Dieu-Fils, Dieu descend dans l'abîme, dans la profondeur de la liberté, d'où naît le mal, mais d'où procède aussi tout bien, il descend dans le néant qui a dégénéré en mal et s'y manifeste non plus dans sa force, mais dans le sacrifice »[49], dans la souffrance.

Pour lui, c'est la Rédemption, le deuxième acte de la Création, qui est le fondement de l'acte créateur :

> « Le Christ est devenu immanent à la nature humaine et cette christianisation de la nature humaine rend l'homme créateur par ressemblance avec le Dieu créateur [...] Le thème de l'acte créateur s'intègre dans le thème chrétien fondamental de l'homme divinité [...] L'homme attend la naissance de Dieu en lui. Dieu attend la naissance de l'homme en lui. »

Dieu attend la coopération de l'homme, qu'il a fait à son image, à la création du monde.

« La continuation de la perfection du monde est une œuvre divine et
humaine : Dieu œuvrant avec l'homme, l'homme œuvrant avec
Dieu »[50].

Cet acte créateur, dont Berdiaev a parlé en termes lyriques mais
demeurés assez vagues, doit être distingué des produits de la création,
car « la création même dépasse les limites de l'objectivation »[51].
Elle consiste précisément en une modification du monde objectivé.
C'est l'irruption de l'éternité dans le temps, de la métahistoire dans
l'histoire.

Ces « percées » du temps existentiel dans le temps cosmique et historique permettent à la personne de dépasser le dédoublement, de se
situer au-delà du bien et du mal, de rejoindre le Christ dans la synthèse théandrique. Son attente eschatologique est active, transpercée
d'expériences apocalyptiques dans lesquelles se réalise le dessein
divin. Dans l'acte créateur, la personne capte l'énergie divine, se
transcende et, en se transcendant , se crée elle-même et participe à la
création du monde.

L'éthique de l'acte créateur se situe par-delà le bien et le mal, par-
delà le salut et le bien moral. L'éthique du bien et du mal cède la
place à l'amour, à la Beauté, car « *la Beauté est l'aspect de l'énergie
génératrice s'irradiant dans le mal et le transfigurant* »[52].

Dans cette perspective eschatologique, la notion de l'enfer comme
châtiment éternel est une aberration. L'enfer est temporel : c'est
l'homme livré à lui-même. Avec Origène et contre saint Augustin,
Berdiaev pense que le salut ne peut qu'être universel mais, lui non
plus, n'est pas inéluctable. Nous devons y contribuer.

L'expérience philosophique de Berdiaev a été menée, nous venons de
le voir, à l'intérieur du christianisme. Mais, sans se placer sur le plan,
qui n'est pas le nôtre, de la théologie, cette constatation amène à se
demander si, tout en se situant à l'intérieur du christianisme, il n'en
prend pas à son aise avec le dogme du péché originel (comme il le fait
avec celui de la Trinité ou des deux natures du Christ)[53].

N'a-t-il pas tendance à accentuer le côté *felix culpa* du péché originel ? Question qui nous amène à nous retrancher derrière un théologien[54] pour qui Berdiaev fait du péché originel « *l'heureuse découverte de ce qui manquait à l'homme pour accéder au plan de la vie
personnelle.* » Berdiaev gommerait ainsi partiellement son aspect pec-
camineux, et complètement l'idée chrétienne du châtiment.

Le péché originel étant, à l'origine de la chute, un événement spirituel hors du temps, il est, en fait, un événement spirituel dépendant de la volonté de chaque personne qui accède ainsi, comme nous l'avons vu, à la conscience, à la vie personnelle.

Ces interrogations sur l'authenticité du christianisme de Berdiaev sont à rapprocher de celles, fréquentes, sur son « gnosticisme ». Deux ouvrages qui lui sont consacrés[55] le présentent comme gnostique. Dans la sphère orthodoxe de l'émigration russe, ce terme était plutôt pris dans un sens péjoratif. Tout dépend, bien sûr, du sens que l'on donne au mot « gnose » qui couvre bien des réalités différentes.

Marie-Madeleine Davy, dans son *Berdiaev, homme du huitième jour,* a posé le problème des rapports de Berdiaev avec la gnose en distinguant « la gnose hétérodoxe », manichéenne, que Berdiaev récuse (encore que dans *Le Sens de la Création* lui-même se déclare manichéen, mais la véhémence avec laquelle il rejette l'idée d'un enfer éternel est une protestation antimanichéenne) et la gnose au sens de « connaissance du sens caché », de « l'ésotérisme de la vérité religieuse » que Berdiaev a bien évidemment recherché : « *Je dois découvrir moi-même ce que Dieu m'a caché* », dit-il, dans son introduction à *Esprit et Liberté*, ouvrage qu'il présente comme « écrit dans l'esprit de la gnose libre ». Le gnostique, comme lui, cherche à « déchirer les voiles qui recouvrent les traces divines » et « guette dans une perspective eschatologique les signes de la réalisation du royaume de Dieu. » Lui-même a parlé de la gnose en termes mesurés, attiré par son caractère « aristocratique » mais en en dénonçant « l'orgueil spirituel ».

Si l'on prend le gnosticisme dans son acception la plus stricte, celle que lui donne Simone Pétrement[56], et dont le trait le plus caractéristique est de distinguer le Dieu créateur, le Démiurge, du Vrai Dieu, on peut, à première vue, se demander si l'adhésion de Berdiaev à l'idée de la dualité *Gott-Gottheit* (Dieu-Déité) n'a pas aussi quelque analogie avec cette gnose des premiers siècles chrétiens.

Mais le « dualisme divin » de Berdiaev est, si l'on peut dire, l'inverse de celui des gnostiques, puisque, s'il distingue *Gott* et *Gottheit*, la *Gottheit* est pour lui « une profondeur inexprimable d'où naît Dieu », alors que le Dieu de la Trinité (sorti du néant divin, de la *Gottheit*) crée le monde. Berdiaev a bien tenu à se démarquer de Boehme pour qui l'*Ungrund* (*Gottheit*), liberté première, volonté sombre et irrationnelle, est en Dieu. « Chez moi, écrit-il, elle est en dehors de Dieu »[57].

Il n'admet aucune opposition en Dieu, aucune lutte entre ténèbres et lumière. Cependant, lorsqu'il écrit : « *Il y a dans l'homme deux principes indépendants, le principe de la liberté originelle et le principe déterminé par l'image et le dessein de Dieu* »[58], ou encore : « *Si le Dieu-créateur est tout puissant sur l'être, sur le monde créé, il ne l'est pas sur le non-être, sur la liberté incréée qui lui demeure impénétrable* »[59], on peut se demander s'il n'a pas par moments conçu l'*Ungrund* comme un principe ontologique mauvais opposé à Dieu.

En fait, il a lui-même répété que « *ce dualisme n'était pas un dualisme ontologique mais un dualisme des modes d'existence saisi directement à l'intérieur de l'existence* »[60]. C'est « *le primat de la liberté sur l'être et du dynamique sur le statique déterminé [...] Le désir de l'être précède l'être.* »

La gnose, c'est aussi un certain anticosmisme, une « dévaluation du monde. » Là encore, Berdiaev a fortement insisté dans son œuvre sur la dévaluation du monde qui se traduit, pour lui, par l'objectivation, l'aliénation, le mal et qu'il oppose à l'esprit. Mais il fait du bien et du mal, de l'esprit et du monde des principes corrélatifs et non des principes opposés au sens manichéen, encore qu'il envisage souvent l'Histoire comme un affrontement du Christ et de l'Antechrist.

Comment, d'ailleurs, s'inscrivant dans la ligne de la théologie apophatique, Berdiaev n'aurait-il pas, comme celle-ci, assumé la gnose ?

LE MAL ET LE DÉDOUBLEMENT
LE DOUBLE

Le thème du dédoublement, du double, se trouve au cœur de la dialectique du bien et du mal.

Berdiaev tire également ce thème de Dostoïevski et y consacre tout un développement dans *L'esprit de Dostoïevski*, en étudiant d'après ce dernier les personnages de Raskolnikov, des frères Karamazov, de *L'Adolescent* (il aurait pu se référer aussi à la « fantaisie petersbourgeoise » du *Double*). D'Ivan Karamazov, il dira : « Le mal interne lui apparaît sous la forme d'un autre *moi* et le torture »[61].

« Une liberté illimitée et vaine, dégénérant en arbitraire, une liberté sans Dieu, dont la grâce est absente, n'est plus apte à faire un choix, elle se tiraille en sens contraires ; c'est à ce moment que l'homme se dédouble, que deux *moi* apparaissent en lui, que sa personnalité se scinde... Au terme extrême du dédoublement, l'autre *moi* de l'homme se séparera de lui, se personnifiera, symbolisant le mal intérieur – le diable [...] Le second *moi* de l'homme dédoublé est l'esprit du non-être, il représente la perte même de l'essence de la personnalité... Il n'y a de salut pour le dédoublement que dans la liberté seconde, la liberté de grâce, la liberté dans la vérité au sein du Christ. »

Paul Evdokimov a analysé ce phénomène du dédoublement dans *Dostoïevski et le problème du mal*[62] ; il montre comment ce thème rejoint l'idée de la transfiguration et le problème du « lieu ontologique » de chaque homme, mais aussi celui de la possession par le mal. La décomposition intérieure chez les héros de Dostoïevski aboutit à la projection au-dehors du Double qui ravit le « lieu » du possédé et le supplante. À l'extrême limite du dédoublement, l'homme devient l'*alter ego* du diable.

Berdiaev reprend cette analyse à son compte dans *De l'esclavage et de la liberté de l'homme*[63]. Il présente le dédoublement comme le premier mouvement du processus d'aliénation :

> « C'est dans l'universel immanent à la personne que se déroule la lutte entre la liberté et l'esclavage ; c'est cette lutte qui est projetée dans le monde extérieur. »

L'objectivation est toujours le produit du dédoublement : « *La cause de l'objectivation est la division intérieure* »[64].

Quand la liberté humaine se sépare de la Liberté divine pour s'affirmer indépendante, Dieu cesse d'être l'illuminateur et l'existence perd sa signification. Isolée, la liberté humaine crée, pour sortir de son isolement, un dédoublement : le *moi* inférieur apparaît comme un deuxième *moi*.

Ce thème, très développé chez Dostoïevski, est abondant en littérature, de Stevenson à Oscar Wilde[65], de Bernanos à Julien Green, chez lesquels on peut trouver autant de résonances aux analyses de Dostoïevski et de Berdiaev.

QU'APPORTE LA RÉFLEXION DE BERDIAEV SUR LE PROBLEME DU MAL ?

Berdiaev, a-t-on dit, a été « le prophète d'une création utopique »[66]. On pourrait dire aussi qu'il été le prophète du mystère. Il a posé le mystère avant l'être et fait de l'irrationnalité la source de l'être.

S'installer, au nom de l'expérience personnelle, dans l'irrationnalité, en minimisant, selon la formule dostoïevskienne, le monde euclidien, et en faire la clé de nos interrogations sur le bien et le mal, sur Dieu, sur le destin de l'homme, n'est-ce pas renoncer à la philosophie et s'exprimer en prophète ?

Chestov[67] a beau jeu de lui demander : qui est-ce qui dispose en dernier lieu des messages que lui, Berdiaev, délivre et reçoit d'un autre monde, pour y échafauder sa gnose ? Et Chestov de se gausser de la liberté incréée qui, selon l'expression de Schelling, « s'harmonise joyeusement avec la sainte nécessité » : doit-on, avec Berdiaev, se réjouir de l'impuissance de Dieu à empêcher le mal d'envahir le monde, sous prétexte que cette impuissance a donné à l'homme la liberté, la connaissance et la conscience ? Et celui qui ne croit pas à la fusion divino-humaine au sein de la liberté demandera comment cette nouvelle forme de liberté permettra à l'homme d'expulser le mal du monde alors que Dieu a été impuissant devant lui ? L'optimisme, qui fait dire à Berdiaev : « *Le bien victorieux du mal est supérieur au bien qui précédait le mal* »[68], n'entend-il pas l'interrogation d'Ivan Karamazov que Berdiaev qualifie pourtant de « géniale dialectique » : « *Pourquoi connaître ce diabolique bien et mal si cela coûte si cher* », si cette précieuse liberté n'empêche pas le massacre des enfants innocents ?

Cette laborieuse et brillante théodicée, qui donne lieu à tout un jeu de jongleries spéculatives sur la liberté, dont les différentes formes s'emboîtent comme des tables gigognes, a cependant le mérite :

1• d'avoir posé le problème du mal comme paradoxal, antinomique, essentiellement mystérieux ;

2• d'avoir poussé l'analyse des paradoxes, trouvés dans Dostoïevski, jusqu'à leur extrême et d'en avoir fait ressortir toutes les complexités, les ambiguïtés ; avec lui, nous sommes entraînés dans le paradoxe et le paradoxe nous délivre ;

3• de s'être ancré, à l'autre bout de la chaîne, sur sa foi chrétienne, pour tenter de surmonter ces paradoxes et, dans la tradition orthodoxe du Pseudo Denys et de Grégoire de Nysse, d'avoir, en prenant appui sur la figure du Dieu-Homme partageant la souffrance humaine, creusé la notion du théandrisme (dont Berdiaev fait, d'ailleurs, plutôt un anthropothéisme) et d'avoir ainsi exalté la personne humaine.

Sa réflexion métaphysique, progressivement structurée, a donné à
Berdiaev la base voulue pour édifier ce personnalisme chrétien qui
demeure, comme il le voulait avant tout, sa contribution principale à
l'éthique de son temps, de notre temps.

Comme disait Tertullien : « *Eadem materia apud hoereticos (gnosti-
cos) et philosophos volutatur : unde malum et quare* »[69].

1• Léon Chestov, *Spéculation et Révélation*,
L'Âge d'homme, 1981. Préface de Nicolas
Berdiaev, p. 7.

2• *Essai d'Autobiographie spirituelle*, Buchet
Chastel, 1958, p. 137.

3• *Les sources et le sens du communisme russe*,
Gallimard, 1938.

4• *De l'esclavage et de la liberté de l'homme*, éd.
Desclée de Brouwer, 1990, p. 13.

5• Olivier Clément, Préface à *Esclavage et liberté de l'homme*, pp. 8-9.

6• *De l'esclavage et de la liberté de l'homme, op.
cit.*, p. 8.

7• *Autobiographie*, Buchet-Chastel, 1992 p. 219.

8• *Dialectique existentielle du divin et de
l'humain*, Janin, 1947, p. 9.

9• *Esprit et liberté*, Desclée de Brouwer, 1984.

10• Jérôme Gaïth, *N. Berdiaev, philosophe de la
liberté*, Dar el Machreq, Beyrouth, 1968.

11• *De l'Esclavage et de la Liberté de l'homme*,
op. cit., 1950, p. 59.

12• *Esprit et Réalité*, Aubier, 1950, pp.142-143.

13• *L'Esprit de Dostoïerski*, Stock, 1974, p. 82.

14• *Ibidem*, p. 101.

15• *Le Sens de la Création*, DDB, 1955, p. 195.

16• *Essai de métaphysique ontologique*, Aubier,
1946, p. 166.

17• *Ibidem*, p. 173.

18• *Études sur Bœhme*, t.1, éd. Aubier, p. 12.

19• *Esprit et Liberté, op. cit.*, p. 189.

20• J.-F. Duval, *Flamboyante liberté*, Présences,
1992.

21• *Esprit et Liberté, op. cit.*, p. 27.

22• *De l'esclavage et de la liberté de l'homme*,
op. cit., p. 36.

23• *Esprit et Réalité, op. cit.*, p. 87.

24• *De l'esclavage et de la liberté de l'homme*,
op. cit., p. 58-59.

25• « Il y a dans l'homme deux principes indépendants, le principe de la liberté originelle pré-
ontique, qui s'enfonce dans le non-être et le méon,
et le principe déterminé par l'image et le dessein
de Dieu » *(Esprit et Réalité, op. cit.*, p. 43).

26• *L'Esprit de Dostoïerski, op. cit.*, p. 103.

27• *Ibidem*, p. 42.

28• *De la destination de l'homme*, éd. Je sers,
p. 47.

29• *Ibidem*, p. 50.

30• *Esprit et Liberté, op. cit.*, p. 45.

31• *Ibidem*, p. 162.

32• *Cinq Méditations sur l'existence*, Aubier,
1936, p. 142.

33• *De la destination de l'homme, op. cit.*,
p. 367.

34• *Esprit et Liberté, op. cit.*, p. 45.

35• *Le Sens de la Création, op. cit.*, p. 103.
Berdiaev ne dit rien de cet « ange déchu », qu'il
présente comme une donnée.

36• Ce qui fait dire à Berdiaev : « L'histoire n'a de sens que parce qu'elle s'achèvera » (*in Essai de métaphysique eschatologique*, Aubier, p. 236)
37• *Cinq méditations, op. cit.*, p. 207.
38• Référence à la distinction de saint Augustin entre liberté mineure (initiale) et liberté majeure (créatrice, finale).
39• *Esprit et liberté, op. cit.*, p. 176.
40• *L'esprit de Dostoïevski, op. cit.*, p. 114.
41• *De la Destination de l'homme, op. cit.*, p. 55.
42• *Esprit et Liberté, op. cit.*, p. 258.
43• *Ibidem*, p. 204.
44• *De la Destination de l'homme, op. cit.*, p. 324.
45• *Ibidem*, p. 327.
46• *L'Esprit de Dostoïevski, op. cit.*, p. 128.
47• *Ibidem*, p. 176.
48• *Cinq Méditations, op. cit.*, p. 43.
49• *De la Destination de l'homme, op. cit.*, p. 43.
50• *Autobiographie, op. cit.*, p. 269.
51• *Essai de Métaphysique eschatologique*, Aubier, 1946, p. 249.
52• *De la Destination de l'homme, op. cit.*, p. 190.
53• Pour J.-L. Segundo, Berdiaev semble placer l'humanité théandrique à l'intérieur de la Trinité divine et il fait des deux natures du Christ le type des rapports réciproques entre Dieu et chaque personne humaine, et le P. Gaïth rapproche Berdiaev et Sabellius, « pour qui les trois personnes divines ne sont que trois aspects de Dieu unique et un » (*op. cit.*, p. 63).
54• J.-L. Segundo, *op. cit.*, p. 380.
55• E. Porret, *Un gnostique moderne. Nicolas Berdiaev*, Foi et Vie, 1938 ; L. Chestov, « Nicolas Berdiaev, la gnose et la philosophie existentielle », in *Revue philosophique de la France et de l'étranger*, t. 138, 1948.
56• Simone Pétrement, *Le Dieu séparé, les origines du gnosticisme*, Cerf, 1984.
57• Autobiographie, op. cit., p. 78.
58• *De la Destination de l'homme, op. cit.*, p. 78.
59• *Ibidem*, p. 42.
60• *Métaphysique eschatologique, op. cit.*, p. 101.
61• *L'Esprit de Dostoïevski, op. cit.*, p. 116.
62• Paul Evdokimov, *Dostoïevski et le problème du mal*, DDB, 1979, p. 204 et sq.
63• *De l'esclavage et de la liberté de l'homme, op. cit.*, p. 143.
64• *Au seuil de la nouvelle époque*, Delachaux et Niestlé, 1948, p. 51.
65• Nous renvoyons à l'éclairage jungien que Jad Hatem apporte au Cas étrange du Dr Jekyll et Mr Hyde de Stevenson dans *Mal et Transfiguration* (Cariscript, 1987). Dans le même ouvrage, J. Hatem étudie mal et dédoublement dans *Le Portrait de Dorian Gray*. Berdiaev est, bien évidemment, aux antipodes de l'esprit décadent d'Oscar Wilde et l'on trouve dans *De l'esclavage et de la liberté de l'homme* des pages de critique vigoureuse de l'esthétisme. Mais l'analyse de Wilde dans le Portrait annonce celle de Berdiaev. Certes, Wilde cherchait plutôt à justifier son attitude esthétique et à nous suggérer que son héros était la victime non de ses crimes mais de son incapacité à se libérer de la morale chrétienne et victorienne. Dorian a choisi la voie du mal, dictée par son esthétisme et son infinie curiosité et il a cru que le poids de ses crimes pourrait retomber sur son portrait. Mais quoi qu'il ait fait pour fuir sa mauvaise conscience, le dédoublement le poursuit et il ne peut échapper au suicide.
66• J.-L. Segundo, *op. cit.*, p. 58.
67• Chestov, *Spéculation et Révélation, op. cit.*, p. 184.
68• *Esprit et Liberté, op. cit.*, p. 181.
69• « La même matière est agitée chez les hérétiques (les gnostiques) et les philosophes : d'où vient le mal et pourquoi ? »

L'Abeille et la Bête

Figures de l'Hostilité chez saint François de Sales

François Angelier

LA SÉRAPHIQUE POMMADE
La scène est à Paris. Le 15 de mai 1852, un jeudi, jour de l'Ascension. Barbey d'Aurevilly agrippe son sabre d'abordage, sa plume, et exécute une des virevoltantes et bouillantes diatribes, véritable journal de guerre, que sont ses lettres au caennais Trébutien, éditeur et ami. Sa pente le mène, comme souvent, vers la tant pleurée Eugénie de Guérin. Brusquement, le discours bifurque et, à la faveur d'un souvenir, l'assaut est donné, le grappin lancé :

> « Elle avait fait ses études dans saint François de Sales. Elle en a gardé les tours et qu'elle fait passer ! Je vous dis ceci tout bas. Il y a dans François de Sales une mignardise qui m'a toujours écœuré. C'est de la compote de rose, gardée dans un buffet d'Ursulines, bonne pour des abbés douillets ou des chattes de parloir, mais

j'aime que la charité soit moins sucrotée et l'amour de Dieu moins petite fleur. Un esprit moins exquis et moins originalement poétique qu'Eugénie se serait amenuisé (diable de bon mot cotentinais !) dans les saintes parlottes de saint François de Sales, qu'elle avait trop lu. Heureusement, Dieu lui avait donné le génie d'expression qui résiste à tout et qui pourrait habiter la tour de Peste du mauvais goût sans en souffrir »[1].

C'est dit, « tout bas « certes, mais c'est dit.
1886 : ayant réempoigné la flamberge toujours fumante du « Connétable », Léon Bloy, en bon et ardent disciple, dans *Le Désespéré*, rouvre la brèche et mouline à plein bras :

> « Miraculeusement édulcoré, l'ascétisme ancien s'assimila tous les sucres et tous les onguents pour se faire pardonner de ne pas être précisément la volupté, et devint, dans une religion de tolérance, cette chose plausible qu'on pourrait nommer le *catinisme* de la piété. Saint François de Sales apparut, en ces temps-là, juste au bon moment, pour tout enduire. De la tête aux pieds, l'Église fut collée de son miel, aromatisée de sa séraphique pommade. La société de Jésus, épuisée de ses trois ou quatre premiers grands hommes et ne donnant déjà plus qu'une vomitive resucée de ses apostoliques débuts, accueillit avec joie cette parfumerie théologique, où la gloire de Dieu, définitivement s'achalanda. Les bouquets spirituels du Prince de Genève furent offerts par de caressantes mains sacerdotales aux explorateurs du Tendre, qui dilapidèrent aussitôt leur géographie pour y faire entrer un aussi charmant catholicisme... Et l'héroïque Moyen-Âge fut enterré à dix mille pieds !... »[2].

Parfois, Bloy s'apaise, son anti-salésianisme semble connaître une accalmie : Monsieur de Genève est en effet cité en bonne part dans *Celle qui pleure* (non en propre, il est vrai, mais en tête d'une forte escouade de saints évêques – en outre de saint Philippe Neri et Monsieur Depaul) lors de l'éxégèse du « *cloaque* » clérical évoqué dans *Le Secret de La Salette* :

> « Que penser d'un prêtre qui dirait : « Cela n'est pas pour moi » ?
> Saint François de Sales, saint Philippe Neri, saint Vincent de Paul, le curé d'Ars, cinquante mille autres, sans remonter aux Martyrs,

eussent dit en pleurant : " Ah ! Que cela est vrai ! comme notre sou-
veraine me connaît et combien est inutile mon hypocrisie de tous les
instants ! " »[3].

Monsieur de Genève fait une brève apparition dans *Quatre ans de
captivité à Cochon-sur-Marne*, et ceci à la faveur d'une citation jo-
béenne extraite du *Traité de l'Amour de Dieu* : « *Ô Rien, vous estes
ma patrie ; ie suis tiré de vostre abysme ténébreuse et de vostre espou-
ventable caverne* »[4]. Malgré cela, en septembre 1911, Bloy note dans
son journal[5], retrouvant l'acrimonie méprisante héritée de Barbey :

> « Remarquez, entre autres vilenies [lors d'un dîner de prêtre, le 20
> septembre 1911], une assez forte nuance de mépris pour saint Benoît
> Labre, sentiment de séminaire que je combats aussitôt en plaçant cet
> admirable guenilleux auprès de saint François de Sales toujours exalté
> par les élégants du sacerdoce, comme un géant auprès d'un pygmée. »

Au sein de la bénite cohorte des cracheurs de foi, de ces pétroleurs
spirituels, il n'y a guère qu'Ernest Hello, plus ermite que moine-sol-
dat, qui tranche, délivrant sur l'évêque d'Annecy un diagnostic différent: cela tient en quelques lignes, extraites de ce grand déambula-
toire mystique qu'est Physionomies de saints. Citons :

> « Le style de saint François de Sales, c'est le concert de l'après-midi.
> la parole de saint François de Sales a la valeur et le parfum des prai-
> ries. Ce n'est pas l'automne ; ce n'est pas non plus tout à fait le prin-
> temps ; ce n'est jamais l'hiver. C'est l'été, et l'été vers midi. Il fait très
> chaud dans ses ouvrages [...] sa douceur pénétra la nature, la nature
> pénétra sa parole. Son originalité fut d'être doux. Il était si doux, que
> la campagne lui a dit ses secrets. Il eut l'esprit de douceur et le don de
> convertir »[6].

On le voit, le Vieux de Kéroman, l'archange aux cheveux gris, ne règle
pas sa hausse mais apprête une mélodie, rode, caresse, herborise.
Ce détour par le XIXᵉ, son couple de gargouilles, son gothique fulmin-
ant, vaut pour un test. On trouve de rassemblé dans les semonces
bloyo-aurévilienne, d'énoncé dans le suave médaillon helloien, ce qui
fait la légende rosâtre et quelque peu visqueuse du salésianisme :
saint François de Sales, évêque d'Annecy, docteur de l'Amour, serait

ce saint tout sucre, ce saint tout miel, que le XIXᵉ re-publia à la ca-
dence imperturbable d'une à quatre nouvelles éditions par an[7]. Un
saint sirop face à un Saint-Cyran bourelé d'austérités. Un prélat en
pain d'épices, benoîtement coulé dans le miel des patenôtres, l'orgeat
des pieux pia-pias. Reprenons les mots de Barbey, ceux de Bloy, et voyons : « mignardise », « compote de rose », « abbés douillets », « su-
croté », « petite fleur », « séraphique pommade », « parfumerie théologique ». De saint François, prélat en pâte d'amandes, n'émanerait
qu'une sirupeuse théologie juste-milieu, une spiritualité louis-philli-
parde juste bonne à lustrer les âmes, faire reluire les cœurs et bou-
chonner les consciences. Un palefrenier de la foi. Sorte d'édulcorant
théologique, de coupe-faim mystique. Un confiseur d'âme. Si Hello
sent plus finement les choses, il ne sent malgré tout que les mêmes
choses : une serre où entreposer pour de fructueuses germinations nos
graminées spirituelles. Bilan : saint François de Sales réduit à n'être
qu'un brûle-parfum disposé sur le guéridon des âmes. La lampe
Berger de la théologie catholique.

D'où la visée de cette étude : non réenduire d'une couche de sucre
supplémentaire le docteur de l'Amour, déjà plus que suavissimement
englué, et souvent par sa faute, dans la bonté, mais aller le chercher
là où rarement on est allé le quérir – pas plus, on le voit, l'homme des
Diaboliques que celui du *Désespéré* : sur les terres du Malin, du malheur et de la malignité. Saint François de Sales et le diable. Voyons...

Aux mots, tout d'abord ! Déployons le trousseau de mots-clés dont
use Monsieur de Genève pour nous dire le diable. Ces mots ne sont
pas légion. Loin de là. Un lexique classique, pauvret, sans apparat
verbal particulier : « diable », « Satan », l'« *ennemy* ». L'« *ennemy* »
reste son terme préféré ; l'« *Inimicus* », celui qui s'attaque au lien om-
bilical de l'amitié.

PARIS : « EN LA DÉFIANCE DE SON SALUT... »

Prenons la chose chronologiquement : de quand date, daterait, la découverte salésienne du mal ? Posons qu'elle se fait tôt, à Paris, alors
qu'il y est étudiant, durant la période 1578-1588. Pour être plus précis, durant la fameuse crise d'angoisse qui l'assaille entre décembre
1586 et janvier 1587. Les faits : François de Sales a dix-neuf ans. Il
est élève, au collège de Clermont, des pères jésuites. Membre d'une
congrégation mariale, adepte de la fréquente communion, le corps

pris dans la gaine mortifiante et rugueuse d'un cilice. Tout en faisant ses humanités, il travaille sa théologie dans les cours de son précepteur, le révérend Jean Déage qu'il accompagne à la Sorbonne pour suivre les disputes théologiennes. Et c'est là que, tout soudain, le frappe de plein fouet, l'angoisse du salut : sera-t-il sauvé, damné ? Le troupeau des élus ou la *massa damnata* ?

Ne nous restent, comme traces écrites, de cette épreuve, que trois séries de textes : un recueil d'oraisons extraites des *Psaumes* et qui situe, en creux, l'ampleur de désespoir ; un « mémorial » pascalien où l'absence de Dieu a une saveur infernale et « l'acte d'abandon héroïque » où François de Sales s'offre, quelle que soit la nature de ses arrêts, à la volonté divine.

Avant d'y voir de plus près, un œil aux témoignages extérieurs. Ceux d'abord, lointains certes mais fervents, délivrés lors des deux procès de canonisation. La parole est à sainte Jeanne de Chantal :

> « [...] étant écolier à Paris, il tomba en de grandes tentations et extrêmes angoisses d'esprit. Il lui semblait qu'il était réprouvé, et qu'il n'y avait point de salut pour lui ; dont il transissait, surtout au souvenir de l'impuissance que les damnés ont d'aimer Dieu et de voir la Très Sainte Vierge [...] Ce travail lui dura trois semaines pour le moins, ou environ six, selon qu'il me peut souvenir, avec telle violence qu'il perdit quasi tout le manger et le dormir, et devint tout maigre et jaune comme de cire, dont son précepteur en était en très grande peine »[8].

Notons le fait : le diable n'est pas nommément cité ; la sainte relate la chose comme un grave tourment spirituel sans agent malin (« il tomba »). À ce bref récit, Charles-Auguste de Sales, son neveu et successeur sur le siège d'Annecy-Genève, dans son hagiographie de 1634[9], n'ajoutera rien quant à la nature des faits, à la description de la « bourrasque ». On assiste par contre au montage d'une « machinerie » baroque où cette fois intervient le diable, acteur majeur et grand tireur de ficelles :

> « Le diable ne pouvoit que mal conjecturer pour soy des grands avancements que le jeune François faisoit au chemin de la vertu, et, s'il ne vouloit en fin estre vaincu, il falloit mestre de l'obstacle aux commencements. Il tascha donc ainsi d'arrester le navire de ce benit enfant,

qui cingloit à la faveur du vent celeste. Il couvrit son esprit d'epaisses tenebres, et luy fit penser à la difficulté qu'il y a de pervenir au salut eternel, et à considere le petit nombre des predestinez. En fin il fit tant que cette pauvre ame, après avoir roulé beancoup de pensées, entra dans la défiance de son salut, et s'imagina qu'il seroit damnée. »

À la peinture théâtralisée des tourments intérieurs, Charles-Auguste joint un « crayon » d'un corps ravagé que ne hante plus guère qu'une âme désolée :

> « Son cœur dessecha peu à peu, et son ame defaillit en amertume ; une jaunisse universelle luy couvrit le corps, avec de si poignantes douleurs qu'il ne pouvoit ny dormit, ny manger, ny boire [...] Toutefois ce pauvre garçon ne voulut pas tenir le lict, mais se trainoit comme il pouvoit. »

Ce qui était une tourmente intérieure chez Jeanne de Chantal, une menée maligne, stratégiquement concertée et déjà théâtralisée, chez Charles-Auguste de Sales, devient, chez le père de Quoex, alors qu'il dépose au second procès de canonisation le 20 juillet 1656, une grandiose manigance satanique aux inflexions pré-miltoniennes[10] :

> « Par un artifice abominable, l'ange de satan, transformé en ange de lumière, essaya de lui persuader que, quoi que dorénavant il se proposât de faire, soit en bien, soit en mal, il serait enfin au nombre des réprouvés et destinés à être précipité pour l'éternité dans le gouffre éternel, avec les maudits qui blasphèment le nom de Dieu ; sa damnation éternelle était décidée dans cet arrêt divin qui ne peut être changé. »

On le voit à la lecture de ces récits, la sensibilité jésuite et tridentine impose le diable comme régisseur et acteur d'une scénographie intérieure baroque. On ré-ornemente et théâtralise *a posteriori* une crise spirituelle vécue dans l'instant, les textes nous le disent, plus comme un angoisse intérieure que comme une confrontation directe avec le malin. Que disent les textes, quel est le témoignage de la victime ? On possède, pour mieux cerner cette « tentation du désespoir », une somme d'oraisons jaculatoires extraites des *Psaumes*, que François de Sales se répétait à haute voix. Son cousin Amé de Sales et son ami

Jean Paquelet « *l'entendirent souvent exhaler en pleurant les susdites oraisons.* » Un couple de versets extrait du psaume 67/2/3 implore :

> « [que] ses ennemis soient dissipés [...] comme la cire fond à la face du feu, qu'ainsi périssent les assauts du démon *[daemonis impetus]*, l'ennemi m'a foulé au pied [...] contre la puissance du démon je craindrai [...] Ils ont préparé un lacs pour mes pieds et ils ont courbé mon âme ; ils ont creusé devant ma face une fosse, afin que j'y tombe. »

Le psalmiste énonce à plein la nature du drame salésien : l'âme a été surprise, brusquement piégée, prise par ruse. Une mise à sac intérieure, une curée : « *Il arrachera mon âme du milieu des petits des lions.* » Plus loin, la surprise de cette violence anonyme s'apparente à l'assaut d'une crue, à des digues rompues suscitant submersion, panique et noyade :

> « Sauvez-moi, Ô Dieu, parce que les eaux sont entrées dans mon âme. Je suis enfoncé dans une boue profonde et sans consistance ; je suis venu dans la profondeur de la mer, et une tempête m'a submergé [...] Retirez-moi de la fange afin que je n'y demeure pas enfoncé [...] Qu'une tempête d'eau ne me submerge pas, qu'un abîme ne m'engloutisse pas, qu'un puits ne referme pas sa bouche sur moi. »

Il faut revenir sur ces mots, chacun de ces mots, qui disent et redisent la nature de la crise : François de Sales s'affronte à un trou de vase, une fondrière. Pas la surrection brusque d'un diable médiéval, répugnant et tentateur, hideusement descriptible, mais l'épreuve d'un état particulier de détresse et de submersion. On voit naître l'idée, qui ne le quittera plus, d'une malignité des eaux. L'élément marin sera, pour François de Sales, porteur d'images négatives ; plus tard, « la haute mer du monde » sera toujours là pour engloutir l'âme dévote.

C'est donc par l'irruption soudaine, massive et instantanée, d'une angoisse spirituelle que François de Sales apprend le mal. Contre elle, ce théologien encore novice, ce jeune dévot, n'a pas de recours : François de Sales est travaillé par la question du salut, embourbé jusqu'à la suffocation dans la terreur de son destin spirituel.

La scansion paniquée, le martellement fièvreux et solitaire des versets du psalmiste, ont une double fonction : conjurer par la prière et, dans le même temps, nommer le mal. Exorciser l'angoisse par sa dénomination.

Un autre texte. Un lambeau de plainte lardé de points d'interrogation, hérissé d'exclamations, nous livre l'angoisse à l'état nu. Il n'y a pas possession, mais dépossession de la confiance en son propre salut :

« Moy, miserable, helas ! seray je donques privé de la grace de celuy qui m'a faict gouster si soüefvement ses douceurs, et qui s'est montré à moy si aymable ? », « Ô Vierge, aggreable entre les filles de Hieru-salem, des delices de laquelle l'enfer ne peut estre resjouy, hé, je ne vous verray donques jamais au royaume de vostre Filz, belle comme la lune et esleüe comme le soleil ? Et jamais donques je ne seray par-ticipant de cest immense benefice de la Redemption ? [...] Ah ! quoy qu'il en soit, Seigneur, pour le moins que je vous ayme en ceste vie, si je ne puis vous aymer en l'eternelle, puysque personne ne vous loüe en enfer. »

L'angoisse prend la mesure du vide. La dépossession amoureuse per-met de sonder l'enfer. L'absense d'amour dessine en creux la forme du mal. C'est dans l'impuissance de communier à Dieu par la prière que s'ébauche et se révèle la nature du mal.

C'est par la prière à Marie, salvatrice et médiatrice, que François de Sales, parviendra à se désempoisser de l'angoisse, à quitter l'Ornière. Jeanne de Creil témoigne :

« Enfin, ayant été quelques temps dans ce furieux combat, un jour que cette importune pensée le pressait plus que de coutume, comme il était fort dévot à la sainte Vierge à laquelle il avait une particulière confiance, il s'en alla à l'église des pères de saint Dominique, en la chapelle de la Vierge, et là, humblement prosterné devant son image, il ouvrit son cœur en la présence de Dieu, et, renonçant à tout ce qui concernait son intérêt particulier, il résigna, purement et simplement, entièrement son âme et ses intentions entre les mains de la divine Providence »[11].

François de Sales récite alors, ultime espoir, le *Mémorare* de saint Augustin. Laissons à Charles-Auguste de Sales le soin de conclure : *« Et voilà que parmy ces prieres et ces vœux la tentation s'esvanouyt, la santé luy fut rendüe, et luy sembloit qu'on luy levast de la teste et du corps comme des croustes ou escailles de lepre* »[12]. Tout se résoudra par l'« Acte d'abandon héroïque » :

> « Malgré tout ce que l'ange de Satan ne cesse de m'inspirer la contre. Ô Seigneur Jesus, vous serez toujours mon espérance et mon salut dans la terre des vivants. Si, parce que je le mérite nécessairement, je dois être maudit parmi les maudits qui ne verront pas votre très doux visage, accordez-moi au moins de n'être pas de ceux qui maudiront votre saint nom. »

Face à l'ignorance du décret salutaire et compte tenu, du sein de sa détresse, de l'éventualité de sa damnation, François de Sales implore d'échapper à un type particulier de démonialité : celle du blasphème éternel, il implore d'être un diable désespéré. « L'ange de satan » : le Mal, on le voit, est enfin nommé.

Quand il arrive à Paris, flanqué de son précepteur et d'un cousin, François de Sales, jeune aristocrate savoyard dévot et tonsuré, ne sait rien du mal. Sujet d'un prince catholique, issu d'une famille infailliblement papiste et adonnée au combat anti-calvinien, éduqué et dirigé par les jésuites, son catholicisme est vierge d'épreuve intérieure, n'a pas encore reçu le baptême du feu infernal. Il résiste mal au poids des débats sur la grâce qui, asséné, l'écrase. L'irruption prédatrice de l'angoisse lui révèle un image du malin qui restera chez lui déterminante : pas de diable vu, pas de tentation subie, mais un mal informe, le désespoir qui se coule en lui fort de l'engluante présence de l'angoisse, de l'abscense d'amour. Sables mouvants.

PADOUE : « Ô DIABOLIQUES APPAS »

Après Paris, Padoue, après la « bourrasque » de l'angoisse spirituelle, « le glissant des affaires du monde. » Poursuivant sa *Peregrinatio academica*, François de Sales, toujours flanqué d'un frère et de son précepteur, sera étudiant en Droit à l'université de Padoue de novembre 1588 à janvier 1592. Si le débat sur la grâce et la justification le taraude toujours autant, si l'ascétisme est une priorité personnelle mais péniblement préservable dans cette cité toute « élizabéthaine » qu'est Padoue, François de Sales est néammoins confronté à l'obligation du devoir social. Préserver sa foi parmi les embûches de la sociabilité padouane : tel sera son essentiel souci.

Durant ces quatre années, François de Sales édicte, à son seul usage, une série de courts traités, d'étiquettes, de codes de conduite qui doivent corsetter son esprit et guider son âme. Une série de minutieuses prescriptions pratiques aptes à le prémunir contre les embuscades, dérapages et déboires de tous ordres. Le malin prendra alors l'apparence tentatrice du désordre social. Charles-Auguste de Sales note qu'il « *se prescrivit des reigles par l'observation des quelles il peust eviter les perils de ceste vie mortelle et marcher d'un pas assuré sur le glissant des affaires du monde ; et a fin qu'elles demeurassent plus ferment imprimées en sa memoire, il les coucha sur papier...* » Attardons-nous sur cet *Exercice de la Préparation*[13], daté de 1590. Il commence par l'*Invocation*, sentences conjuratoires face aux périls possibles : « *Reconnoissant que je suis exposé a une infinité de dangers, j'invoqueray l'assistance de mon Dieu...* » Suit la *Disposition* : « *Apres avoir discrettement conjecturé les divers labirinthes ou aysement je m'esgarerois et courrois risque de me perdre, je considereray diligemment et rechercheray les meilleurs moyens pour eviter les mauvais...* » Un autre code de conduite, l'*Exercice du sommeil* ou *repos spirituel* fait également état de tout un protocole de répulsions à l'égard des menteuses richesses du monde, de ce « monde immonde » :

> « Alles, allez, ô diaboliques appas, retires vous loin de moy, cherches fortune ailleurs ; je ne veux poinct de vous, puisques les plaisirs que vous promettes appartiennent aussy bien aux folz et abominables qu'aux hommes sages et vertueux. »

Le texte le plus précieux reste malgré tout ces *Règles pour les conversations et rencontres*. Le futur théologien de la piété civile, celui qui conjoindra le respect de la « vocation » sociale et l'exigence de la sanctification personnelle, tente de lier carrière sociale – celle d'un étudiant contraint de se frotter au monde et celle d'un jeune ascète chrétien soucieux de préserver sa voie vers le perfectionnement intérieur, vers la sainteté. Il se déploie sur quatre points. Le premier effectue le clivage entre « *rencontre* » et « *conversation* ». La seconde est un concert volontaire d'âmes choisies, la première « *se faict fortuitement et par occasion.* » Tournons autour de ce mot : « rencontre ». Au XIIIe siècle, il renvoie à un coup de dés ; par la suite, il désignera, ce que l'on sait moins, le chef d'une bête empaillée vue de face. La rencontre salésienne, imprévue confrontation avec une présence hostile et peu fiable, garde trace de ce face-à-face avec la bête, la face brute. La surprise brusque de l'obstacle bestial.

« *Amy à tous familier à peu* », si le gentilhomme se doit de faire face à toutes les occurences de la vie sociale, il ne doit s'ouvrir qu'à certaines. Mot-clé dans la spiritualité salésienne car le démon reste le grand transgresseur, celui qui force les limites et les frontières du domaine interne. Il y a ce souci, chez lui obsessionnel, de la clôture intérieure forcée. L'homme doit se « remparer », se fortifier comme une place, contrôler ses issues et accès.

Se trouve défini et mis en place un des thèmes importants du salésianisme : l'homme se doit d'être *parmi* le monde (« *emmy le monde* », combien de fois François de Sales emploiera-t-il ce mot ?) mais jamais *du* monde. Si l'eau marine reste pour Monsieur de Genève une image de péril, l'huître cadenassée et protégeant sa perle est une image modèle. L'homme est immergé dans le monde, mais cuirassé contre les infiltrations malignes et les invasions du dehors. C'est dans ce texte que l'on voit d'ailleurs apparaître l'une des figurations du malin salésien : le mélancolique (« *le malin se plaît en la tristesse et mélancolie* », dira-t-il dans l'*Introduction à la vie dévote*).

> « Aux sombres et melancholiques, je me monstreray seulement, comme on dict en commun proverbe, de la fenestre : c'est-à-dire, qu'en partie je me decouvriray a elles, parce qu'elle sont curieuses de voir les cœur des hommes... »

François de Sales fait la ronde autour de son âme, prêt à sonner l'alerte, à ordonner la clôture des murailles.

LE GRAND MORNE

Le Satan salésien est, on le voit, un diable classique, un démon de sobre apparence qui ne brille ni par un apparat plastique particulier, ni par un très grand luxe de manifestation. « *Satan* », « *le diable* », « *le prince de ce monde* ». Nous l'avons vu, François de Sales, docteur de la métaphore, ne s'est pas mis en grand frais de dénomination. Malgré tout, le terme qui revient avec sans doute la plus grande fréquence est « *l'ennemy* ». Un mot ample, au sens vague, général. L'« *inimicus* » salésien n'est malgré tout qu'un agent perturbateur, un trouble-fête.

D'entrée ceci : il n'y a pas, chez François de Sales, de vision de Satan. Rien qui équivale les visions thérésiennes où Satan, doté d'une « forme hideuse », la gueule fendue d'une bouche « épouvantable », revêt l'apparence repoussante d'un « *négrillon* ». On assiste, chez François de Sales à une véritable démédiévalisation du diable. Décorné, équeuté, tondu, inodore, le Démon salésien est terne, fade et insipide. Mais il ne s'agit pas, dans l'esprit du saint, d'un atiédissement de la croyance au Mal, d'une minimisation de la malignité démoniaque qui serait un épiphénomène pervers de son optimisme théologique (ce que, par la suite, on reprochera tant aux théologiens jésuites). Tout au contraire, le Diable est morne car dépourvu d'amour. Si François de Sales est fort d'un inépuisable et scintillant vivier de « similitudes » qui, prélevées à la surface du monde, lui servent à qualifier la splendeur divine, il n'use, à l'égard du malin, que d'un effectif fort réduit et platement banal d'images et de comparaisons. Pourquoi ?

Non que le Malin répugne à la visualité, mais bien plutôt qu'il est dans l'essence même de la malignité d'échapper à la joie, à la gaieté des images. Satan est d'une incomparable tristesse. Satan, c'est le grand Morne. Rien du flamboiement médiéval ou romantique. Satan, qui est-ce ? Laissons-le répondre : « *Je suis ce malheureux privé d'amour...* » Le Diable est inapte à l'oraison car « *[...] il n'y a que lui seul qui soit incapable d'amour.* » À l'essentielle gaieté du cœur dévot, le Diable oppose « *la tristesse et melancholie, parce qu'il est triste et melancholique et le sera eternellement...* » Frappé pour l'éternité d'une accablante tristesse, Satan s'applique à la diffuser chez tous ses possibles suppôts : « *Il voudra que chacun fusse comme luy.* » On a vu émerger, au sein des textes padouans, la figure nocive du mélancolique, celui à qui il importe de ne se montrer que « *de la fenestre.* » L'ennui s'est satanisé au point de devenir un des signes majeurs de la présence du mal. Loin encore le déploiement romantico-médiéval d'une effrayante luxuriance démoniaque (Dante et Milton) : le mal est mat, morne et médiocre. L'homme, ses « *deux plus grands ennemis* » sont « *le diable et le monde.* » La tristesse leur permet de cimenter contre l'homme une alliance offensive. Cette tristesse est le signe typique de :

« [...] l'ennemy infernal, qui par mille suggestions tristes, melancholiques et fascheuses, obscurcit l'entendement, alangourdit la volonté et trouble toute l'ame... »

À la flamboyance punitive qui rôtit, corps et âmes, les damnés, François de Sales substitue une prostration pesante qui fige et engonce l'âme ; le diable comme :

> « [...] un brouillard espais remplis la teste et la poitrine de rume et par ce moyen rend la respiration difficile et met en perplexité le voyageur [...] remplissant l'esprit humain de tristes pensees, il luy oste la facilité d'aspirer en Dieu, et luy donne un ennui et decouragement estreme, affin de la desesperer et de le perdre »[14].

Un diable, on le voit, débarbouillé de sa plastique, de sa bestialité agressive, réduit à un état vaporeux. Il se psychologise, perd en animalité ce qu'il gagne en subtilité intérieure. Il ne viole plus l'œil, mais enlise l'esprit, le plonge dans un état hibernant. La stratégie démoniaque échappe à l'exhibition terrorisante pour s'infiltrer en l'esprit.
Satan ne brûle plus, il engourdit. Un sabotage qui s'effectue en deux temps – paralysie puis dévastation :

> « [...] ayant rendu l'ame troublee par une multitude d'ennuyeuses pensees jettees çà et là dans l'entendement, il se rûe par apres sur les affections, les accablants de desfances, jalousies, aversions, envies, apprehensions superflues des pechés passés, et fournissant une quantité de subtilités vaines, aigres et melancholiques, affin qu'on rejette toutes sortes de raysons et consolations »[15].

Il n'y a là d'effectivité du mal que dans un parasitage et une dérégulation des fonctions amoureuses. Le Diable salésien n'effraie pas, il dérègle, freine, endigue.
Aurait-il à ce point, ce diable perturbateur, renié sa panoplie médiévale ? Non. Subsiste en lui une capacité nocive. Toujours dans ce but de perturber l'oraison, Satan, s'il n'est pas visuel, devient sonore. On assiste, dans la démonologie salésienne à un transfert de l'optique à l'acoustique. À l'affût, il guette l'instant idoine du raffut satanique. S'il y a une image propre au Diable salésien c'est celle du « *clabaudeur* », de l'aboyeur. L'âme est un luth sonore et bien tendu qui vibre vers dieu sous les doigts de la volonté : le saint s'en explique, le 21 novembre 1617, lors d'un sermon pour la fête de la présentation :

« Et tout ainsi qu'un homme qui joue excellement du luth a accoustumé d'en taster toutes les cordes de temps en temps pour voir si elles ont point besoin d'estre rebandées ou bien laschées, à fin de les rendre bien accordantes selon le ton qu'il leur veut donner, de mesme il est necessaire que tous les ans au moins une fois, nous tastions et considerions toutes les affections de nostre ame pour voir si elles sont bien accordées pour entonner le cantique de la gloire de dieu et de nostre propre perfection. »

Mais le diable est là, tapi non loin, Sous les remparts de l'âme, Satan-le-chien fait entendre ses grotesques jappements : « *Nostre ennemy est un grand clabaudeur [...] il a bien crié autour des saintz et fait plusieurs tintamarres...* » Cette agression sonore permet de définir mieux le profil et les pouvoirs inhérents à Satan : le diable n'a pas sur l'homme toute puissance il peut interférer, mettre des « *embusches* » mais reste impuissant. Ses « *tintamares et fracas extreme* » troublent sans tuer. Satan ne peut que perturber le bon cours de l'oraison mais en aucun cas atteindre l'âme de l'orant :

« Ne nous effrayons point de ses fanfares : il ne nous sçauroit faire nul mal, c'est pourquoy il nous veut au moins faire peur, et par cette peur nous inquieter, et par l'inquietude nous lasser et par la lassitude nous faire quitter [...] tenons nos portes bien fermees ; prenons garde a ne point laisser ruiner les murailles de nos resolutions et vivons en paix. Laissons le roder et virevolter l'ennemy : qu'il enrage de mal talent, mais il ne peut rien. Croyes moy, ma chere Fille, ne vous tourmentes point pour toutes les suggestions que cet adversaire vous fera. Il faut avoir un peu de patience a souffrir son bruit et son tintamarre aux oreilles de nostre cœurs ; au bout de la, il ne nous sçauroit nuire »[10].

Écrivant à la baronne de Chantal le 20 juillet 1607, Monsieur de Genève tressaute subitement de joie : il vient « *au courant de la plume* » de lever, de débusquer une belle « similitude » qui lui permet de figurer au mieux l'assaut malin et son échec :

« Vous ne sçavés pas, ma chere Fille, ce qui me vient en l'esprit ? je dis tout presentement, car je suis esmeu a la joye. Je suis ici a Viu, qui est la terre de nostre evesché. Or, les sujetz estoyent anciennement obligès, par reconnaissance formelle, de faire taire les grenouilles des fossès et marecages voysins pendant que l'Evesque dormoit. Il me semble que c'estoit une dure loy, et, pour moy, je ne veux point exiger ce devoir. Qu'elles crient tant qu'elles voudront ; pourveu que les crapaux ne me mordent point, je ne laisszray pas de mourir pour elles, si j'ay sommeil. Non ma chere fille, si vous esties icy, encor ne voudrois-je pas pour cela entreprendre de faire taire les grenouilles ; mais ce vous dirois-je bien qu'il ne les faudroit pas craindre ni s'en inquieter, ni ne penser pas a leur bruit. Falloit-il pas que je disse cela pour tesmoiger que je suis esmeu à rire ? »[17]

Les coassements nocturnes et grotesques des grenouilles démoniaques n'engendrent qu'un mépris amusé chez François de Sales. On a là d'exposé tout l'arsenal métaphorique salésien : l'âme plongée en son confiant sommeil, abritée derrière les remparts de la foi et la grotesque faune marécageuse des tentations malignes qui mène impuissamment grand tintamare à l'entour. Et François de Sales rit, rit en écrivant, chatouillé du bonheur d'une belle image, méprisant de bon cœur le Malin.

Nous l'avons noté dans les textes de la période padouane : il y a une spatialité propre à la spiritualité salésienne qui combine présence et retrait (dans le monde sans être du monde). Le dévôt assume sa « vocation » mondaine mais se fortifie. Le château de l'âme salésienne a remparts épais, murs compacts, portes verrouillées et fenêtres grillagées. Voyant cela, et aux fins de troubler la dévotion, le Diable fait le siège de l'âme :

> « [...] troublees de mille tintamarres que l'ennemy fait autour de nostre cœur, nous suggerant que peut estre ne sommes-nous point aggreables a nostre Maistre et que nostre amour est inutile, ouy mesme qu'il est faux et vain, puisqu'il ne produit point clabaudeur de consolation. »

C'est à un véritable siège que procède le démon :

> « C'est le diable qui va par tout autour de nostre esprit, furetant ey brouillant, pour voir s'il pourroit trouver quelque porte ouverte [...] Laissés le se morfondre et tenes toutes les advenûes bien fermees : il se lassera enfin, ou, s'il ne se lasse, Dieu lui fera lever le siege »[17].

Il ne doit y avoir à l'âme nul *défaut*, de faiblesse ni de faille. La moindre fissure dans l'unité de la muraille, le moindre relachement dans la garde et la place est prise :

> « Hélas ! tu entr'ouvres la porte au diable. Voici le diable qui s'y precipite : vous ne mourrez point. Ceux qui chassent au chevreuil se joignent aux rochers, car s'ils voient tant soit peu d'ouverture ils se fourrent... »

Il reste malgré tout à la créature un réduit inexpugnable que les assauts démoniaques ne peuvent forcer ; il y a en effet « *en nostre forteresse le donjon imprenable, indomptable et quyi ne peut se perdre que par soi-mesme* », c'est la « *volonté libre* ». Parfois, l'assaut n'est plus périphérique, l'ennemi a investi les degrés inférieurs de l'édifice spirituel et agresse les étages supérieurs, menaçant le réduit sommital :

> « La cime de l'esprit *[est menacée par]* la grandeur du bruit et des cris que l'ennemi fait dans le reste de l'ame, en la rayson inferieure, empesche que les advis et remonstrances de la foy ne sont presque point entendus, et ne nous demeure en l'imagnation que ce triste presage : Helas ! je ne seray jamais joyeux. »

À cette agression sonore, à cette turbulence intérieure qui coupe l'âme de la parole divine, et perturbe le concert des voix intérieures (« *son bruit fait que ceux dedans ne s'ent'endent pas les uns les autres a deviser* »), elle se doit d'opposer une riposte. Une lettre d'octobre 1604 à Jeanne de Chantal conseille d'effectuer une « *sortie* », militaire et oratoire :

> « Scavez vous ce que vous ferez pendant que l'ennemy s'amuse à vouloir escalader l'intellect ? Sortés par la porte de la volonté et luy faites une bonne charge ; c'est a dire, comme la tentation de la foy se presente pour vous entretenir. Mais comment se peut faire cecy ? Mais si cecy, mais si cela faites qu'en lieu de disputer avec l'ennemy par le discours, vostre partie affective s'eslance de vive force sur luy, et mesme joignant a la voix interieure l'exterieure, criant : Ah traistre, ah malheureux, tu as laissé l'Eglise des anges, et tu veux que je laisse celle des Saintz ! Desloyal, infidelle, perfide... »[19].

Notons que l'*ennemy* « *s'amuse à escalader* ». C'est presque là une scène de comédie : l'âme s'est muée en une matrone moliéresque face à un diable scapinant, un larron, un détrousseur. Le satan salésien n'est parfois qu'un tireur de sonnette. Un frippon qu'il importe de rosser. Saint François de Sales ou le mépris du mal.

L'ABEILLE ET LA MOUCHE

Pour dire l'âme, François de Sales ouvre Pline et plonge dans l'Arche : le naturaliste antique et le grand abri créaturel lui servent à se constituer un cheptel métaphorique qui se scinde, au fil des ans, entre un bestaire bénin et une faune maligne. La grande parade, animalière et mystique, est un défilé des vices et vertus.

À la crête ultime de la hiérarchie bénigne bruit l'abeille. Il y a chez François de Sales une véritable apicologie mystique. Rien de neuf : Bernard de Clairvaux l'associait déjà à l'Esprit Saint ; on la trouve chez tous les auteurs pieux des XVIIᵉ et XVIIIᵉ s., de Richeome à Fénelon. L'ombre de l'abeille, c'est la mouche. Le diptère malin est l'envers stérile et parasitaire de l'abeille, véritable nonne volante. Une lettre d'avril 1612, adressée aux religieuses de la Visitation, confronte pour un duel d'images mystiques le couple symbolique :

> « Je treuve bien plus heureuse les abeilles, qui ne sortent de leur ruche que pour la cueillette du miel [...] et qui ne font dans leurs maysons et monasteres sinon le mesnage odorant du miel et de la cire ! Qu'elles sont bien plus heureuses que ces guespes et mouches libertines, qui, courans si vaguement et plus volontier aux choses immondes qu'aux honnestes, semblent ne vivre que pour importuner le reste des animaux et leur donner de la peyne, en se donnant a elles mesmes une perpetuelle inquietude et inutile empressement »[20].

On le voit terme à terme, abeilles et mouches se répondent, aux troupeaux policés et fructueux des abeilles répond la horde stérile et nuisible des mouches, à la fleur, l'ordure.

CONCLUSION

François de Sales ne pouvait qu'irriter jusqu'à la répulsion Barbey et Bloy. La raison en est simple : saint François, répétons-le, démédiévalise le mal. Avec lui, Satan n'est plus la pétrifiante vision de l'ange malin, mais une fonction nocive, d'une virulence tout intérieure, dont le pouvoir n'est pas destructeur mais troublant. Inapte à tuer l'amour de l'orant pour son Dieu, Satan ne peut guère qu'infliger de la gène. Il est devenu le grand perturbateur. Une seule solution pour le soumettre : non le combattre, mais le mépriser, le battre comme un enfant, le rosser et l'agonir comme un malandrin ou un rôdeur. Dernière solution, lui faire « *la nique* » :

> « Nostre ennemy est un grand clabaudeur ; ne vous en mettes nullement en peyne, car il ne vous sçauroit nuire ; non contestés point, mais faites luy la nique, car tout cela n'est rien. Il a bien crié autour des saintz et fit plusieurs tintamarres ; mais quoy pour cela ? les voilà logés en la place qu'il a perdue, le misérable »[21].

1• *Lettres à Trébutien*, éd. Blaizot, 1908, t. I, p. 152.

2• *Le Désespéré, Œuvres complètes*, Mercure de France,1964, t. III, p. 179.

3• *Celle qui pleure, Œuvres complètes*, Mercure de France, 1970, t. X, p.150.

4• *Quatre ans de captivité à Cochon-sur-Marne, Œ. c.*, Mercure de France, 1958, t. XII, p. 29.

5• *Le Pèlerin de l'absolu, Œ. complètes*, Mercure de France, 1963, t.XIII, p. 261.

6• *Physionomies de saints*, Victor Palmé, pp. 55-75. À la différence de Barbey et de Bloy, qui font de monsieur de Genève un pôle répulsif, Hello, selon nous, touche plus juste : « *Le sens de la nature est charmant pour saint François de Sales, et charmant pour cette raison même que la nature est pour lui, ce qu'elle est en effet, un moyen et non un but. Elle est l'instrument sur lequel il s'accompagne pour chanter [...] elle est une harpe, et ses doigts, promenés sur les cordes, lancent des sons qui montent toujours* » (p. 59).

7• Avec l'*Imitation de Jésus-Christ* et les œuvres de saint Alphonse de Liguori, l'œuvre salésienne (pour l'essentiel l'Introduction à *La Vie dévote*) submerge, au XIXᵉ siècle, le marché du livre pieux. *Cf.* sur ce sujet : Claude Savart, *Les Catholiques français au XIXᵉ siècle*, Beauchesne, 1985.

8• Jeanne de Chantal, 1er procès, art. 4, cité *in Saint François de Sales par les témoins de sa vie* (abr. : *Témoins*), pp. 57-58.

9• *Histoire du bien-heureux François de Sales, evesque et prince de Geneve*, Vitte éditeur, 1870, pp.13-14.

10• Cité in Œuvres Complètes de saint François de Sales (abrév. : *Œ. c.*), t. XXII, pp. 26-27.

11• *In Témoins*, p. 59.

12• *In* Histoire, p. 15.

13• *In Œ. c.*, t. XXII, p. 21.

14• *In* Traité de l'amour de Dieu (XI, 21), *Œ. c.*, t. V, p. 315.

15• *Ibidem.*

16• *Œ. c.*, t. XIII, pp. 300-301.

17• *Ibidem.*

18• *Œ. c.*, t. III, pp. 9-10.

19• *Œ. c.*, t. XII, p. 356.

20• *Œ. c.*, t. XV, p. 205-206.

21• La matière de cet article est extraite d'un ouvrage sur saint François de Sales à paraître aux éditions Pygmalion.

Monsieur Ouine

Une métaphore du mal

Béatrice Cantoni

J e suis un romancier, c'est-à-dire un homme qui
vit ses rêves, ou les revit sans le savoir. Je n'ai pas
d'intentions, au sens qu'on donne généralement à ce
terme[1].

Ces mots de Georges Bernanos, à propos de son dernier
roman, *Monsieur Ouine*, peuvent servir de garde-fou au
moment de s'aventurer dans cette œuvre étrange, tant on
aimerait identifier des intentions, se raccrocher à une
« visée » de l'auteur quand celui-ci préfère parler de son
« rêve intérieur », d'une marche « dans les ténèbres »
guidée par « une espèce d'instinct analogue à celui de
l'orientation des oiseaux peut-être... » (1. 829).

_____

1. Georges Bernanos, *Monsieur Ouine, in Œuvres romanesques*, Gallimard, La
Pléiade, 1961. Les indications de page après chaque citation renvoient à cette édition. Abréviations : JCC pour *Journal d'un curé de campagne* ; EH pour *Les Enfants
humiliés*. Les numéros des lettres renvoient aux deux tomes de la correspondance
publiée chez Plon, 1971 : *Combat pour la vérité* et *Combat pour la liberté*.

Aussi, quelle genèse difficile ! Neuf ans de luttes dont les cahiers manuscrits portent la trace – un bégaiement prodigieux, dix heures sur une page –, neuf ans de hasards malheureux, de dérobades, la grande reprise de souffle du *Journal d'un curé de campagne*, la guerre d'Espagne et *Nouvelle histoire de Mouchette*, l'exil brésilien et, enfin, quatre mois de recueillement au fond du jardin de sa *fazenda*. « Pris entre la table et le mur, certain de ne pas reculer d'un pouce » *(EH)*.

Là, Bernanos écrit son dernier chapitre, l'agonie de Monsieur Ouine, *ultima* Thulé de son œuvre réelle, celle dont il s'est plusieurs fois détourné, en révolte contre sa nécessité intime. Dès lors il la laisse aller, mal imprimée, tronquée – que lui importe ?

CORPS D'ÉCRITURE

Le dévoilement du mal, thème eschatologique présent dans tous les romans de Bernanos, prend ici la forme dépouillée d'un immense questionnement. Il veut inscrire dans une figure romanesque projective l'expérience du mal et donner corps à cette « énorme aspiration du vide, du néant » *(JCC)*. Car parler du « mal », c'est méditer sur une expérience. Un constat et un désir. Un constat irrémédiable : il y a du mal dans le monde et en moi. Ce Néant néantisant, son anonymat, son déjà-là, sa logique de désagrégation. Et un désir qui a vacillé, qui a triomphé : s'approcher de... De ce « diabole » inséparable de Monsieur Ouine sans pouvoir lui être identifié. Bernanos est certainement parti d'une vision angoissante mais claire, qui faisait appel à bien des compagnonnages littéraires, celle d'un monde déchristianisé qui, pour lui, va être *ipso facto* un monde déshumanisé. Il a dû aller jusqu'à reconnaître en lui-même cette part inhumaine et lui faire face, laisser place entière à l'indicible qui provoque le dire, au voile verbal jeté sur le néant. Non, pas d'intentions : la gestation dramatique, habitée par la terreur du sujet mais animée par la certitude d'écrire une œuvre incomparable (« ce que j'ai fait de plus complet », 1. 355), le prouve assez.

Mais il y a une écriture. Admirable, et rigoureuse, et si belle ! Une paix, un ton tranquille quand le livre flamboie de passion. Celle d'un homme qui se sacrifie comme auteur, ne juge pas, n'intervient en rien dans le miroir cruel d'une expérience si secrète, mais pose sur elle un regard prodigieusement attentif et puise à pleines mains dans « cette espèce de mémoire inconsciente qui me fait ce que je suis, et s'il plaît à Dieu, aussi un poète » (1. 408). Le poème seul, avec sa capacité de questionnement, son jeu liminaire d'images et de mots, son verbe paradoxal, sait donner langue à l'énigme pressentie grâce à lui, et à terme perçue. Il n'y a de salut que dans cette écriture créatrice d'une décréation, d'une perte qui affecte tous les éléments romanesques, de sorte que la seule « vérité » révélée ne peut être que l'unité formelle du roman lui-même. Unité qu'il me faut reconnaître, corps que je dois mettre au jour par une lecture à son tour recréatrice, car de *La Paroisse morte*, premier titre envisagé, à *Monsieur Ouine*, les déplacements et la simplicité croissante de l'écriture reflètent les approfondissements de la vision.

Trois époques, trois corps. Celui, d'abord, de *La Paroisse morte* dont Ouine serait l'anti-prêtre et le faux maître de sagesse, corps qui se défait en eau trouble, avec la puanteur d'une corruption qui envahit lieux et personnages (Ch. I à XIV). Corps d'éloquence, ensuite, tout entier constitué des discours de la polémique, la prophétie et la démence, mais miné par les bâillements des auditeurs et leurs sorties à reculons (Ch. XV à XVIII). Il s'achève dans le monologue grinçant de la sage-femme, placée là comme un dérisoire point d'interrogation face à Monsieur Ouine monstrueusement envahissant, indéplaçable, impossible à faire mourir. L'eau s'est retirée, se réfugie dans ses mains molles et gonflées, l'odeur rentre dans un placard.

Et corps de parole enfin, œuvre dans l'œuvre (Ch. XIX), sans lieu défini et sans saison, sans appel aux sens, sans contour, sans inflexion. Ce n'est pas seulement l'eau qui s'est retirée. Il n'est pas.

FORMES

Figure romanesque ? Satanique, non explicative, éminemment expressive ? Il ne sera peut-être pas inutile de placer, par-ci, par-là, de légères balises théologiques pour signaler la rencontre possible de démarches pourtant radicalement différentes. Dénonçant tout imaginaire, le théologien a recours dans son effort de rationalité et de langage à la catégorie du « Entre » pour exprimer ce à quoi, selon saint Paul, l'homme est confronté sans pouvoir le fixer, dans un combat qui n'est pas dirigé contre « la chair et le sang » (Eph. 6, 12). Le « *Unperson* », le démoniaque, sans visage, ruine de l'être-personne. Un « Entre » qui coupe les hommes les uns des autres et tout ensemble les enchaîne sans se laisser reconnaître (J. Ratzinger).

Chez le romancier, c'est la forme même qui est théologique, qui lui permet de dire autrement cette réalité insaisissable et de la réimposer au lecteur. Et comment sinon par force d'émotion, emportement jusque-là où il ne voudrait pas aller ? Mais la théologie, œuvre magnanime de réflexion et, quand même, d'écriture, se sait, elle aussi, balbutiante devant le Réel non conceptualisable. Littérature et théologie traitent d'un même essentiel dans ce qu'elles ont de plus grand et de plus librement audacieux.

Ecrire le mal ? Essayons de prendre pied dans le roman : d'emblée le sol se dérobe. Des yeux « s'effacent peu à peu, se retirent » (1350), quelqu'un se jette en arrière, un « Non ! » brutal retentit. Puis c'est la chute assassine dans le sommeil, l'aspiration de la chambre au vent du songe, les murs qui battent comme des voiles. La douceur, petit rongeur, traverse une eau perfide. Toute la forme du livre est déjà donnée : logique du rêve, montée des images, une désécriture, un effacement, une béance...

Bernanos fait éprouver cette néantisation de manière sensible dans ce qu'on pourrait appeler une structure d'incohérence, un ensemble de blancs typographiques séparés par des fragments narratifs qui dessinent un jeu d'ellipses et de lacunes. Des énigmes se succèdent, s'imbriquent les unes dans les autres, sortent du champ de vision. Au centre (mais y a-t-il un centre ?) apparaît le cadavre d'un petit pâtre assassiné. Sa présence discontinue crée un foyer d'effervescence dans le village. C'est un cadavre impossible à enterrer comme s'il était caché dans chaque maison (1465). Il y a mort de l'innocent. Qui est homicide ? « Qui a tué le petit valet ? » (1539). Question à laquelle personne ne peut répondre, et surtout pas le lecteur. Les bulles de sens qu'il obtient ne lui servent de rien. Il doit consentir à ne jamais trancher et reconnaître que le point capital de cette structure narrative, qualifiée par Albert Béguin de « nécessaire et parfaite », c'est cet irrésistible glissement qui l'emporte d'une énigme à l'autre.

Dans chaque fragment une plage de réalité s'offre d'abord objectivement, avec des contours nets, puis se déforme, tourne sur elle-même et s'évanouit dans la brume, ou la nuit, ou l'eau qui est silence. L'auteur s'est octroyé l'énergie disloquante et la liberté du rêve pour signifier un monde de la dissemblance, sans alpha ni oméga, à la fois réaliste et fantastique. Presque tous les personnages rêvent. Ceux qui s'y refusent, comme le docteur et la sage-femme habituée à veiller, n'en sont pas moins enfermés dans un monde rond, « un cercle enchanté ». La vie s'épuise dans cette hémorragie du mauvais rêve offert comme analogue métaphorique du Mal. C'est un monde sans communion.

Et Monsieur Ouine ? « Il se prête à tout, il se prête à tous les rêves » (1384). Certains pensent qu'il ne dort jamais, et jour et nuit « observe tout » (1461). À la fin, « il prétend qu'il s'ouvre au rêve comme un vieux bateau pourri s'ouvre à la mer » (1537). De son regard, Steeny, son jeune disciple, ne peut saisir que « la lueur, le reflet, l'expression indéfinissable et d'ailleurs contradictoire, de rêve et de ruse » (1555).

VIOLENCE FAITE

D'un de ses personnages, Bernanos déclare qu'il est « trop peu poète pour avoir mesuré la puissance des images et leur péril » (1488). C'est dans la suite – non pas des événements, mais des images « à peine distinctes et dont le déroulement presque insensible s'accélère tout à coup, affole et martyrise les cerveaux » (1483) –, dans leurs attaques frontales, leur manière d'onduler, de se recouvrir comme des écailles, que l'on commence à déchiffrer ce roman comme une géante métaphore du mystère d'iniquité. Elles tissent une nasse.

C'est un monde qui s'animalise, avec au premier plan les apparitions apocalyptiques de la grande jument de Jambe-de-Laine, la folle complice de M. Ouine. Le ciel s'élance en rugissant, la plaine bat comme la gorge d'un crapaud, la route s'enroule comme une vipère. Insectes, reptiles, poissons, mollusques, carnassiers, animaux rongeurs et suceurs peuplent ce pays maudit. L'animalisation affecte aussi bien objets, idées et sentiments, tout l'ordre du monde. Les personnages muent d'une image à l'autre. Jambe-de-Laine est une araignée noire à tête blanche, une vieille louve, mais aussi un « gigantesque oiseau blessé qui marche sur ses ailes » (1537), un épagneul aux reins brisés. M. Ouine est « un vrai matou, bien luisant, bien gras » (1535), un « vieux renard qui flaire le vent » (1538), une « truite à contre-courant, qui engoule le frai » (1386). Quand il se présente lui-même, il descend au dernier degré de l'animalité : « Comme ces gelées vivantes au fond de la mer, je flotte et j'absorbe » (1368).

De ces profondeurs montent d'autres images du mal, comme une émanation impalpable : la sueur, la vapeur, l'odeur de corruption, l'eau morte, la crasse qui imprègne le château deWambescourt, lieu mythique où « la mort est à l'ouvrage »(1363). L'image maîtresse est celle du bourbier actif et glacé. « La vie entière pue » (1440). Et dans la bouche de M. Ouine, la paroisse morte, amollie par l'ennui, est une vase « diablement active [...] On croit l'entendre bouillir et siffler » (1465). L'ultime étape est le magma où se fondent la foule, la boue, en un lac excrémentiel. La terre et les terreux se défont : il n'y a plus qu'un flot bourbeux dont monte une rumeur comme « cette espèce de feulement des eaux quand l'écluse s'ouvre » (1497).

Sous cette violence visuelle, une autre apparaît, plus insidieuse, engendrée par le vocabulaire du mauvais rêve : effacer, aspirer, pomper, dévorer, ronger, tomber, couler, gueule, piège, poison, gangrène, pente, creux, vapeur, ombre, brume, oubli, rien. Qui voudrait lire *Monsieur Ouine* comme une partition entendrait résonner la « mort » presque à chaque page, sous un *pizzicato* de petites phrases trop simples : « Vous êtes Monsieur Ouine ou rien. » « Il est plus mort que les morts. » « C'est une histoire de rien. » Et celle-ci qui cloue sur place celui qui la prononce : « Chacun de nous peut aller jusqu'au bout de lui-même » (1371).

Violence plus grande encore, faite aux mots. Ils tombent dans un silence béant, collent ensemble, s'évident, se perdent. L'angoisse de mort circule autour de chacun d'eux car ils vont au blanc absolu de l'aphasie, à l'innommable. Cela s'écrit avec des mots, troués. La mémoire s'abolit. On ne peut plus nommer ce qui manque (1509).

Apparaît alors, à un pôle, le beau motif de la langue oubliée, « la langue inconnue », celle que la souffrance enseigne à un petit infirme, celle dont M. Ouine avoue n'avoir jamais pu effacer un seul mot (1384, 1557). Et à l'autre pôle, autour de M. OUIne, comme en-deçà de tout langage, un geignement ou chuchotement incompréhensible, des mots qui sifflent dans l'ombre comme un nœud de reptiles (1548). Livrée au rire et au meurtre, la foule émet « un merveilleux murmure » (1503).

OUINE

En haut de chaque page plane comme une menace le titre même du livre. Tels le « regard dormant [...] qui a l'air de flotter au ras d'une eau grise » (1386), les gestes bizarres, inachevés, du personnage, il signale « un danger proche, certain, hideux » (1363). Voici que je touche à une pire violence, au « oui » qui se dérobe et s'annule, comme un avortement de la parole : « Un retrait beaucoup diffus, comme le dépôt d'une pellicule entre les êtres, ayant pour effet d'empêcher ce que l'Évangile appelle l'Amour. La violence de se tenir hors d'atteinte » (Paul Beauchamp).

Près de sa fin, il dira avoir manqué tout drame moral : « Il n'y a eu en moi ni bien ni mal, aucune contradiction, la justice ne saurait plus m'atteindre – je suis hors d'atteinte –, tel est probablement le véritable sens du mot perdu » (1557). M. Ouine assume calmement et pleinement une neutralité close sur elle-même, le refus de choisir, de prendre forme, la non-participation au milieu de tout ce qui bouge, change et se risque. Il ne se meut que dans l'univers de la pure connaissance logique et froide, il est a-dramatique. Bernanos l'a revêtu des habits de la douceur et l'a coloré de gris. Onctueux, banal. Et même ennuyeux. Profonde intuition : le mal n'a d'autre prestige que son goût d'ennui et de néant, « la dernière disgrâce de l'homme est que le mal lui-même l'ennuie » (1469).

Autour de lui, ses créatures, qui semblent tellement être la matière même de son rêve, tracent les figures du froid, de l'ennui, l'orgueil, la haine de soi, la douceur assassine et, inlassablement, le plus puissant des moyens de désagrégation (1472), l'outrage d'une curiosité « maladive », « presque féroce », « excessive » et « gratuite ». « Quiconque l'approche n'a justement plus besoin d'aimer. Comme d'autres rayonnent, réchauffent, notre ami absorbe tout rayonnement, toute chaleur » (1469) : OUIne, la paresse d'être...

Un seul instant, le lecteur pénètre avec le narrateur dans l'intimité du personnage assis seul, loin des hommes dont il s'écarte. Il s'apitoie sur le malheur d'un enfant qui, espérant soudain l'amitié, laisse jaillir de la part « tout à coup retrouvée » (1473) de son âme, les mots de la langue oubliée. Cette confiance est bafouée, l'enfant subit l'étreinte d'un professeur pédéraste. Le voilà rétabli dans la communauté humaine de la souffrance, des offensés et humiliés. Mais là encore, la scène sordide est envahie par le mauvais rêve, « un autre regard inconnu, vide et fixe, comme d'un mort. »

S'il porte en lui un enfant détruit par un meurtre spirituel initial, le traitement qu'il réserve à Steeny, en qui il voit une nouvelle image de son enfance, une sorte de lente glaciation spirituelle, montrerait qu'il se veut la négation de cet enfant mort ? S'il « n'est pas [...] un démon, mais bien une pitoyable créature humaine, rongée de solitude, de souffrance et d'orgueil » (A. Béguin), c'est à son rêve de pouvoir que le lecteur s'affronte. M. Ouine fabrique du mythe, il se désire personnage satanique, il se donne à lui-même cette vision d'une grande figure du Mal. Il y a là, quelles que soient les séduisantes formules d'indifférence qui lui permettent de jouer sur les désirs des autres, un choix délibéré, une auto-création qui ne peut être qu'une auto-décréation, car « le non à Dieu *défait*, il fait perdre l'unité interne et la cohérence sans lesquelles une personne n'est pas vraiment elle-même » (E. Pousset). Aussi cette foi qu'il n'a qu'en lui, « qui devait jusqu'à la fin lui tenir lieu de tout succès, de tout espoir, de toute joie » (1471), va-t-elle tendre vers l'atonie parfaite, le point mort qu'il appelle « mon point d'équilibre » (1553).

Il se tiendrait donc dans ce lieu qui échappe à tout regard, l'œil du tourbillon où tous les autres personnages semblent entraînés sans rémission, disparaissant un à un ? Dire cela serait lui donner une trop grande victoire et fausser complètement la vision de Bernanos.

TRACES

On peut s'interroger sur le dynamisme de ces créatures, erratiques et démunies, qui se lancent en avant et opèrent une à une leur sortie du pays de la mort, comme si elles voulaient percer le papier pour retrouver la chair et le sang. Elles gardent de l'enfance une part diamantine. Les « mains d'écolière » de Jambe-de-Laine sentent le chèvrefeuille et l'anis, reçoivent le baiser fraternel de Steeny (1361, 1374). C'est elle qui va foncer dans le mur, s'élancer « comme une flamme, comme un cri » (1559). Le maire, dans sa folie, disparaît par une porte oubliée, retrouvée (1527), sur laquelle il écrit « ADIEU » comme un sésame. La main de Ouine a scellé le nom de Dieu sur la bouche de l'enfant (1367) ? Ce qui fait signe alors dans ce paysage transformé en fantasme d'engloutissement et de dévoration, c'est un Dieu silencieux qui va se faire « plus petit, de plus en plus petit » (1508) et cela tient du presque rien, sans saveur et sans bruit : eau pure, pointe de feu. « Le feu, c'est Dieu, que je me dis » (1522).

Dans *L'Imposture*, *La Joie*, tombent d'en-haut le clair de lune, la goutte de pluie comme une goutte de nard. Ici, c'est d'en-bas, de plus bas qu'en-bas, que vient la fraîcheur. Dans l'épaisseur de l'écriture passent de faibles traces de mots, dont le corps signifiant est extrêmement réduit, illisibles pour les personnages, presque inutiles à la marche du récit. Un regard enfantin « comme un fer rouge dans l'eau » (1459), une minute de grâce unique, parfaite, qui jaillit « d'en-deçà de la vie [...] comme un filet de sang tiède »... (1461).

La possibilité de choisir, de « faire face », dit Bernanos, n'est pas anéantie pour ceux qui ne sont pas enfermés dans l'indifférence. Le braconnier Eugène, soupçonné d'être le meurtrier, choisit de mériter l'estime de son beau-père en se tuant pour éviter la honte. Sa jeune femme ne pose pas de question, « elle ne désire que sa volonté chérie » (1479). Grâce à elle, la mort change de signe et devient libre don de la vie, l'amour révèle son « vrai visage ». En quelques pages somptueuses, la mort de ces amants sous les arches végétales est dite en images belles et simples : un vol d'oiseaux, une forêt inconnue au bout de laquelle brille la mer, le double baiser de la double bouche du fusil... Seule tâche réelle du lecteur, faire mémoire quand cette trace fine disparaît ?

STUPEUR

La présence de ce couple, pleinement charnel, pleinement uni, est quelque chose d'exceptionnel dans toute l'œuvre de Bernanos ; *hapax* également dans les dernières pages, la « mort » de M. Ouine, ou plutôt son agonie, car il manque sa mort, ayant manqué sa vie.

Oubliées les énigmes précédentes ! Le récit s'aventure aussi loin qu'il est possible dans l'expérience de la seule mort qui puisse être vraiment mort, le refus du don de la vie jusqu'à s'y soustraire absolument, jusqu'à mourir absolument. Il y faut la plus audacieuse technique, proposant une totale ambiguïté du lieu (« l'ombre », mot musical jeté à dix reprises), du temps (quand est-il mort ? Steeny a-t-il rêvé ?) et du discours (un chef-d'œuvre d'indéfinissable), car il n'y a *rien* à voir. On est à la limite, l'*Entre* est dans M. Ouine, il est plus mort que les morts. Au voir impossible se substitue un dire terrifiant, un mal-dire où s'engouffrent et s'effritent les mots.

Le lecteur doit, pour participer à une expérience aussi rare, accepter de se tenir avec l'auteur au bord d'un espace sans repère découpé par le texte : hors du temps, hors du mouvement, hors de l'amour, hors de Dieu (ainsi parle de l'enfer le jeune curé de campagne), et pour finir, c'est le paradoxe d'une telle entreprise, hors de la parole, hors même de l'écriture.

Celle-ci étonne. Comment la qualifier ? Elle a perdu la saveur violente des premiers chapitres, elle est nue, immédiate, presque transparente pour porter l'opacité du mal. Le mot qui vient à l'esprit est le *respect*, véritablement le contraire de la violence dans un univers où douceur et bonté sont les apanages de M. Ouine ! C'est la négation de toute bonté créatrice qui va se montrer ; aussi la seule émotion exprimée jusqu'à la dernière page est-elle, à juste titre, la stupéfaction, la « surprise à l'état pur » (1551, 1559, 1560, 1562).

Face à Steeny partagé entre l'ennui et l'ivresse, M. Ouine se livre à un glissement continuel de mots et d'images ; il ne peut se fier au silence au moment où il se dévoile à lui-même : « Je me vois maintenant jusqu'au fond, rien n'arrête ma vue, aucun obstacle. Il n'y a rien » (1550). Béance : l'orifice qu'on ne peut remplir, la gueule vorace, l'outre pleine de vent, le vin trop vieux qui ronge la bouteille, la faim d'une nouvelle enfance qui seule pourrait redonner de la substance à une vie tout entière livrée à la jouissance de la convoitise et de l'orgueil, l'armoire à poisons dont la clé est perdue et le poison évaporé. La soif se confond avec une eau morte « sans fraîcheur ni chaleur », polie « comme un miroir de diamant » (1556). M. Ouine n'a rien gravé sur sa vie ni inscrit une syllabe sur celle d'autrui, ni effacé un seul mot de la langue inconnue (1557). Lui-même est « intact », échappant à tout jugement et à toute sentence. Si le péché est le refus de la vie, s'il apparaît comme séparation ontologique, lésion et caricature mensongère d'une communication créatrice, il est déjuridisé, il n'a d'autre peine que lui-même (Paul Ricœur).

Devant Ouine qui halète vers « toute une enfance », l'enfant si avide, si proche de lui, a un petit geste : « La compassion l'emporta cette fois au cœur de Steeny sur l'espèce de curiosité presque féroce qui plus qu'aucun autre sentiment l'attachait à ce maître de hasard. Il s'approcha lentement, posa sur la nuque de M. Ouine sa paume fraîche » (1554).

La compassion était un mot haï de M. Ouine, qui le travestissait en « pourrir avec ». Avec ce très petit geste, Steeny ouvre le cercle clos et s'expose, vulnérable à ce qui tombe de M. Ouine – ce mot « *Rien* » qui « tombe sur le jeune visage tendu comme pour le recevoir. » Mais il demeure l'« *enfant* », qui n'a pas perdu ses yeux « si neufs, si frais » (1547) et qui va se retrouver bientôt « debout, libre » (1550). Sa vague pitié l'ouvre aussi aux mots de la langue oubliée, la « miséricorde, le pardon », jetés au hasard, presque ternes mais assez incisifs pour que M. Ouine se masque à nouveau d'un orgueilleux « C'est moi qui ne suis rien » (1557).

Bien loin de s'unir à sa victime, Ouine s'en sépare dans un dernier repliement, la confession d'un désir sans altérité, *mimésis* sacrilège du jeu créateur de la sagesse divine. Il a porté sur les autres un regard curieux, sans amour, sans respect, il a assouvi sur eux une convoitise sans rencontre et sans joie, qui s'attaquait aux plus humbles et aux plus pauvres : « Leur Créateur ne les a pas mieux connues que moi, aucune possession de l'amour ne peut être comparée à cette prise infaillible, qui n'offense pas le patient, le laisse intact et pourtant à notre entière merci, prisonnier mais gardant ses nuances les plus délicates, toutes les irisations, toutes les diaprures de la vie » (1559). Mais la haine infernale de M. Ouine n'a de prise que sur lui-même : « L'ai-je seulement voulu ? L'ai-je rêvé ? N'ai-je été qu'un regard, un œil ouvert et fixe, une convoitise impuissante ? » (1559).

BLANC

Jambe-de-Laine qu'il avait réduite en servitude, s'est élancée loin de lui. « Vous l'aimiez ? », demande Steeny. De ces mots-là, M. Ouine s'absente. Le blanc est dans le refus de répondre.

À cette place vide se rejoignent les intuitions les plus profondes de Bernanos : l'enfer, c'est de ne plus aimer *(JCC)*, l'enfer, c'est de ne plus être, l'enfer, c'est de ne plus s'aimer soi-même jusqu'à ne plus se connaître. M. Ouine a perdu la capacité d'écoute, de relation. S'il est « possédé », c'est par son manque à être que traduisent les images de la « spire vertigineuse » au « déroulement multiplié » et du « grognement de l'idiot glouton » (1559). Il lui reste à exercer une violence ultime contre lui-même : « Je suis précisément tombé là où aucun jugement ne peut m'atteindre. Je rentre en moi-même pour toujours. « Son *je* orgueilleux s'avorte, moins dans la subversion d'une image évangélique *(JN* 3,4) que dans la façon dont cette image vacille brusquement, se bestialise, devient mue reptilienne : « Il ne m'en aurait pas plus coûté de rentrer dans le ventre qui m'a fait, je me suis retourné positivement, j'ai fait de mon envers l'endroit, je me suis retourné comme un gant » (1560). Se détache à son tour cette pellicule dérisoire qui l'a toujours séparé des autres : dépourvu de tout « secret », ayant perdu le noyau ontologique de l'enfance, Ouine n'est plus qu'une peau morte qui desquame. Un masque insignifiant avec « un œil ouvert, l'autre fermé. » Un cliquetis de rire qui n'a « plus aucun sens humain » (1560).

Pour autant qu'il était possible à Bernanos d'allier écriture et désécriture, M. Ouine n'a plus consistance humaine, ni même écrite. L'homme n'est plus dans l'homme, il n'a plus de poids ni de nom, il n'arrive pas au bout du texte qui se désagrège en un « mince filet limoneux, insaisissable, intarissable »(1451) auquel succède un blanc sans lumière, non susceptible de recevoir une inscription.

« Voici, écrit Bernanos dans une dédicace, ce livre dont je voudrais que l'espérance jaillît des profondeurs de l'angoisse, comme jadis la lumière de celle du chaos. » Et je m'interroge une dernière fois : pourquoi cette écriture est-elle salutaire ? Quel est son principe secret d'unité, d'où vient sa force ? S'être risquée sur la frontière où la foi est vraiment elle-même ? Avoir dit comme indicible ce qui était impossible à dire ? Et comme le théologien, mais avec l'intensité qui est son apport propre, nous parler de l'humanité de Dieu ?

Comme une image

(Fragment inédit)

Alain Blottière

Mais du préventorium, les images que ma mémoire protège avec le plus de méticulosité, conservant tous leurs reliefs, leurs contours et leurs marges, se présentent comme un négatif des autres : j'y tiens le rôle du bourreau. Ce sont des images d'horreur, le souvenir d'une faute longtemps gardée secrète. Ma victime s'appelait Robert. De tous les enfants, de toutes les infirmières, de tous les surveillants côtoyés durant quatre mois de vie commune, je ne me souviens que de ce seul nom (un patronyme, sans doute, car les enfants d'alors ne s'appelaient par leur prénom qu'une fois amis intimes). Comme s'il fallait que ma faute puisse s'incarner, pour mieux me revenir, dans ce nom simple et particulièrement laid. Au lazaret, j'avais élu Robert comme souffre-douleur. Il en avait toutes les qualités : encore plus chétif que moi bien que plus âgé, et surtout, au moins tel qu'il m'apparut quand je le rencontrai, légèrement demeuré. Il semblait ne rien saisir de l'univers dans lequel on l'avait abandonne, deambulait seul et mutique en jetant des regards effarés autour de lui, ne comprenait pas les jeux ni les ordres, faisait pipi au lit. Dans le décor du lazaret, j'ai retenu deux scènes du théâtre de ma cruauté, et la première tient justement au fait que Robert était énurétique. Il pissait au lit la nuit, durant la sieste aussi, et comme il ne paraissait même pas en avoir honte, je m'acharnais à le ridiculiser. Un jour, au sortir de la sieste, je me ruai sur son lit où il était encore et, ameutant tous les autres, arrachai la couverture pour voir s'il avait mouillé ses draps. Ils étaient secs, hélas. Alors j'immobilisai Robert d'une main, et de l'autre appuyai sur son ventre dans l'espoir de le faire pisser. Il se débattit, se mit à hurler, et seuls ses cris de dément me firent lâcher prise. Très déçu, je le laissai en pleurs, conforté dans mon idée que décidément, avec ce crétin, on ne pouvait pas s'amuser.

Quelque temps plus tard, j'essayai autre chose. Cette deuxième scène se déroula sur la grande terrasse du lazaret, qui surplombait des jardins et surtout un vivier sur lequel nous nous penchions – pas trop, car les surveillantes disaient qu'à force de se pencher, des enfants étaient tombés dans le vivier et s'y étaient noyés – pour tenter d'apercevoir des poissons. Nous rêvions aussi, les jours chauds, que ce vivier d'eau trouble se métamorphose en piscine. Cette terrasse, aménagée en terrain de jeux, comptait quelques balançoires, du type jeu de bascule : deux enfants s'asseoient chacun à l'extrémité d'une pièce de bois posée sur un pivot, l'un monte, l'autre descend, et les deux sont heureux. Pour ma part, je n'avais plus l'âge de m'amuser à ce jeu-là. Mais Robert, lui, s'y adonnait à l'exclusion de tous les autres, avec des petits enfants. Accablé par la violence du monde et sa peur, sans doute trouvait-il dans ce doux balancement palliatif un peu d'apaisement.

Je le vis de loin jouer à la balançoire. Je m'approchai, et pris d'autorité la place du petit qui jouait avec lui. Savais-je déjà ce que j'allais lui faire subir ? De cela seulement je ne me souviens plus. Mais Robert était plus léger que moi, aussi la torture s'imposa-t-elle peut-être d'elle même, comme une évidence. Je descendais plus vite que lui, il montait plus brusquement que moi. Lorsque j'atteignais lourdement le sol, lui tout en haut devait s'aggriper fermement aux poignées pour ne pas s'envoler. Il eut peur, dès sa première montée, et voulut quitter la balançoire. Je ne lui en laissai pas le temps : à peine avait-il touché le sol que je reprenai mon élan pour le propulser vers le ciel. Il eut de plus en plus peur. Alors, très calme, à voix basse, je lui annonçai qu'il allait mourir. J'irais de plus en plus vite, et bientôt il ne pourrait plus se tenir aux poignées, il serait éjecté, catapulté vers le jardin, ou dans le vivier, c'était certain, dans quelques minutes il allait mourir, écrabouillé, noyé, mangé par les plus gros poissons qu'on ne voyait jamais car ils restaient dans la vase. Et j'allais de plus en plus vite. Je touchai le sol avec violence, l'ascension de Robert se terminait par un choc qui le désarçonnait chaque fois davantage. Elle me plaisait, cette terreur qui déformait son visage et qui, cette fois trop grande, l'empêchait même de crier. Elle me comblait. Je n'avais pas la moindre intention de tuer ce débile, naturellement, parce que sa mort m'aurait privé du plaisir de contempler son effroi, ses yeux écarquillés, sa bouche déformée par un rictus, ces mains agrippées aux poignées avec l'énergie du désespoir, et aussi parce quelle m'aurait coûté trop cher. Lorsque leur victime expire entre leurs mains, les tortionnaires sont malheureux.

Le dénouement de cette scène ressemble à celui d'une fable édifiante. Il fallait bien que mon jeu cesse, alors, tout en haut, je pris le temps de prévenir Robert : « Cette fois c'est fini, tu ne reverras plus jamais tes parents, fais tes adieux au monde, dans trois secondes tu vas mourir... » Mais avant que je ne m'élance vers le bas, le petit Robert s'échappa de la balançoire, et en même temps qu'il détalait je tombai comme une pierre. J'eus du mal à me relever, mon genou droit avait violemment heurté le sol et me faisait mal. Je ne me souviens pas avoir pensé que j'avais été puni comme je le méritais. Si j'éprouvai de la honte, ce n'était pas d'avoir été cruel, d'avoir commis une faute, mais d'avoir été corrigé par celui-là même que j'avais cru pouvoir impunément humilier, faire souffrir. D'ailleurs, dès ce moment, je cessai de le mépriser. Je boîtai quelques jours, en évitant de le montrer, sans avoir le courage d'aller me faire soigner par une infirmière. Et longtemps ce genou, une fois la douleur passée, demeura complètement insensible. Tout comme ma conscience, qui ne s'éveilla soudainement à une véritable honte que bien des années plus tard, en même temps que le souvenir. La honte, le remords, mais surtout l'étonnement d'avoir été cet enfant-là.

Je me demande si Robert, quant à lui, ne trouva pas dans cette parfaite esquive commandée par la peur, qui fut en même temps sa victoire et sa revanche, le déclic d'une nouvelle confiance et d'une subite vitalité. Il quitta le lazaret et, quand je le retrouvai plus tard, il s'était métamorphosé. Il avait grandi en quelques jours d'une façon stupéfiante et dès qu'il me vit, c'est d'une voix étrangement grave, menaçante, qu'il me traita sobrement de con. Lui seul perça la surface de l'image, lui seul me connut vraiment.

Robert, lui, se souvient-il de moi ? Dans l'étendue que j'imagine de son malheur, ce que je lui ai fait subir s'inscrit-il sur les pages les plus noires, celles qu'on n'oublie pas ? Si oui, dans ses souvenirs d'enfance – qui vaudraient mille fois mieux que les miens d'être racontés –, quelles places respectives tiennent ma torture et sa vengeance ? Même si la seconde l'emporte, je ne vois pas la moindre raison qu'il aurait de me pardonner.

Le comique du mal

Bernard Sarrazin

V*oir sombrer les natures tragiques et pouvoir en rire : voilà qui est divin (NIETZSCHE). Le rire plonge dans le vide de la vie un regard chargé de la violence mortelle de l'être (BATAILLE). Rien n'est plus drôle que le malheur (BECKETT).*

Il y a deux traitements philosophiques du Mal : Héraclite qui pleure, Démocrite qui rit. Et deux stratégies esthétiques pour traiter l'angoisse que suscite le spectacle du Mal ou du Malheur, souffrance ou faute : le tragique – terreur et pitié – qui sublime et sacralise ; le comique – humour ou ironie – qui réduit au trivial et démystifie. Dans notre culture, la première voie est réputée noble, grave et sensée, l'autre basse et frivole ou folle.

LES PHILOSOPHIES RIEUSES
Bien avant Beckett et le théâtre de l'Absurde, Démocrite, selon la légende¹, fit scandale :

« Les habitants d'Abdère sont en émoi. Leur philosophe a perdu le sens commun : il se rit de tout. Deuils et gémissements le font pouffer, il se gausse des douleurs et des peines, s'esclaffe à tout propos, s'esbaudit sans arrêt. Pas de doute, il est fou. Il faut tout tenter pour le sauver, car il n'y va pas seulement de sa santé, mais de la cohésion même de la cité, de l'équilibre de tous, de la paix collective. Hippocrate en personne est mandé. Il vient, examine, écoute et conclut : " Ce n'est pas folie, c'est excesssive vigueur de l'âme qui se manifeste en cet homme. " Ce dont souffre Démocrite, c'est un excès de science. »

Selon R.-P. Droit, ce rire traverse les siècles, c'est le courant plutôt marginal, des pensées qui « rient », de Diogène à Deleuze en passant par Nietzsche, philosophies qui découvrent que la vérité manque et décident que ce n'est pas terrifiant, jouent à défaire les repères, laissent de côté la mort en sachant qu'elle est là. Or « *il se pourrait que dissoudre la signification du monde et de l'existence humaine engendre une angoisse que seul le rire parvienne à surmonter.* » Ce courant aurait toujours existé ; mais au temps des religions et des croyances, il était subversif et marginal, tandis qu'après la « mort de Dieu », il s'élargit et se banalise.

Il est une autre manière de lire l'Histoire. Selon Octavio Paz, la dérision qui rit du Mal comme du Bien, et se joue de tout, « *n'est pas une pratique immémoriale de l'homme.* » Sa naissance coïncide avec celle de l'esprit critique et de la sagesse humaniste qui sait rire du mal ; Paz trouve un bel échantillon de comique du mal dans la scène scandaleuse de cruauté perverse où Panurge, pour se venger, aide les marchands à se noyer, tout en leur assénant un discours édifiant. Et Paz de célébrer cette nouvelle forme d'« humour », caractéristique du roman moderne :

« Ceux qui ne prennent pas plaisir à la scène où Panurge laisse les marchands se noyer tout en leur faisant l'éloge de l'autre vie ne comprendront jamais rien à l'art du roman [...] L'humour [...] est l'éclat divin qui découvre le monde dans son ambiguïté, l'homme dans son incompétence à juger les autres, l'humour, l'ivresse de la relativité des choses humaines, le plaisir étrange de la certitude qu'il n'y a pas de certitude [...], la grande invention de l'esprit moderne ! Il n'est pas là pour toujours : je pense au jour où Panurge ne fera plus rire »[2].

Le Bien et le Mal sont relativisés, le Diable perd sa substance dans la dérision de la répétition et l'éternel retour au chaos primordial. La transgression se fait subversion et se dissout dans un humour de l'indécidable, qui oscille entre sourire et fou-rire.

LE COMIQUE DU MAL OU LE GROTESQUE

Il faudrait donc distinguer entre deux formes de comique du mal ou grotesque : d'une part, un grotesque fondé sur l'ambivalence carnavalesque du rire destructeur et créateur, survivance médiévale d'une croyance païenne aux vertus du chaos (voir les Saturnales et autres rites comiques) revue et corrigée par le christianisme ; d'autre part, une forme nouvelle de grotesque – ambiguë, car il est impossible de dire si son propos est ou non sérieux, hybride car elle provoque un rire qui peut être mêlé d'horreur. Dans l'histoire des rapports du rire et du Mal en Occident, les deux formes se succèdent, puis se superposent et risquent enfin de se confondre.

En régime de Chrétienté, la religion empêchait le retour au chaos : chez Rabelais ou Erasme, la foi cohabite avec cet esprit critique qui joue avec le sens. Quand « Dieu meurt », au XIXᵉ siècle (pour faire court), et que les hiérarchies s'effondrent (elles n'en finissent pas de s'effondrer), le comique ne sait plus où donner de la tête. La sacrosainte distinction du haut et du bas se perd progressivement, avant d'exploser à la fin du siècle[3], dans la modernité. Auparavant, au long du siècle, le grotesque moderne s'était cherché à travers divers rires noirs – que Huysmans puis Breton, enfin tout le monde, appellera « humour noir » –, humour d'abord libérateur puis anxiogène, car il hésite entre le tragique dérisoire et un comique fêlé, cocktail plus ou moins détonant. C'est le dilemme du clown triste, avatar du bouffon shakespearien : est-il sage ou fou ? Faut-il en rire ou en pleurer ? Madame de Staël se posait la question dans *De l'Allemagne* et en disait bien la nouveauté à l'aube du XIXᵉ siècle. Cette question nous mènera jusqu'à Beckett, quand la lame de fond de la dérision généralisée aura tout recouvert sur son passage.

LES AVATARS DU GROTESQUE DU 19ᵉ AU 20ᵉ SIÈCLE

Parcourons d'abord, au moyen de quelques échantillons, les avatars du grotesque moderne allant vers le dérisoire et l'absurde : Jean-Paul Richter, Victor Hugo, Baudelaire et Flaubert. Par rapport à cette tendance, on distinguera ensuite, à la fin du siècle dernier et au milieu du nôtre, le grotesque apocalyptique de Léon Bloy et de Mikhaïl Boulgakov, qui semble allier, sur le mode médiéval, le Carnaval et l'Apocalypse. Mais était-il encore temps ?

Tous réinventent le Diable, plus ou moins objectivé à la manière médiévale, ou intériorisé à partir du concept très théologique et chrétien de la contradiction en l'homme de deux natures, finie et infinie, bonne et mauvaise, mais la première moitié du siècle contraste avec la seconde : Jean-Paul, et son idéalisme romantique, Victor Hugo, et sa religion humanitaire, résolvent avec optimisme la contradiction dans une ambivalence mythique de type carnavalesque que démystifient avec leur pessimisme Baudelaire et Flaubert, cultivant l'ambiguïté moins euphorique d'une dérision déjà moderne. Tous font du Diable un bouffon, mais, dit Max Milner[4], le bouffon romantique – ou post-romantique –, est trop marqué par le moralisme et la culpabilité chrétienne pour inspirer la saine gaieté du rire transgresseur païen. Cependant, la symbolique du Carnaval est devenue un simulacre : les premiers l'ignorent encore, les seconds le savent.

Le Polichinelle de Jean-Paul
ou l'angélisme moqueur

Si forte que soit l'insistance de Jean-Paul sur « *l'infinitude négative* » de son « *sublime inversé* »[5], son Diable est rassurant : c'est, rappelons-le, le Polichinelle des « *anciennes sorties allemandes* » ou de la « *grande diablerie française, quadruple alliance guignolesque de quatre diables* », ou bien cet Arlequin qui venait détendre l'atmosphère avant la flagellation du Christ dans les mystères médiévaux :

> « Idée profonde ! Le diable, vrai monde inversé du divin, grande ombre du monde qui dessine par là même la figure du corps glorieux, je le verrais bien aisément comme le plus grand des humoristes. »

Cette figure euphorique – le diable métamorphosé en Polichinelle sublimé – marque le triomphe du rire sur le diable plutôt que le triomphe du diable. Triomphe fragile par la magie de la fantaisie et l'optimisme incorrigible, sur fond de pessimisme, d'un idéalisme romantique qui résiste au principe de réalité ! Le « *bon Jean-Paul, toujours si angélique, quoique si moqueur* », comme dit Baudelaire[6], a escamoté le diable. Ce qu'on appelle l'ironie romantique, qu'il vaudrait mieux appeler humour ou auto-ironie, hausse le *moi* au-dessus de sa misérable condition par un tour de passe-passe qui n'est qu'un jeu, une fiction fantasque.

Le rictus de Gwynplaine ou « le grotesque cramponné au sublime »

On peut se demander si Hugo ne fait pas de même d'une autre manière, déjà moins euphorique. Lui aussi reste sous l'emprise de la représentation chrétienne du diable et de la nature diabolique du rire, et il l'exorcise par le mythe[7]. La fête des fous qui ouvre *Notre-Dame de Paris* (1831) est conçue comme « *un désordre qui sera vite réduit, le rire reprenant alors sa place d'attribut essentiellement néfaste de la vie du peuple.* » Rire négatif, rire bas. Tel est aussi le rire fou et démoniaque du bagnard, Jean Valjean-Satan : « *Ce lugubre rire du forçat qui est comme un écho du rire du démon.* » Et pour décrire la « *convulsion d'hilarité soulevée par Gwynplaine* » dans la foule, peuple-bouffon, Hugo a les mots d'un Père de l'Église : « *De toutes les laves que jette la bouche humaine, ce cratère, la plus corrosive, c'est la joie. Faire du mal joyeusement, aucune foule ne résiste à cette tentation.* » Hugo a beau prétendre réhabiliter le bouffon, le rire est d'abord abject, il humilie, il dégrade, et il y a quelque chose de tragique – un tragique chrétien –, dans sa description « *dramatique* » de cette « *éternelle loi fatale, le grotesque cramponné au sublime, le rire répercutant le rugissement, la parodie en croupe du désespoir, le contresens entre ce qu'on semble et ce qu'on est.* » Par quelle magie ce grotesque crispé se métamorphose-t-il en humour divinement détendu dans la très belle préface de William Shakespeare (I, 4, VIII) ?

> « Voici que l'art, le grand art, est pris d'un accès de gaieté. Son problème, la matière, l'amuse. Il la formait, il la déforme. Il la combinait pour la beauté, il s'égaie à en extraire la laideur. Il semble qu'il oublie sa responsabilité. Il ne s'oublie pas pourtant, car subitement derrière la grimace, la philosophie apparaît. Une philosophie déridée, moins sidérale, plus terrestre, tout aussi sérieuse que la philosophie triste. »

Plus rien de démoniaque dans ce rire. Ici, Hugo se libère de l'emprise du Diable chrétien avec un humour modeste qui prend acte de la duplicité du désordre vital. Cet humour est plus convaincant que le coup de baguette mythologique – la trop sérieuse mythologie du

Progrès – par lequel Hugo escamote Satan dans l'épopée bien nommée *Fin de Satan* : « *Satan est mort ; renais, ô Lucifer céleste.* » La grandiloquence de ce retournement carnavalesque manquait de drôlerie.

Le diable en clown anglais :
Baudelaire, dernier théologien du rire

En habit de clergyman satanique, Baudelaire joue les Melmoth et sententieusement déclare : le rire est du diable. Et tout le monde le croit – à se demander s'il n'est pas le principal responsable de la fortune aujourd'hui de ce cliché. Or qui lira le traité sur l'*essence du rire*[8] découvrira un discours très élaboré et retors, délibérément paradoxal, qui affiche ses contradictions, chef-d'œuvre d'ambiguïté qui condamne le rire radicalement mauvais pour en faire ensuite l'éloge comme *absolument innocent*. D'une part, en effet, on y retrouve tous les ingrédients de la tradition chrétienne et de ses démêlés avec le rire païen, la double nature et le péché originel ; comme s'il reprenait l'entreprise cléricale du Moyen-Âge : théologisation de la peur, moralisation du péché de rire, Baudelaire répète les arguments de Lamennais et de la *Philosophie du rire* de P. Scudo (1840). Mais cette provocation réactionnaire, cette machine de guerre, est tournée contre ses collègues en littérature romantique : il se moque du bon Jean-Paul, il ignore superbement Victor Hugo, et il invente son propre « grotesque ».

On n'a retenu que le rire négateur de Baudelaire ; or le fou-rire que déchaînent les sanglantes pitreries du clown anglais, où l'horreur se mêle au plaisir, balaie le péché originel, toute religion, tout moralisme, dénie la négativité du rire :

> « Pour je ne sais quel méfait, Pierrot devait être finalement guillotiné [...] Après avoir lutté et beuglé commme un bœuf qui flaire l'abattoir, Pierrot subissait enfin son destin. La tête se détachait du cou, une grosse tête blanche et rouge, et roulait avec bruit dans le trou du souffleur, montrant le disque saignant du cou, la vertèbre scindée, et tous les détails d'une viande de boucherie récemment taillée pour l'étalage. Mais voilà que subitement le torse raccourci, mû par la monomanie irrésistible du vol, se dressait, escamotant victorieusement sa propre tête, comme un jambon ou une bouteille de vin, et bien plus avisé que le grand saint Denis, la fourrait dans sa poche »[9].

Dans cette grand-guignolesque parodie du martyr, le bouffon devient le diable. Mais c'est un diable bouffon qui tombe sur le derrière et éclate de rire dans « *un éblouissant bouquet de coups de pieds, de coups de poing et de coups de soufflet.* »

Le sage qui va à ce spectacle rit-il « *en tremblant* », comme dit une autre partie du traité de Baudelaire ? Peut-être : car à la fin, la culbute ; c'est un retour au chaos ; mais ce cirque ressemble à celui de Frederico Fellini, fin du monde loufoque ; et, comme dit Ch. Mauron, « *dans l'ivresse du Carnaval et le vertige de la bouffonnerie, le péché originel perd son sens* »[10]. Mais pourquoi la critique évoque-t-elle toujours un triste Satan et oublie-t-elle trop souvent cet éloge baudelairien de la folie ? : « *C'était vraiment une ivresse de rire, quelque chose de terrible et d'irrésistible...* » Ainsi s'annonce, dans la grande tradition rabelaisienne, l'ambiguïté du rire moderne dont parlait Octavio Paz, le rire qui tue à la fois Dieu et Diable, le rire non plus ambivalent mais ambigu : « *Enfer ou ciel, qu'importe ?* » Il risque de provoquer des malentendus : pour expliquer le scandale de la première d'*Ubu Roi*, Jarry évoquera, lui aussi, le clown anglais :

> « Il n'est pas étonnant que le public ait été stupéfait à la vue de son double ignoble [...] fait de l'éternelle imbécillité humaine, de l'éternelle luxure, de l'éternelle goinfrerie [...] Vraiment, il n'y avait pas à attendre une pièce drôle, et les masques expliquent que le comique doit être tout au plus le comique macabre d'un clown anglais ou d'une danse des morts... »[11].

Les visions de saint Antoine ou « le comble de l'insanité »

On retrouve chez Flaubert le même parcours, du rire très conventionnel du Diable à une forme originale, le « grotesque triste », qui produit une sorte de rire sans rire. Suzanne Hélien-Koss a bien décrit, depuis les deux premières versions de *La Tentation de saint Antoine* jusqu'à la troisième, cette transformation du folklore médiéval et du satanisme romantique en un produit ambigu[12]. Dans les premiers textes, le nombre des rires d'Antoine, « *ermite naïf et falot* », est restreint : « Sur un total de cent neuf lexèmes du rire, quatre-vingt-dix-neuf sont réservés au Diable et à ses adjuvants [...] le duo stichomythique final se clôt sur un ultime Hah ! hah ! hah ! du Malin ; et l'excipit signale que " *le rire du diable se répète dans l'éloignement.*

Antoine continue sa prière ". » Ce rire disparaît de la version définitive ; apparaît alors Hilarion, figure sous laquelle se cache le Diable, l'ancien disciple, hier « *gai à faire rire les patriarches* », aujourd'hui drôle de nain, « *petit comme un enfant, flétri comme un vieillard* », en compagnie duquel Antoine rit de bon cœur au spectacle grotesque des idoles primitives : « *Antoine et Hilarion s'amusent énormément. Il se tiennent les côtes à force de rire.* » Comme Baudelaire au spectacle du clown anglais ?

Il y a en effet, chez ces deux écrivains, une nostalgie du rire d'enfance, du rire basique, viscéral, celui que regrette aussi le Dieu Crepitus dans *La Tentation* – et qu'ose ressusciter le Pétomane de la Belle Époque ! Crepitus emploie les mots d'Aristophane (*Nub*, 388-391) :

> « J'étais joyeux, inévitablement je faisais rire, et j'arrivais tout à coup, j'éclatais comme un tonnerre, je me suivais en cascade, en déchirement en roulement, en battement ; l'écho des voix répondait à ma musique, et se dilatant à cause de moi, l'homme exhalait sa gaieté par tous les trous de son corps »[13].

Il est remarquable que Baudelaire, pour décrire l'entrée en scène du clown anglais, semble s'inspirer du même passage des *Nuées* :

> « Le Pierrot anglais arrivait comme la tempête, tombait comme un ballot, et quand il riait, son rire faisait trembler la salle ; ce rire ressemblait à un joyeux tonnerre. »

Et la galerie des monstres de Flaubert, « *cette mêlée grouillante et ricanante* » sur laquelle se clôt, comme un hommage à Breughel, dans un frénésie panthéistique, la dernière *Tentation*, paraît nous ramener à un rire archaïque, sacral et cosmique. Mais c'est un sacré parodique, sans Dieu ni Diable : il ne faut pas oublier que la *Tentation* a pour sous-titre « Le comble de l'insanité » : la croyance au Diable comme à Dieu y est *bêtise* et le grotesque, triste comme le rire de Flaubert quand il se regarde, drôle de diable, dans sa glace :

> « L'ironie [...] me semble dominer la vie. D'où vient que quand je pleurais, j'ai été souvent me regarder dans la glace pour me voir ? [...] Cette disposition à planer sur soi-même est peut-être la source de toute vertu. Elle vous enlève à la personnalité, loin de vous y retenir.

Le comique arrivé à l'extrême, le comique qui ne fait pas rire, le lyrisme de la blague est pour moi tout ce qui me fait le plus envie comme écrivain. » *(Lettre à Louise Colet, 8-9 mais 1852.)*

Ici, Flaubert, contemplant son propre visage en larmes, tragique, applique déjà le précepte de Nietzche : « *Voir sombrer les natures tragiques et pouvoir en rire : voilà qui est divin* » – désublimation de soi qui accomplit et retourne la sublimité du *moi* romantique. Dans sa glace, Flaubert joue à se faire peur puis rire ; on ne peut mieux pervertir la tradition du rire diabolique.

Après Dieu, le Diable est mort. Dans cette description lucide et dense d'un rire noir, Flaubert apparaît tout à la fois au bout de l'histoire du Diable grotesque et au début d'une autre histoire : celle des rires qui succèdent à la mort du Diable. Car ce rire mêlé de peur ne se nourrit plus ni de l'ambivalence des choses de ce monde qui inspirait à l'homme médiéval *une peur joyeuse*, ni de la discordance entre le grotesque et le sublime qui provoqua l'ironie romantique puis engendra l'humour noir (« *le mélange du grotesque et du tragique est agréable à l'esprit comme les discordances aux oreilles blasées* », dit Baudelaire dans *Fusées*), mais de l'ivresse du Rien qui suspend le rieur moderne entre l'être et le néant. Ultime manière de neutraliser la peur par le rire, cette « *disposition à planer sur soi-même* » introduit un rire du non-sens, une dérision qui applatit tout, neutralise le sens. Comme dans *Bouvard et Pécuchet* :

« Qu'allons-nous faire ? Pas de réflexion ! Copions ! Il faut que la page s'emplisse, que le monument se complète – égalité de tout, du Bien et du Mal, du Beau et du Laid, de l'insignifiant et du caractéristique... »

Les formes de cette dérision seront multiples à la fin du XIXᵉ siècle et dans le nôtre ; elles risquent de porter le coup de grâce au Diable chrétien.

LE BAROUD D'HONNEUR DE SATAN
CARNAVAL OU APOCALYPSE ?

On comparera pour finir l'entreprise « réactionnaire » de deux écrivains qui ont réintronisé le « vrai » Satan, pour un tour de littérature, dans Paris et Moscou, nouvelles Babylones de la France de la Belle Époque et de la Russie stalinienne. Bloy comme Boulgakov mettent

LE COMIQUE DU MAL ▓

leur lecteur à rude épreuve : en même temps qu'il le font rire, ils lui annoncent la fin du monde. Et le plus beau, c'est qu'au moins pour le second, la prophétie s'est politiquement réalisée : au-delà de la mort, le réfractaire, le dissident a gagné ! Tandis que Bloy, Cassandre du capitalisme naissant, fait toujours figure de prophète qui crie dans le désert, même s'il s'en défend : « *Il est ridicule et blasphématoire de me comparer aux Prophètes. Je ne suis pas et ne veut pas être grotesque !* »[14]

L'apocalypse grotesque de Bloy

On sait que Léon Bloy attendit toute sa vie « *les Cosaques ou le Saint Esprit.* » À défaut des Cosaques, il rencontra les bourgeois, cette espèce de Cosaques grotesques mais redoutables :

> « Le Bourgeois est un écho stupide mais fidèle qui répercute la Parole de Dieu quand elle retentit dans les lieux bas ; un sombre miroir plein du reflet renversé de ce même Dieu quand il se penche sur les eaux où gît la mort »[15].

Cette loi de la réversibilité fonde l'Exégèse des lieux communs : sous « *l'apparente et voulue cocasserie de ce livre terrible* » (lettre à Ph. Raoux du 12 avril 1912), peut se lire ce que cachent le silence tragique de l'Esprit au XXᵉ siècle ou la vacuité comique du discours bourgeois :

> « Le bourgeois profère à son insu, continuellement et sous forme de lieux communs, des affirmations très redoutables dont la portée lui est inconnue et qui le feraient crever de peur, s'il pouvait s'entendre lui-même. »

Par exemple, quand il déclare avec la sagesse des Nations qu'« *il ne faut pas jouer avec le feu* »[16], il annonce le Grand Soir, *Dies irae* dont la Bible donnait déjà une version farcesque :

> « Le Livre des Juges raconte que Samson prit un jour trois cents renards, attacha à la queue de ces animaux un brandon enflammé et les lâcha dans les moissons des Philistins. »

À partir de cette image, Bloy construit son Apocalypse grotesque :

« C'est ainsi que jouait avec le feu le Nazaréen terrible. Je rêve parfois d'un Samson moderne qui mettrait le feu au derrière de trois cents bourgeois et les lâcherait au milieu des autres (pour finir) dans la clameur des tocsins. »

Ces plaisanteries dignes de l'Almanach Vermot qui s'achèvent sur le ton d'une prophétie de malheur où le burlesque trivial culbute dans le sublime infernal, donnent le tournis.

Le professeur en exégèse, qui fait le pitre, feint d'y perdre lui-même son latin :

« Si le *Mieux est l'ennemi du Bien*, il faut nécessairement que le Bien soit l'ennemi du Mieux, car les abstraits philosophiques ne connaissent pas plus le pardon que l'humilité [...] Je prends ma tête à deux mains et je me donne à moi-même des noms très doux : voyons encore une fois, mon cher ami, mon trésor, mon petit lapin bleu ! Un peu de calme, nous retrouverons peut-être le fil. Nous avons dit ou entendu dire que le Mieux est l'ennemi du Bien, n'est-ce pas ? Or qu'est-ce que l'ennemi du Bien sinon le Mal, donc le Mieux et le Mal sont identiques. Voilà un peu de lumière, me semble-t-il... »[17]

Faisons ici une brève parenthèse pour permettre au lecteur de décrypter, sous la pitrerie paralogique, une très étonnante théologie : de même que, dans le temps de la Rédemption, Jésus, ayant pris sur lui le péché, au Calvaire, finit par se confondre avec Satan, comme le Bien avec le Mal (« *Marie tient sur ses genoux la tête du Maudit, la tête infiniment adorable du péché* »[18]), de même, au temps de la Parousie ou de la catastrophe apocalyptique, « Celui qui doit venir », le *Deus ignotus*, pour Bloy le Saint-Esprit, est l'inverse exact, c'est-à-dire l'identique de Satan (« *Il est tellement l'Ennemi, tellement l'identique de ce Lucifer qui fut nommé Prince des Ténèbres, qu'il est à peu près impossible, fût-ce dans l'extase béatifique, de les séparer* »[19]).

·Fermons la parenthèse théologique et revenons à notre raisonnement :

« Oui, mais si le Mieux est vraiment le Mal, nous allons être forcés de reconnaître que le Bien, à son tour, est le Mal d'une façon très incontestable, puisque tous les hommes avouent qu'il est lui-même mieux que le Mal qui est le Mieux et que, par conséquent, il est mieux que le Mieux qui serait alors le Pire !!!??? Zut ! Ariane me lâche et j'entends mugir le Minotaure »[20].

Mugir ou rire ?[21] Farce ou tragédie ? La farce dégénère en débâcle du sens, l'ambivalence carnavalesque débouche sur une ambiguïté d'une ironie tragique. Chez Bloy, cette absurdité ou ce non-sens très moderne a un fondement théologique : quand « Dieu n'existe plus », alors se déploie la comédie grotesque du Mal. Et le Mal est partout : l'œuvre réputée satirique de Bloy la met en scène. Ce « catastrophisme jubilatoire » (J. Royer) se manifeste par exemple dans l'éclat de rire provocateur avec lequel Bloy accueille, « *pour exaspérer les imbéciles* », la nouvelle de l'Incendie du Bazar de la Charité, le 5 mai 1897. La tragédie trinitaire qui, chez Bloy, fait de la troisième Personne divine un va-nu-pied errant, s'exprime aussi dans les *Histoires désobligeantes* sous les plus prosaïques travestissements : « *Captif à Longjumeau* », tueur à gage mais « *amant désorbité de la gémissante Loulou* » (« *On n'est pas parfait* »), signalé par toutes les polices du monde, Dieu, pour qui sait lire, y est vraiment l'Inattendu. M. Renard, qui L'incarne dans une « Une recrue », avoue d'ailleurs : « *C'est vrai, [...] je m'entends à la plaisanterie. J'ai fait quelques fois d'assez bonnes farces qui ont eu un certain retentissement...* »[22].
Ce rire théologique culmine dans celui de la Femme de l'Apocalypse que Bloy a cru retrouver dans le livre biblique des *Proverbes* : en entendant un sermon : « *Mot d'un prédicateur parlant de Marie : " Elle sourira au dernier jour ! "* » Bloy rejette cette « *traduction saint-sulpicienne et bondieusarde du Texte terrible : " Ridebit in die novissimo " (Proverbes, 21, 25), concordant avec celui-ci : " Ego in interritu vestro ridebo, et subsannabo, cum vobis id quod timebatis advenerit "* »[23]. Ce rire féroce de Dieu est, dans la Bible, l'exact écho du rire de l'insensé qui, sa vie durant, s'est moqué de Dieu. Bloy l'appelle aussi « *la dérision en retour* ». Il semble impossible de le distinguer du rire triomphal de l'Apocalypse :

> « Il y aura, un jour, une Mariée dont l'approche fera claquer les portes du ciel et qui sera si belle qu'on ne pourra pas la distinguer de la Foudre. C'est Celle dont il est écrit qu'« Elle rira au dernier jour " »[24].

Ce dernier rire correspondrait bien à « l'humour blanc » dont parle M. Tournier :

« Il y a un comique cosmique : celui qui accompagne l'émergence de l'absolu au milieu du tissu de relativité où nous vivons. C'est le rire de Dieu [...] L'homme qui rit blanc vient d'entrevoir l'abîme entre les mailles déserrées des choses. Il sait tout à coup que rien n'a d'importance. Il est la proie de l'angoisse mais se sait délivré par cela même de la peur [...] Léon Bloy, prophète de l'absolu, mendiant ingrat et pélerin de l'Apocalypse n'était pas comme Pascal l'homme qui cherche en gémissant, c'était le grand cosignataire des vérités clamées dans un rire rugissant » [25].

Tournier a raison à une réserve près, qui est de taille : Bloy rit blanc et noir[26] ; il articule paradoxalement ce rire blanc avec le rire noir de la clownerie baudelairienne, cette forme bâtarde, entre grotesque et tragique, qui annonce la « mort » du Dieu dont, selon W. Benjamin, Baudelaire porte le deuil. Chez Bloy, le rire de Dieu, dans le vertige de la réversibilité, se confond vite avec le rire du Diable ; la clownerie bloyenne articule incompréhensiblement sur une angoisse métaphysique la jubilation de la foi. Dans les deux premières syllabes du mot de Cambronne[27], Bloy lisait l'anagramme des deux premières du mot Rédemption : c'était pour lui le Schibboleth de l'Absolu :

« Il n'y a rien à faire avec vous, m'a dit une dame. Vous marchez dans l'Absolu. – Dans quoi voulez-vous donc que je marche, ai-je répondu » (*Le Mendiant ingrat*).

Cette plaisanterie scatologique – eschatologique ? – signifie que pour Bloy, le Mal existe absolument, comme Dieu et en Dieu, sans qu'on sache très bien si c'est une farce ou une tragédie.

L'apocalypse grotesque de Mikhaïl Boulgakov

L'apocalypse de Bloy restait éclatée dans les images et les figures erratiques de l'œuvre. Boulgakov, lui, élabore, entre 1928 et 1940, un monde dans *Le Maître et Marguerite*[28], ce roman fantastique dont les personnages sont le diable, un écrivain suicidaire, un chat géant, Jésus et Ponce Pilate, la plus belle femme du monde... Cet homme malade et désespéré, réduit au silence pendant dix ans (Bloy parlait déjà de *conspiration du silence* !) exorcise par la littérature la Terreur stalinienne des années trente. Il le fait en combinant deux structures : d'une part le retournement apocalyptique d'une fin du monde – le dénouement célèbrera la « mort de la Mort » (« *Ô Mort, où est ta victoire ?* ») –, d'autre part, le renversement carnavalesque – le totalitarisme démystifié par le rire : en ces temps d'Abomination, le Diable débarquant à Moscou en la personne de Woland, professeur de magie noire, fait triompher la vérité et anéantit le monde… soviétique par le rire – à la fin du livre, la ville de Moscou s'effondre fantastiquement comme Babylone ; mais la seconde venue du Messie reste en pointillés… L'écrivain, sorti de l'asile, s'envole dans les Limbes.

Le dessein initial du roman était de réagir à la grossière propagande anti-religieuse des années vingt. La revue *Le Sans-Dieu* représentait Jésus sous les traits d'une crapule. Comme une réponse et un défi, Boulgakov va se livrer non sans ambiguïté à une orchestration humoristique des forces de l'irrationnel, de l'imaginaire, du surnaturel et du spirituel, opposées aux certitudes d'un positivisme obtus et meurtrier. Dans deux récits croisés, il raconte, d'une part, les mauvais tours joués par le Diable et sa clique aux Moscovites – au grand dam des rationalistes athées qui lui dénient l'existence – ; d'autre part, il réécrit à sa manière dans une sorte d'évangile apocryphe, la Passion de Jésus, doux utopiste, pacifiste perturbateur, condamné pour avoir dit que tout pouvoir est une violence d'État.

Ainsi, le livre et la vie, la réalité et la fiction se répondent en écho et en abyme, sous la double modalité du trivial et du sublime, du tragique et du burlesque. Boulgakov, multipliant les motifs infernaux et bouffons du folklore et de la littérature européenne, gœthéens ou hoffmaniens, met en scène la comédie du Mal. Woland, accompagné d'un duo grotesque unissant le monde de la pègre et celui du cirque, comme le clown anglais de Baudelaire, le grand sec Koroviev et le chat noir Béhémot, petit et gros, actualise pour le XXᵉ siècle, au « Théâtre en liberté des Variétés » de Moscou, le carnaval médiéval, dans une séance de prestidigitation qui tient du music-hall et du café-concert. Sinistre carnaval ! Les « disparitions magiques » qu'il opère sur scène renvoient aux arrestations en série des années trente. Les dames se retrouvent toute nues dans les rues de Moscou comme, sur scène, les âmes noires des citoyens-modèles du socialisme dont le diabolique magicien dévoile au public hilare les turpides, peurs, mensonges, lâchetés, combines, et tous les faux-semblants d'un univers policier et carcéral : « *" Est-il possible qu'il y ait des escrocs parmi les habitants de Moscou ? ”, demande le magicien avec angoisse* »[29]. La Révolution n'a pas créé d'Homme Nouveau !

Tous les genres de comique du mal sont mobilisés par Boulgakov, de la satire au roman d'épouvante gothique. La scène du Griboïedov, le restaurant de l'intelligentsia communiste, est la variante grotesque du Bal de Satan qui évoque ensuite l'Enfer : Marguerite, devenue sorcière par amour (elle sauvera ainsi le Maître), préside ce Bal et accueille, pour un dîner aux chandelles, les squelettes des grands criminels de l'Histoire, déboulant l'un après l'autre de la cheminée pour lui être présentés :

> « Le Comte Robert, glissa Koroviev à Marguerite. Il est aussi beau qu'autrefois. Et j'attire votre attention, reine, sur le comique de la chose : celui-ci, c'est le cas contraire, il était l'amant d'une reine et il a empoisonné sa femme »[30].

Le « comique de la chose » ! On serait tenté, sur le versant sérieux, de faire une lecture gnostique du roman. Y apparaît en effet le thème du Prince de ce Monde, démiurge vengeur qui règne sur un univers plongé dans les ténèbres, l'intérêt marqué pour les prophéties de l'Apocalypse et la représentation cyclique de la venue de l'Antéchrist et de la fin du Monde, le thème de la chute de la cité maudite, le vrai Dieu étant le Bien, le « monde » étant le Mal – qui n'existe pas. Mais Boulgakov ne prend pas à son compte le rêve gnostique ; il en crédite Matthieu Lévi, l'auteur évangélique – présenté dans le roman comme un disciple dévoyé et stupide qui n'a rien compris au message christique. C'est lui qui veut poignarder Jésus pour lui éviter la Passion et qui se retourne contre le Dieu biblique : « *Je me suis trompé... Tu es le Dieu du Mal, le Dieu noir, dieu des brigands* »[31]. C'est lui aussi qui montre à Pilate des écrits évoquant les métaphores gnostiques :

> « [...] La mort n'existe pas... Hier nous avons mangé de délicieux melons de printemps [...] Nous verrons le pur fleuve de la vie..., l'humanité regardera le soleil à travers un cristal transparent... »[32].

Boulgakov prendrait-il plutôt à son compte la réponse de Woland à Matthieu Lévi :

> « À quoi servirait ton bien si le mal n'existait pas, et à quoi ressemblerait la terre, si on en effaçait les ombres ? »[33]

Cette réplique correspond assez bien à la citation du *Faust* de Goethe qui sert d'épigraphe au roman :

> « Qui es-tu donc à la fin ? – Je suis une partie de cette force qui éternellement veut le Mal et qui éternellement accomplit le bien. »

Le comique du mal consisterait-il en ce qu'il fait le bien sans le savoir ? Nous retombons dans les paralogismes de Léon Bloy. Le double dénouement donné par Boulgakov à son roman, dont l'épilogue contredit le dernier chapitre, montre qu'il hésite entre deux hypothèses, l'Apocalypse ou l'Éternel retour.

Ou bien le livre illustre l'idée de la coïncidence et de la sempiternelle réversibilité des deux pôles du bien et du mal : Woland est un grand joueur d'échecs, et la confusion qui règne sur son échiquier donne une bonne image du *Jeu* dans lequel M. Bakhtine lisait « *une sorte de formule universaliste de la vie et du processus historique : bonheur- malheur, ascension-chute, acquisition-perte, couronnement-détrônement* »[34]. Dans ce cas, il n'y a pas d'autre fin possible qu'un idéal imaginaire, pour transcender la triviale réalité : tout se perd dans le brouillard. C'est semble-t-il le sort que réserve Boulgakov à son héros quand il le fait s'envoler, dans une ultime cavalcade céleste avec Marguerite, vers une éternité de repos dans une contrée aux couleurs du romantisme allemand : la fin du roman n'ouvre pas sur des Cieux nouveaux ; le Maître, ce Faust parodique, « *n'a pas mérité la lumière, il n'a mérité que le repos* »[35]. Ou bien il y a une fin. Le Mal aura une fin. C'est cette conviction latente qui donne toute sa puissance à la dérision. Pour l'heure, on en reste au triomphe apparent du Mal. L'épilogue raconte donc sur le mode trivial et farcesque l'abomination de la désolation. Après l'envol du cortège infernal, on revient à la prosaïque réalité : le régime soviétique retrouve son assiette :

> « Les représentants des autorités, aidés de psychiatres expérimentés établirent que les membres de cette bande criminelle [...] étaient des hypnotiseurs d'une force peu commune »[36].

Le coup était prévisible :

> « On serait beaucoup plus tranquille si on pouvait vous considérer comme le fruit d'une hallucination..., dit le Maître.

– Eh quoi ! Si cela doit vous tranquilliser, considérez-moi comme tel,
répondit courtoisement Woland »[37].

Mais le Maître croit que le Bien et le Mal existent, cela lui vaudra
même d'être envoyé en clinique psychiatrique avec d'autres malades
mentaux ! Tout le roman affirme avec force le primat du postulat
éthique. Le retour à l'ordre n'est donc qu'une tragique pantalonnade :
« *Tout fut expliqué, et l'enquête prit fin comme toute chose.* » Cet épilogue dérisoire est le contraire d'une révélation, une apocalypse à
l'envers, une farce grotesque.

CONCLUSION : LA FARCE PEUT-ELLE ENCORE EXORCISER LA TRAGÉDIE ?

Dans un article paru à la mort de Beckett, Alfred Simon, s'interro-
geant sur la réception par le public des deux figures du clown et du
clochard, « *la face désolée et la face hilarante indéfiniment réversible
de la créature beckettienne* », écrivait :

> « Le public n'a cessé de se diviser entre ceux qui recevaient avec
> angoisse les grimaces du clown triste et ceux que cette pitrerie méta-
> physique faisaient rire. Telle est la grande ambiguïté beckettienne. Le
> malheur et le comique de l'homme ne sont pas seulement insé-
> parables, ils sont le paroxysme l'un de l'autre »[38].

Nous avons vu comment, depuis deux siècles, sous le signe de la
« Mort de Dieu », toute une lignée d'écrivains, chacun à sa manière,
avant Beckett, avait fait naître « *la plus grande joie* [à partir de] *la
plus totale désolation* », à travers différentes formes de grotesque ;
nous avons constaté que l'ambivalence carnavalesque héritée du
Moyen-Âge, tendait, dès lors qu'elle n'était plus soutenue par une
croyance mais par l'esprit critique de la modernité, à neutraliser
toutes les valeurs, cependant que des écrivains comme Bloy et
Boulgakov rendaient vigueur à l'antinomie du Bien et du Mal demandant à la dérision bouffonne de creuser la tragique différence.
Aujourd'hui, l'homme moderne, aussi tenté par l'apocalyptisme que
par la dérision, se trouve, quand il rit, pris dans un dilemme. « *Rien
n'est plus drôle que le malheur* », déclare, dans *Fin de partie*, Nell,
– sans jambes, et promise à une mort imminente – à Naag qui n'est
pas d'accord. « *Si, si, c'est la chose la plus comique du monde.* » L'iro-

nie alors tend alors vers le rien, aplatit et réduit tout à « *l'inessentiel* ». Cette neutralisation risque de dégénérer dans l'insignifiance du rire médiatique[39]. À l'opposé, dans la lignée bloyenne ou boulgakovienne, un Tadeusz Kantor, non moins clownesque et pathétique, croisant la modernité avec le religieux et, sur le mode d'une danse macabre, creusant la catastrophe ontologique, engage la bataille apocalyptique contre la bêtise moderne :

> « Aujourd'hui, dans cette société de consommation universelle en dégénérescence [...] compromettre et démasquer ce misérable petit matérialisme [...] par la raillerie, la provocation, la mystification du cirque de notre époque apocalyptique. »

Dans un article récent, Pierre Lepape regrettait « le temps heureux où l'on pouvait jouer avec le diable », parce que le diable existait et que « le rire est lié à l'insurrection »[40] ; mais, répliquerait Philippe Sollers, « comment désigner sans rire, de nos jours, quelqu'un incarnant le mal ou l'infâme ? » Ou, autrement dit, « dans un monde de simulacres, empoisonné par le fantôme d'une impossible transcendance » (ainsi parle Cioran, autre ironiste apocalyptique), la farce peut-elle encore exorciser la tragédie ?

1• R.-P. Droit, « Un rire traversant les siècles », compte-rendu du livre de J. Salem, *La légende de Démocrite*, éd. Kimé, *in Le Monde*, 15 mars 1996.

2• Cité par M. Kundera dans une émission sur *Le Rire et le sacré*, *in* « Les Chemins de la connaissance », France-Culture, septembre 1994.

3• *Cf.* D. Grojnowski, Bernard Sarrazin, *L'Esprit fumiste et les rires fin-de-siècle*, anthologie, Corti, 1990.

4• M. Milner, *Le Diable comme bouffon*, *in Romantisme*, n° 18, 1978.

5• J.-P. Richter, *Cours préparatoire d'esthétique* (1804), trad. A-M Lang et J.-L. Nancy, *L'Âge d'homme*, 1979.

6• Ch. Baudelaire, dans le compte-rendu de *La*

Double vie d'Asselineau, *L'Artiste*, 9 janv. 1959. *Cf.* B. Sarrazin, « Prémices de la dérision moderne, de Jean-Paul à Baudelaire », *in Romantisme* n° 74, pp. 37-47.

7• *Cf.* A. Pessin, « Figures de la dérision dans le mythe du peuple », in *Babel*, n° 132 (La Dérision, Le Rire).

8• Ch. Baudelaire, *Curiosités esthétiques*, « De l'essence du rire et généralement du comique dans les arts plastiques. » Œuvres complètes, Bibl. de la Pléiade, t. II, 1976.

9• *Ibidem*, pp. 538-539.

10• Ch. Mauron, « Le rire baudelairien », *in Europe*, numéro spécial, 1967.

11• A. Jarry, « Questions de théâtre », *in La Revue Blanche*, 1897.

12• S. Hélien-Koss, « Le rire dans La Tentation de saint Antoine », *in Romantisme*, n° 74, pp. 65-71.

13• Cité par H. Ronse dans une note, *in La Tentation de saint Antoine*, Le Livre de Poche, p. 320.

14• Les références renvoient à *Œuvres de Léon Bloy*, (Œ. B.), édition établie par J. Petit en 15 volumes, Mercure de France, Œ. B. XIII, p. 142.

15• *Exégèse des lieux communs*, Œ. B., VIII, p. 56.

16• *Ibidem*, pp. 132-133.

17• *Ibidem*, p. 23-24.

18• *Le Symbolisme de l'Apparition*, Œ. B., X, p. 100.

19• *Le Salut par les juifs*, Œ. B., IX, p. 75.

20• *Exégèse*, Œ. B., VIII, p. 24.

21• J. Royer se pose la question dans un article où il étudie le concept de *subsannation* chez Bloy : « Celle qui pleure et celle qui rit ou le secret de la subsannation », *in La revue des Lettres modernes*, « Léon Bloy », n° 2, 1994. Ce numéro est entièrement consacré au *Rire de Léon Bloy*.

22• *Histoires désobligeantes*, Œ. B., VI, p. 285.

23• *L'Invendable*, Œ. B., XII, p. 254 : « J'éclaterai de rire et je me moquerai de vous, quand vous serez dans les affres de la mort ». *Cf.*, X, p. 39.

24• *Exégèse*, Œ. B., X, p. 100.

25• M. Tournier, *Le Vent Paraclet*, éd. Gallimard, 1977, pp. 193-195.

26• M. Kundera distingue aussi le rire des démons et le rire des anges : « S'il y a dans le monde trop de sens incontestable (le pouvoir des anges), l'homme succombe sous son poids. Si le monde perd tout sens, (le pouvoir des démons), on ne peut pas vivre non plus. » *Le Livre du rire et de l'oubli*, Gallimard, Folio, 1987, pp. 100-102.

27• *Sueur de sang*, « Le Mot », Œ. B. VI, p. 177.

28• M. Boukalkov, *Le Maître et Marguerite*, première publication, 1966 ; intégrale, 1973. Trad. Cl. Ligny, éd. R. Laffont, 1968, Pocket, 1994.

29• *Ibidem*, p. 289.

30• *Ibid.*, p. 363.

31• *Ibid.*, p. 251.

32• *Ibid.*, p. 442.

33• *Ibid.*, p. 482.

34• Cité par M. Gourg, *ibidem*, p. 351, note 1.

35• *Ibid.*, p. 483.

36• *Ibid.*, p. 518.

37• *Ibid.*, p. 390.

38• *in Le Monde*, 27 décembre 1989.

39• *Cf.* B. Sarrazin, *Le Rire et le Sacré*, DDB, 1992.

40• P. Lepape, « Le rire pour quoi faire ? », *in Le Monde*, 23 mars 1993.

Melmoth, le témoin

Nicole Caligaris

1820 : près de quatre-vingts ans avant *Dracula*, le mort-vivant de Bram Stoker, l'Irlande engendre par la plume de l'excentrique révérend Charles-Robert Maturin, un personnage retentissant de la lignée des grands Faust : *Melmoth, the wanderer* – l'homme errant.
Passée un peu vite aujourd'hui sous le clic « gothique » – une indulgence : c'est l'épithète de la camelote – malgré l'auguste doigt d'André Breton qui l'exhuma de la décharge des Lettres, cette chose épaisse[1] plutôt curieuse, mérite qu'on ne la perde pas mais qu'on la tienne au contraire pour puissamment littéraire, à la suite de lecteurs aussi prestigieux que Dumas, Hugo, Balzac, Baudelaire, Delacroix, Villiers de l'Isle-Adam, Isidore Ducasse, Oscar Wilde, pour s'en tenir au XIXᵉ siècle. Visitant chacun son tour qui le tragique personnage, qui l'épouvantable nom, ils attestent en Melmoth l'exercice magistral de la fascination.

Regard brûlant, rire glacé, Melmoth erre pendant cent cinquante ans à la recherche d'une âme pour soulager la sienne de sa peine sans pardon.

L'ÉPINE PARADOXALE

Malheureux de la terre, Melmoth vous guette ; d'un mot il vous conduit au bord de la malédiction et vous penche, petits tremblants, d'une poigne toute bienveillante, comme si c'était l'espoir, ce gouffre. Melmoth vous veut du bien. Alors ? Oui ou non ? Votre parole ?

Construction inspirée des *Mille et une nuits*, le roman met en place un mécanisme à ressort : toute une chaîne de récits à tiroirs plonge le lecteur jusqu'à quatre niveaux de narration au-dessous du zéro de départ*. On retrouve le truc dans un roman d'horreur initiatique passé inaperçu à l'époque : *Le Manuscrit trouvé à Saragosse* du Polonais Jean Potocki[2]. Bel exemple de mise en abîme. Plus précisément, il s'agit de ce que la logique nomme un processus récursif, c'est à proprement dire un processus qui revient en arrière. Là où la mise en abîme fait valoir l'ordre solaire de la mise à jour, le processus récursif s'inscrit dans les replis, dans l'ombre des enrobements. Au lieu de progresser d'un récit l'autre comme dans *Le Moine*, de l'Anglais Lewis (1795), le lecteur de *Melmoth* tournoie dans une architecture de cercles concentriques qui se referment autour de l'insaisissable personnage. En termes de blason, la mise en abîme place un écu au milieu d'un écu et, plus généralement, c'est une œuvre encastrée mais surtout montrée dans une œuvre de même genre. Le processus récursif consiste à suspendre un niveau d'opérations pour effectuer des sous-opérations qui en sont dépendantes et revenir ensuite au niveau initial ou continuer à un autre niveau inférieur, revenir et ainsi de suite.

Les cercles de Dante, imbriqués l'un dans l'autre et impliqués l'un par l'autre...

Melmoth est ainsi construit : chaque récit est un développement caché dans le récit supérieur. Le plus profond du roman, le « récit puits » du niveau -4, atteint à cinquante pages de la fin du texte, recèle l'histoire de Melmoth le voyageur, racontée par un ecclésiastique jamais nommé, suggérant peut-être le pasteur Charles-Robert Maturin, l'auteur[3] :

---

* *Cf.* annexe pour le script d'ensemble et la table d'orientation.

« N'en demandez pas davantage, *termine-t-il*, vous savez déjà plus
qu'aucune oreille humaine aurait jamais dû entendre, aucun esprit
humain concevoir » (p. 607).

Visiteur assidu des âmes terrassées par le sort, l'homme errant
traverse ces multiples strates narratives et c'est lui qui en est le lien.
Impliqué dans chaque histoire, Melmoth est l'atre noir autour de quoi
tournent les anneaux du roman. Melmoth est impliqué au sens premier d'être engagé dans une sale affaire. La construction du roman
est un signe de ce lien-là qui n'est pas anodin pour une histoire d'âme
damnée. L'errance y est remontée au lecteur. La quête inaboutie, le
cercle de celui qui revient à soi sans résoudre sa condition d'homme
perdu. Melmoth – la question du Mal est posée : un effet de paradoxe
où l'esprit s'enlise à vouloir se déprendre.
Comme force du Mal, le raisonnement est à l'œuvre, libéré par le
désespoir dans la conscience des captifs. Le livre est une longue varia-
tion sur le désespoir, chaque épisode donné en *exemplum* du dernier
stade. Et au fond de l'impasse, Melmoth est là, qui visite le misérable : « *J'ai le pouvoir de vous délivrer* » (p. 63).

LA DISPENSE DES LOIS

Le célèbre voyageur, qui hante Baudelaire et traverse nombre de ses
textes, est avant tout voyageur hors du commun, c'est-à-dire hors des
mesures communes de l'existence humaine. Et son rire manifeste sa
terrible exception. Voici venir Melmoth, le dissemblable, le mauvais
prochain :

« On a dit de moi que j'avais obtenu de l'ennemi des âmes une existence prolongée bien au-delà du temps ordinaire, avec le pouvoir de
traverser l'espace sans trouble ni délai, et de visiter les régions les plus
éloignées avec la promptitude de la pensée ; j'ai pu, dit-on, braver la
foudre sans espoir d'être frappé, et pénétrer dans les cachots en dépit
des portes et des verrous » (p. 653).

Hors des conditions de l'humanité, par-dessus tout, Melmoth est hors
de la communauté des hommes, comme Peter Schlemihl, l'homme sans
ombre, son prédécesseur de peu en damnation et en errance[4]. Mais
quand Schlemihl est au plus bas, méprisable, impuissant, Melmoth,
hors d'atteinte des éléments, hors des contraintes de l'espace, du temps

et du penser civil, se tient dans une liberté grandiose, avec une morgue que Lautréamont développera pour son personnage de Maldoror. Libre d'exercer sa volonté sur les choses, Melmoth est libre d'exercer son esprit sur les idées, son mépris sur les hommes barbotant dans le filet des propositions convenables – donc convenues – ; et c'est ce qui entre pour beaucoup dans le rayonnement littéraire du personnage, cette surhumanité à laquelle Baudelaire donne son petit aspect dandy : « Quoi de plus grand, quoi de plus puissant, relativement à la pauvre humanité que ce pâle et ennuyé Melmoth ? »[5] Chez Balzac c'est une condition de richesse inépuisable et surtout, transmissible d'âme damnée en âme damnable[6]. En même temps se transmet son amère contrepartie : la lucidité, le sentiment de solitude. Melmoth ouvre la voie de la puissance à Zarathoustra, à Héraclite comme personnage Nietzschéen : « Ses dons sont des plus rares, et dans un sens, contre-nature, exclusifs et hostiles même à l'égard des dons semblables »[7].

Il s'agit de supériorité, il s'agit de puissance. Melmoth n'appartient pas à la nature humaine. Sa finitude, plus lâche que la normale, lui donne un pouvoir qui relève encore de la pensée de Nietzsche : l'affirmation sur le monde. Baudelaire a cette formule qui dit tout : « Il est sorti des conditions fondamentales de la vie »[8].

Pendant la durée extraordinaire et en soi blasphématoire de cent cinquante ans, Melmoth inchangé fait son voyage à la recherche d'une proie. Dans ce mouvement, il échappe et aux lois des hommes et à celles de Dieu. Mais c'est un mouvement qui n'a pas de sens, une errance au terme de laquelle Melmoth retournera en terre irlandaise boucler un parcours circulaire et vain. Visiteur attentif des âmes subjuguées par la guigne, Melmoth annonce :

> « [...] *jamais je n'abandonne mes amis dans le malheur.* Quand ils sont plongés dans le plus profond abîme des calamités humaines, *ils sont sûrs de recevoir ma visite* » (p. 53)[9].

Tous ces « amis » sont des captifs. L'Anglais Stanton, bien que lucide, subit l'enfermement à l'asile ; le jeune Monçada est cloîtré chez les jésuites, persécuté, prisonnier des dominicains de l'Inquisition, constamment sous la tyrannie de la parole dogmatique. Et le dogme est un thème transversal du roman de Maturin, particulièrement le dogme catholique obsessionnel de la faute et son application inquisitoriale. Monçada est lié depuis toujours par le vœu de sa mère, promis à Dieu pour expier sa conception pré-nuptiale. Quant à la pure Immalie, c'est en captive d'une île déserte que Melmoth l'approcha ; puis une seconde fois en Isidora claustrée par une rigide famille espagnole. Le protestant Guzman est isolé en terre catholique. Enfin, les amants du comté d'York sont aliénés tous les deux dans la folie mutique de l'homme. Seul Don Francisco, le père d'Immalie-Isidora, est visité par Melmoth alors qu'il est en pleine possession de sa vie. C'est que son aveuglement l'enferme, son malheur est joué : Isidora dira oui à sa perte en prenant Melmoth pour époux de la main froide d'un ermite défunt. À ces prisons, la version de Balzac ajoute la très balzacienne charge d'une maîtresse ruineuse et infidèle.

Enfermement des victimes, emboîtement des récits, ainsi est marquée la condition de finitude, la condition de limite des limites sur laquelle opèrent un être comme Melmoth, un roman comme celui de Maturin ; l'infirmité d'absolu proprement humaine, que Jankélévitch appelle « le bagne de la mitoyenneté »[10]. Il n'y a de sens qu'au terme de son temps, pour l'homme toujours pris entre son commencement et sa fin. Immalie est ainsi passée de la permanence angélique de son île à la succession fragmentée de sa présence sociale : filiale, féminine, fervente, insoumise, hérétique, maternelle, criminelle, toujours incomplète, comme le monde que lui avait montré la longue-vue de Melmoth, impossible à saisir tout entier à la fois. En somme, il n'y a de sens que mortel dans la condition d'homme. Et à ce joli tour, on entendrait grincer le rire de Melmoth. Sinon, c'est l'absurde, autrement dit le malheur, dont la seule issue est Melmoth encore, le blasphème ; Melmoth, la très grande faute qui engage et rengage l'humanité à piétiner indéfiniment le territoire du Mal. Car toutes ses proies sont des reflets de Job : des âmes droites, tripotées au-delà du possible par un destin scellé de la complicité entre un Dieu Salaud et un Satan éminemment Scientifique, as du raisonnement démonstratif, chantre de l'expérience *in vivo*. Au contraire de Peter Schlemihl, le paria qui finit par se vouloir tel, par exercer son vouloir sur lui-même, choisir l'isolement au sein de la nature et comme lieu de sa sociabilité la botanique, Melmoth est à la recherche des hommes. Il traîne là toujours, dans le voisinage des innocents perdus. Comme substitut de l'infini des anges à usage des maudits, le kaléidoscope offre un monde discontinu dont la pérennité tient à la fuite, au mouvement perpétuel des assemblages instables parce qu'insensés : l'errance est un chaos. Chaussé des bottes de sept lieues, Schlemihl traverse un collage de paysages ; tandis que Melmoth présente à Immalie la bande-annonce des sociétés humaines qui l'attendent et celle des religions, pour les discréditer toutes. Melmoth suit un mouvement exactement fidèle à la formule de Satan dans l'échange rituel qui engage son affaire avec Dieu : « Et Iahvé dit à Satan : " D'où viens-tu ? " Et Satan répondit à Iahvé et dit : " De rôder sur la terre et d'y circuler... " »[11] Voilà la liberté-Satan, circulation à perpétuité. Errer, errer, toujours revenir. Faust, Schlemihl, Melmoth, Dracula : boucle bouclée sur vos pas, course annulée par elle-même – tournez ! Volontés dévoyées, tournez ! D'après l'amour-propre du XVIIe siècle, Jankélévitch fait du Mal ce tour d'absurdité par quoi la volonté se détourne de la Vérité pour se vouloir elle-même[12]. Tournez à vide, vous les damnés, les bien nommés revenants, tournez en rond, c'est votre lot ! Indépendants du temps. Désentravés de la terre, désentravés des bornes de votre conscience.

À la coupure résolument morale entre *moi* et *non-moi*, Melmoth propose sa médiation : l'emprise du *moi* sur les choses qui le limitent et le circonscrivent. « *J'ai le pouvoir de vous délivrer.* » Le scandale est là, dans cette médiation possible.

LA PROPOSITION SOUSTRAITE :
LE POUVOIR DE LA PAROLE

En échange de la puissance qui est la sienne, Melmoth demande l'impossible. Littéralement et littérairement l'impossible : la proposition clé du roman est retranchée du texte, le marché toujours gommé par des points de suspension, voilé par des formulations caches, jusqu'au fin mot, donné par Melmoth avec des précautions infinies : « *On a dit de moi* » ; « *S'il en est ainsi, car je ne veux ni le contredire ni le certifier* » (p. 653). Tentation de l'impossible, c'est la parole de Melmoth au désespéré.

Melmoth est là pour engager la parole de sa potentielle victime, car le lien d'implication caractéristique du Mal se niche dans le Logos : parole et discours. Comme les orateurs antiques, les prédicateurs chrétiens ne cessent de revenir à l'injonction morale : l'orateur a devoir de vertu – entendons de droiture, dans ses mœurs comme dans son raisonnement. Le cercle est une figure bannie de l'art du discours, faute de logique, vice de pensée ou tour malhonnête pour parvenir ignoblement à ses fins. Raisonner se pratique droit. Or, la tentation de Melmoth ne tient pas à l'efficacité rhétorique d'une parole persuasive.

Il parle peu, n'argumente pas, ne séduit pas, n'exerce aucune duplicité. Celui qui se fait payer d'un oui ne paye pas de mots. Non pas la force du mensonge, mais la force de la prédiction pousse le désespéré hors des limites de sa condition d'homme. Déjà les règles ne s'appliquent plus. Libre des lois, libre des dogmes, libre du Mal même, cet aspect de Dieu, ce dogme qui tient aux autres[13], le désespéré se voit libre d'exercer sa parole sur le monde. Michelet décrit superbement, appliqué au paganisme, ce flottement des commandements : « C'en est fait des dieux de la vie, qui en ont si longtemps prolongé l'illusion. Tout tombe, s'écroule, s'abîme. Le Tout devient le néant : " Le grand Pan est mort ! " »[14]. Le désespéré se voit libre d'exercer sa raison sur les principes catégoriques. Melmoth est une éclipse. Sur son passage, Dieu retourne dans le noir.

Quel est l'enjeu du raisonnement droit ? Le rapport du discours à la vérité. La vérité est exclue du cercle, c'est peut-être le pourquoi des rondes de sorciers. Justement, la parole de Melmoth entretient un rapport très spécial à la vérité – en quoi la version balzacienne est fidèle à celle de Maturin : Castanier, le caissier dessillé par la volonté de Melmoth voit, comme il n'avait jamais pu voir, la face cachée de sa réalité domestique, défiler cruellement sur la scène du théâtre à la place du spectacle qui s'y joue. Chez Maturin, l'Espagnol Monçada se voit en songe au bûcher. Melmoth sait.

En premier lieu, son savoir est suspect. En effet, la parole humaine, à cause de cette condition mitoyenne soulignée, après Pascal, par Jankélévitch, ne peut porter que sur le passé, que sur le présent révolu. La parole de Melmoth est prophétique, au contraire, qui décrit avec justesse la déchéance de Stanton, le malheur à venir de Don Francisco, chez Maturin ; la faillite du caissier chez Balzac. Car Melmoth n'abuse pas ses victimes, pas lui. Lui les déniaise au sens premier de gauchir leur innocence, c'est-à-dire leur inconscience. Melmoth révèle. C'est son arme de subversion par excellence, un renversement de la réalité. Il ouvre l'accès à l'arrière-fond des circonstances au savoir-faire de coquettes qui se rendent aimables à force de fards. Il livre la réalité extraite des broderies crédules du sujet qui la vit ; non plus discours mais chose, non plus possédée mais adverse et domptable à la seule condition de se livrer à lui. Melmoth dit vrai à ceux qui l'écoutent.

Cependant, il n'introduit pas au désordre. Rien moins que chaotique, le réel révélé par Melmoth est le summum du carcéral, d'un ordre tellement étroit qu'il réduit la perspective à une droite irréversible, le flou à une netteté sans défaut, la vie à une suite sans hasard, sans acteur, déterminée par son seul thème de départ. Melmoth révèle l'inéluctable : un réel nettoyé de toute polysémie, c'est-à-dire du fantasme ou du rêve. Un réel sans auteur, qui agit de lui-même et sur lui-même pour se produire. L'enfer est là. La victime basculée dans l'impossible. C'est le moment du rire. Georges Bataille montre du rire la fonction vertigineuse de renverser ce basculement[15]. Zarathoustra, rendant le rire sacré, prend l'impossible et porte la vie à sa mesure. En cet état il touche le divin : l'au-delà du schisme qui garde l'homme dans le monde des limites et du discontinu. La proposition de Melmoth ouvre sa brèche dans cette mitoyenneté humaine et laisse entrevoir ce qui va dans le sens du commentaire de Bataille : « Être divin n'est pas seulement mettre la vie à la mesure de l'impossible, c'est renoncer à la garantie du possible »[16]. Ce qui est en balance dans la proposition retranchée du roman de Maturin, c'est ce renoncement aux droits implicites de l'humanité inscrite dans la relation à Dieu. Et le meurtre de Dieu se profile...

Mais ! Le rire de Melmoth rappelle plutôt sa victime à l'horreur. L'impossible est répudié. Impossible l'assentiment de l'homme, trop proprement soumis aux dogmes, c'est-à-dire à la parole engendrée par sa condition et qui la fixe une fois pour toutes en ordre de vivre. Impossible le don de sa parole propre car il faudrait d'abord l'affranchir de cette soumission aux limites de soi. Melmoth est un parieur refait par le genre humain.

Volo : l'engagement de la promesse

Qu'est-ce qu'il demande ? Une promesse. Une seule parole du Christ pour la guérison d'une âme, une seule parole du désespéré pour la transformation de son état. Il ne s'agit que d'actualiser son vouloir, de le consommer jusqu'au bout.

Il suffit d'un oui ; comme dans les contes où les fées se mêlent d'exaucer les pauvres gens, Melmoth demande un vœu. Sa parole remonte à des voix très anciennes. Elle porte cette caractéristique retorse de figure circulaire, cette propriété dionysiaque d'appeler le renversement : le vœu est un souhait, le vœu est une promesse. Le souhait est un pacte dès qu'il est prononcé et les puissances magiques y obéissent de façon littérale.

Le mythe du vampire est une illustration très belle de ce que le vœu de dispense comporte de consentement au Mal. « *Entrez de votre plein gré* » sont les premiers mots de Dracula à Jonathan Harker. Et pour cause. Nécessairement convoqué par sa proie, le vampire est irrésistible parce que profondément désiré ; parce que, même sous sa forme corrompue de mort vivant, son retour à l'existence est une réparation. Tellement proche, tellement présent à sa victime que le nommer peut suffire à l'introduire dans la maison, le vampire vient répondre au désir puissant d'être dispensé de deuil, autrement dit de la souffrance d'être disjoint. La souffrance du désespéré demande réparation. C'est ainsi que Melmoth est convié au fond des cachots, sa proposition écoutée. Et ce qui légitime cette réclamation, c'est la nostalgie de la pureté. Sous l'emprise de la souffrance comme phénomène du chaos, le désespéré revendique la pureté, la réduction de toutes les valeurs disjointes en un possible unique et nécessaire. Jankélévitch évoque la sorcellerie comme une permission d'entrer, défense de sortir.

> « *Le piège est une invitation à user de notre liberté dans un sens irréversible* »[17].

L'irréversible, voilà précisément l'aspiration de l'âme entrée dans la confusion, c'est-à-dire dans le vacillement, dans le perpétuel revirement de soi-même et de ses propres causes. Monçada, né sous les auspices de l'absurdité, ne cesse de parcourir les leçons inverses d'un réel opaque. Sa fuite n'est pas une fuite. Depuis toujours banni de sa famille parce que conçu avant le mariage de son père et de sa mère, il est présenté comme la cause de sa désolation. Hors de sa famille et au cœur de sa honte ; voué et réfractaire à la vie monastique. Trahi par l'auxiliaire de sa délivrance et accusé d'en être l'agent de sédition. Emprisonné, il est présenté comme ingrat pour les bienfaits de l'Inquisition qui l'empêche de nuire, par l'ironique visiteur qui vient lui parler chaque nuit.

Dans la présomption d'humanité, c'est-à-dire dans la relation à la Vérité transcendant sa condition, la souffrance est promesse de bénéfice mais, chez le désespéré, à cause de la rupture, tout au moins de la suspension de cette relation, la souffrance devient inintelligible et l'ouverture sémantique du réel est une torture puisqu'il en est le jouet. Villiers de l'Isle-Adam en fait la démonstration dans une nouvelle d'une grande force, peut-être inspirée de la situation de Monçada[18] : « La torture par l'espérance »[19], où les inquisiteurs infligent au détenu rabbi Asser Abarnabel la dernière torture avant le bûcher : la porte entrouverte de son cachot, les couloirs libres, les Frères bourreaux aveuglés, la lumière du jour, le courant d'air frais, enfin... l'ultime embrassement du Grand Inquisiteur ascétique qui l'accueille à la sortie de ce parcours illusoire et le dirige vers le bûcher. Voici, pour accomplir le vœu des tourmentés par l'adverse et l'impénétrable, la proposition de Melmoth : un réel à une face. Le revers par l'avers : la puissance est la chute.

La dialectique du *Sacrifice* et du *Maléfice*, évoquée par Bataille à propos de *La Sorcière* de Michelet[20], vaut pour les tourments de Job. L'initiative sociale du Sacrifice inscrit la souffrance, cette forme hautement confuse, hautement inadmissible de l'existence, dans l'ordre de la vie, c'est-à-dire, pour Bataille, « l'opposé d'une région où domine la mort. » À l'inverse, l'initiative privée du Maléfice appelle, par la parodie, à l'intérieur de la vie même, les signes abhorrés de la mort. Cette oscillation de la tendance intime à la nécessité universelle qu'est la loi, est particulièrement mise en lumière par un article de Karl Jaspers sur « Le Mal radical chez Kant »[21]. Le Mal, perversion du rapport de subordination entre l'ordre, conditionné, de la satisfaction privée (sens du bonheur) et celui, conditionnel, de la nécessité législatrice (sens du devoir).

Lorsque les forces privées régissent au lieu de se soumettre, le nécessaire relégué à l'ordre contingent, toute action – bonne ou mauvaise – est gâtée à sa source. Le fondement de tous les principes se trouve corrompu, c'est le pacte : les règles sont posées du système qui conditionne l'absolu au relatif et engendre l'insensé comme logique d'action. Dispense des lois pour Melmoth, insoumission aux conditions de la vie, départition de l'âme engagée dans la parole donnée, c'est-à-dire perdue. Baudelaire complète ainsi le portrait de l'homme errant : « Il est sorti des conditions fondamentales de la vie ; ses organes ne supportent plus sa pensée. C'est pourquoi ce rire glace et tord les entrailles »[22]. Le rire de Melmoth est un symptôme de sa profession de foi dans ce renversement des principes qui rend fondamental l'appétit de jouir, de désagréger le monde à sa merci ; et relatif le risque de perdre toute reconnaissance de la Vérité. Le Mal radical est cette « région où domine la mort » : puissance de corruption. Et le renversement du rapport moral fondateur de la conscience fait que Satan, comme Bataille le suggère, « est en un sens un *Dionysos redivivus.* » Melmoth place l'engagement de la promesse comme dénégation mystique de la Loi. Inscrite dans le principe du cycle qu'elle motive, la proposition retranchée de Melmoth est l'irruption de l'horreur, de la tentante horreur dans l'ordre de la Vérité.

Comment vouloir souffrirait-il l'inconséquence ? Fût-il informulé, le souhait de sortir de sa condition suffit à engager le désespéré dans la proposition de Melmoth. Reste à donner sa parole. Car la charge de Melmoth n'est pas de duper les âmes mais de les amener à renoncer formellement à la Grâce et, pour cela, prononcer leur vœu de perdition. En échange de la dispense de leurs peines temporelles, la promesse de consentir à la vanité de la promesse divine essentielle – en quelque sorte ramener, retourner Dieu à néant.

TOUT HOMME QUI N'ACCEPTE PAS LES CONDITIONS DE LA VIE VEND SON ÂME : LE CYCLE ALIÉNATION

Il est un lieu commun des contes diaboliques qu'explore Maturin, mais surtout Balzac avec bonheur : le compatir subverti. La malédiction prise dans une chaîne du partage comme une charité maligne. Ainsi Melmoth doit-il trouver une âme qui prenne son propre pacte en charge et se substitue à lui dans la damnation. Prenez part à mon sort ; prenez ma peine. D'ailleurs, l'instrument traditionnel est plutôt celui du rachat que la simple parole donnée. Le démon se vend. Et à perte. C'est *La Main de gloire* de Nerval, c'est *Le Diable dans une bouteille*, de Stevenson. Récits poignants que ceux de la situation tragique où le possesseur est le possédé ; le malheureux tenté, tentateur pour son maître : le temps y presse d'exploiter sa faute dans l'intervalle suspensif où la condamnation attend, où, prométhéen au possible, le sacrilège est coupable et toujours libre. La mort jamais ne se fait si puissante que risquant de survenir avant l'émancipation de l'âme impliquée dans la cause de Satan. L'éternité est comptée sur la terre aux docteurs maudits et la chaîne marque la révolution d'un cycle au terme duquel se paye son tribut à Satan. La mort trop tôt. Un nœud coulant au cou du damné. Par exemple, celui de la cravate de Melmoth, restée comme dernière trace de lui, accrochée à un rocher pendant sa chute (p. 660 et dernière). L'enchaînement est donné et le motif du rachat pose le problème du choix comme une énigme.

Vendre son âme ou, encore plus curieusement, racheter la malédiction d'autrui, c'est faire le choix de sa perte et y mettre le prix. De même que l'illustre Faust, l'Irlandais Melmoth, d'une grande intelligence et d'une grande érudition, s'est « *irrévocablement attaché à l'étude de cet art justement abhorré de tout chrétien* » (p. 605) : les sciences occultes. Faust invoque Méphistophélès, Peter Schlemihl vend son

181

ombre au petit homme gris, Dracula est convié par ses victimes. L'esprit du Mal, non seulement n'entre pas par violence mais se fait en quelque sorte prier, se fait payer sans équivoque. Le choix porte on ne peut plus clairement, on ne peut plus strictement, sur le lien d'implication. C'est l'objet même du consentement requis, le nœud et le cœur de la promesse. « Ce Mal [...] allant contre l'intérêt propre, qu'exige un désir fou de liberté »[23], écrit Bataille. Contre l'intérêt propre ou contre la liberté même : le Mal est le lieu paradoxal où, pour s'exercer, la liberté s'oblitère.

Le pacte de Melmoth substitue au réel douloureux et insensé ou, en termes sartriens, gratuit, un réel justifié par la chute contractuelle. Une sorte de mystique de l'assentiment qu'on pourrait retrouver chez Sartre dans le déni de toute contrainte sur la liberté et la représentation d'une réalité humaine sans excuse[24]. Sartre, qui décrit un Baudelaire en bien des points étonnamment proche de Melmoth, pose le Mal comme voie alternative de la liberté revendiquée et inassumée : la voie mythique de l'insoumission. Cette liberté est *non* ; mais c'est encore dire oui à l'ordre législatif qu'en refuser les lois. Cette liberté est dénégatrice qui « n'accepte pas les conditions » et provoque l'inversion parodique des gestes sorciers ; mais c'est confirmer et les conditions et les gestes liturgiques dans leur caractère sacré. « [Baudelaire] veut manifester son libre-arbitre en n'agissant que pour des fins qui soient siennes mais, d'autre part, il veut masquer sa gratuité et limiter sa responsabilité en acceptant les fins préétablies de la théocratie. Il ne reste qu'une seule voie à sa liberté : choisir le Mal »[25]. C'est-à-dire cette liberté affirmée et contredite. Celui qui s'y engage prend pour dot la grandeur mais pour état la servitude.

Melmoth habite Baudelaire et traverse ses œuvres avec une constance qui fait craindre pour son âme. Baudelaire aurait pu hériter du pacte du terrible Irlandais. En tout cas, fasciné par cette condition contradictoire qu'il ne cesse de citer en emblème, Baudelaire montre en Melmoth la liberté d'un aliéné. Melmoth est un personnage sans corps, sauf la manifestation organique de sa damnation, l'antinomie du lieu auquel il appartient et que Milton a rendu pour toujours incandescent et glacé : le rire de Melmoth glace, ses yeux brûlent. L'étrange albatros du pacte satanique souffre d'être condamné à vivre en tant que créature de Dieu. Au cœur de ce « délaissement » sartrien repris de Heidegger, Melmoth est seul au monde des hommes, responsable de mener son errance à l'échec. Son terme. « Quoi de plus grand, quoi de plus puissant, relativement à la pauvre humanité que ce pâle et ennuyé Melmoth ? », écrit Baudelaire. « Et pourtant il y a en lui un côté faible, abject, antidivin, antilumineux », corrige-t-il. Et de nouveau : « Il est, qu'on me comprenne bien, la résultante nécessaire de sa double nature contradictoire, qui est infiniment grande relativement à l'homme, infiniment vile et basse relativement au Vrai et au Juste absolus. Melmoth est une contradiction vivante »[26]. Et c'est encore à propos de Baudelaire que Sartre explique cette condition : « Il veut être cette nature contradictoire : une liberté-chose. Il fuit cette vérité redoutable que la liberté n'est bornée que par elle-même, et il cherche à la contenir dans les cadres extérieurs »[27].

Erratique dans un monde sans bornes, porteur d'une mission qui ne doit pas s'accomplir mais dont seul l'exercice justifie son sursis d'existence et qui le confirme dans sa haute solitude, Melmoth le damné témoigne de la situation paradoxale dont Sartre fait le propre de la condition humaine : la condamnation à la liberté. Comme le faux-semblant de liberté pour le malheureux fugitif de Villiers, ce laisser-libre est une plaisanterie pour les détenteurs de la main ou de la bouteille diabolique et pour Melmoth – un Melmoth sériel chez Balzac puisque le pacte est échangé, ou unique chez Maturin. La chute est déjà jouée et c'est en captif que le damné occupe ce temps compté du laisser-libre. Un temps d'errance voué à la parole (Melmoth n'est pour ainsi dire jamais dans l'action)[28] et à l'exclusive réitération de la proposition informulée. Errance et réitération, la liberté de Melmoth est un piétinement qui resserre sa condition d'appartenance.

VOULOIR SOUS INFLUENCE

Melmoth a choisi l'appartenance, alors qu'il basculait du côté de la tentation, de la tendance intime du Maléfice, en opérant des passes occultes sur lui-même pour surseoir à sa propre fin. L'âme damnée choisit de placer sa liberté sous emprise. L'emprise des drogues, Baudelaire établit le rapport entre les créations sataniques des poètes et les créatures vivantes qui se sont vouées aux excitants, sous le haut patronage de Melmoth : « Tout homme qui n'accepte pas les conditions de la vie vend son âme »[29] ; l'emprise de la passion dont il montre l'aspect blasphématoire, citant toujours Maturin parmi d'autres : « Ils ont projeté des rayons splendides, éblouissants, sur le Lucifer latent qui est installé dans tout cœur humain. Je veux dire que l'art moderne a une tendance essentiellement démoniaque »[30].

Quelle liberté peut autrement s'exercer qu'en explorant son territoire de corruption ? Les paradis artificiels sont blasphème, la passion est blasphème, la création est blasphème : immédiatement derrière le flambeau Melmoth s'avance Maldoror, la profession poétique.

Effroyable parce qu'il est au-dessus des hommes ses victimes et leur ennemi, pitoyable parce qu'il est impuissant à les réduire à une fin qui n'est pas son vouloir mais sa « *commission* » (p. 539) et qu'à la fois elle lui est nécessair, à la fois elle est relative à lui : elle engendre sa condition et elle est déterminée par sa condition. Tragique comme son maître, le Satan de Milton, Melmoth est une grande figure du Mal : la nécessité antagonique.

Melmoth éprouve pour Immalie une double passion : celle de l'amant et celle du prédateur. « Aime-moi », lui signifie le prédateur qui n'aspire pas à être aimé et la convoite ; et « ne m'aime pas », lui signifie l'amant qui aspire à être aimé et à la sauver de son propre pouvoir. Cette relation plutôt complexe est l'exemple type des situations de communication pathologique soumises à la logique vicieuse de la double injonction[31]. Double injonction la proposition qui demande à la fois son affirmation et son contraire, double injonction ou double contrainte, la propostion qui réunit les incompatibles et accule à la folie… ou au vice : « Cessez d'obéir, prenez des initiatives. » Faire le Mal pour le Mal, écrit Sartre sur Baudelaire, « c'est vouloir ce qu'on ne veut pas – puisqu'on continue d'abhorrer les puissances mauvaises – et ne pas vouloir ce qu'on veut – puisque le Bien se définit toujours comme l'objet et la fin de la volonté profonde. » L'implication dans le Mal est cette impossible réponse à la double injonction sur la liberté : elle doit s'exercer sur soi pour se construire, elle ne peut s'exercer sur soi que pour s'abîmer.

Tout ce jeu de malin et demi est dans l'écart entre l'ombre et l'âme de Peter Schlemihl. L'homme qui a perdu son ombre veut garder son âme. Mais l'Autre, qui a gagné son ombre, veut perdre son âme et aucune tentative n'est possible pour sortir du cycle de ces propositions et inverses et identiques. Cet écart ouvre l'intervalle du pacte différé et l'ébranlement d'un mouvement circulaire irrésolu. Schlemihl veut son ombre, c'est-à-dire sa liberté de vouloir, le petit homme gris veut son âme, ou la promesse qui l'engage. Pas un ne peut se départir de l'autre : le pacte qui les aliène l'un à l'autre existe, puisque l'ombre manque à Schlemihl mais différée, puisque la promesse de l'âme manque au diable.

Pour Melmoth, qui a déjà engagé son âme, on voit que le pacte, encore, peut être différé dans le cycle d'aliénation d'autres âmes. Melmoth, qui a vendu son âme veut regagner son âme. Celui qui a perdu son âme veut en gagner une autre, et c'est toujours de Melmoth qu'il s'agit car, dans le roman de Maturin, dans la nouvelle de Balzac, il n'y a pas d'*autre* que Melmoth, le sujet et l'identique de l'ennemi du genre humain.

Autre figure satanique du roman – satanique, non pas tragique – : le moine scélérat du Récit de l'Espagnol, l'abominable gardien inconscient de l'agonie de sa propre sœur, dans une vision fulgurante de l'absurde existentialiste chez Maturin[32]. Ce personnage devient la mise en abîme de Melmoth en exposant à sa victime Monçada le cercle du ressentiment qui ressemble fort à cette chaîne de possession d'une charge diabolique à transmettre d'âme en âme pour s'en défaire.

> « Chaque charbon ardent que j'entassais sur votre tête en enlevait un de ce feu qui brûle à jamais sur la mienne. Chaque goutte d'eau que je refusais à votre langue brûlante servira je l'espère à éteindre le feu et le soufre où je dois un jour être jeté » (p. 274).

Et cette ombre projetée de Melmoth se trouve bien affligée du même rictus de damné, ainsi commenté par Monçada :

> « [un] ris sardonique dont l'horreur surpasse toute imagination. C'est une chose effrayante que la gaieté du crime : son sourire s'achète au prix de tant de gémissements ! » (p. 228).

L'emprise du Mal joue sur ce vouloir captif qui se trouve irréversiblement engagé dans le cycle : ne pas vouloir le Mal mais mal vouloir, selon la distinction de Jankélévitch ; c'est-à-dire vouloir sous influence. Sous l'influence de cela même que l'on ne veut pas : le Mal. De même que Maturin a placé les potentielles victimes de Melmoth sous le déterminisme janséniste de la Grâce attribuée et irrécusable, pour l'âme damnée le Mal devient une sorte de constitutif du vouloir. L'emprise du mal joue sur le raisonnement captif car si la double injonction engendre le mouvement perpétuel du cercle vicieux, c'est qu'elle maintient l'illusion du choix[33]. Croire qu'il est possible de continuer à consentir comme de cesser, c'est ce qui garde le captif dans ce mouvement cyclique où le oui et le non, le salut et la chute, sont au sein d'une même proposition, forme d'errance logique. Thème sous-jacent du Récit de l'Espagnol, chez Maturin, où Monçada se trouve la proie constante et indécise des injonctions contradictoires de la fidélité à sa mère, de la sincérité de conviction, de l'intérêt de sa survie etc. ; l'illusion du choix est le thème déclencheur du conte de Villiers. Le prisonnier croit choisir l'évasion quand ce choix même est inscrit dans sa condamnation.

C'est précisément sur ce concept de choix que le cercle du Mal se referme car le choix du damné porte sur sa liberté. Exercer sa liberté à se rendre captif, c'est ça, choisir le Mal, pour les docteurs maudits que sont Faust et Melmoth. L'accord de sursis implique la mission qui le conditionne. Melmoth existe sous dépendance d'une charge sous dépendance d'un pacte sous dépendance de l'existence de Melmoth.

CREDO : LA CONDITION PARADOXALE

À l'égal du grand Satan, Melmoth use de cette faculté de prédiction – le pendant de la proposition soustraite – qui marque la clairvoyance et son effet de surhumanité exercé sur le sort mais qui marque aussi une terrible forme de l'impuissance : la fatalité de l'action vaine – mouvement stationnaire de Melmoth, le témoin du cercle vicieux.

La prévision est un rapport au monde paradoxal, fondé sur la toute puissance du raisonnement et sur l'irréversibilité des enchaînements purement logiques qui sont tenus pour des causes à effets. Les chercheurs de Palo Alto[34] montrent, dans les phénomènes de communication, des prévisions d'une hyperlucidité pathologique, inhibitrices d'action, c'est-à-dire de choix. Dans la folie, comme dans le Mal, la liberté ne se réalise pas. Le cycle de la chute commence par un écart de la raison, et l'encerclement, cette damnation, est à la fois le lot du fou et du coupable. Remarquable que l'esprit de Nietzsche, touché par la révélation du *circulus vitiosus Deus* et la jubilation extatique de ce qu'il nomme lui-même sa « vision »[35] : l'éternel retour du même, dusse être aussi touché par la folie. Et le cercle nietzschéen de l'éternel retour du même ne dépend pas de la volonté, mais il est voulu, à l'inverse exactement de la condition de damnation qui dépend de la volonté mais n'est pas voulue.

À noter, aussi, combien brusquement les sociétés occidentales se sont débarrassées du Mal, substituant à la punition le soin, à l'insanité morale l'insanité mentale. Le Mal dénié, elles n'en ont supprimé ni la terreur ni la fascination. Comme l'hyperacuité des sens dans les contes de Poe, l'hyperacuité de l'esprit est une cause de souffrance, une force de corruption qui monte de ces « régions où domine la mort. » La prédiction – « Je l'avais bien dit ! » – intéresse également à Palo Alto, qui fait progresser d'un tour dans les pièges du cercle. « On peut voir dans la prédiction qui se réalise l'équivalent de la pétition de principe dans la communication »[36]. Au fond, l'occurrence de la situation prédite serait un effet de la prédiction elle-même. La pétition de principe est un raisonnement qui consiste à déduire une proposition d'elle-même, autrement dit, à élaborer une démonstration circulaire qui se propose de prouver ce qui est tenu pour acquis au départ. Autrement nommée « cercle logique », la pétition de principe est débusquée des mauvais raisonnements comme une faute, c'est-à-dire soit une folie soit une malignité, car un cercle logique est toujours vicieux. Le Mal est dans le cercle. À l'opposé non pas du Bien mais du Vrai. Car ce que la pétition de principe subvertit dans le raisonnement argumentatif, c'est sa vertu, c'est-à-dire sa relation de nécessité à la vérité. La logique fondatrice du raisonnement droit est celle, profondément morale, de la révélation de la vérité. *Melmoth*, roman du satanisme aux multiples imbrications circulaires, est, plus que la non moins satanique tragédie *Bertram*, le diamant noir des sermons du révérend Maturin.

« Le sage ne rit qu'en tremblant, accuse Baudelaire, il s'arrête au bord du rire comme au bord de la tentation. »[37] Un souvenir du malheureux Melmoth, placé au secret d'un quadruple cercle narratif et soumis à la pétition de principe pour rendre cet aveu crucial : « Vous avez entendu parler de ceux qui croient en tremblant. Je suis de ceux-là. »

Melmoth croit.

L'effroyable voyageur est du côté de Dieu, son rire confirme cette observation de Sartre à propos de Baudelaire-Melmoth et justement très exemplaire de la pétition de principe : « Puisque tout ce qui est sert le Bien, le Mal n'est pas. Sans doute il y a la Damnation : mais le pécheur souffre tant, il garde, au sein de ses fautes, un sentiment si aigu du Bien qu'il ne doute pas vraiment d'être pardonné »[38]. Ou bien le rire de Melmoth est-il l'effet de sa souffrance ?

La passion du Melmoth de Maturin est dans le cercle vicieux du nécessaire et impossible consentement. Le tentateur est condamné à la réitération perpétuelle d'une proposition nulle, puisque à la fois elle ne peut être réalisée sans l'assentiment de la victime à sa propre perte, à la fois la victime ne peut consentir puisqu'elle est prédéterminée par la Grâce.

« J'ai répandu l'effroi sur la terre mais je n'ai point été un mal pour ses habitants ! Nul ne peut participer à ma destinée que de son consentement, et nul n'a consenti » (p. 653).

Et ce cercle est compris dans le cercle supérieur qu'est la pétition de principe de l'auteur. Voici en effet le propos de ce livre qui est finalement un étrange sermon :

« Ce roman (ou récit) m'a été inspiré par un passage de l'un de mes sermons que je vais me permettre de citer ici, comme il est à présumer que très peu l'auront lu. Le voici :
Est-il parmi nous, en dépit de nos écarts, de nos désobéissances à la volonté du Seigneur, de notre indifférence à Sa parole, est-il à cet instant un seul d'entre nous qui, en échange de tout ce que la terre et l'homme peuvent dispenser, serait prêt à renoncer à l'espoir de son salut ? Non, il n'en est pas un, il n'existe pas sur la terre un être assez fou pour accepter pareille offre, même si l'ennemi du genre humain venait à se jeter en travers de sa route !
Ce passage m'a suggéré l'idée de Melmoth, l'homme errant. »
(Premières phrases de la préface de C.-R. Maturin.)

Ainsi la tentation a vocation d'échouer. Le martyre de Melmoth l'atteste :

« [...] ce n'est qu'une preuve de plus de la vérité des paroles prononcées par une bouche qu'il ne m'est pas permis de nommer et gravées dans le cœur de tous les hommes » (p. 653).

La grandeur tragique de Melmoth, pour Max Milner, est qu'il n'accepte pas pleinement le rôle qui lui est dévolu[39]. Au contraire, sa grandeur tragique est d'être le captif d'un système où il ne s'agit plus de refuser ni d'accepter, un système métaphorique du Mal où tout est impossible à la liberté. Seule la réitération se produit et cette circularité stationnaire fait son tourment. L'homme errant n'est pas en devenir, il n'est pas dans ce projet progressif décrit par Sartre qui entraîne une série de décollements du *moi* par rapport à son *moi* passé, objet d'appréciation morale parce que le *moi* s'en désolidarise[40]. « La conscience, séparation de soi d'avec soi, est en quelque sorte péché naissant », écrit Jankélévitch[41] ; disons que cette séparation est celle

188

des choix posés. Melmoth, au contraire, est cette station du *moi* dans la permanence d'un choix unique réitéré perpétuellement, le Mal est cet impossible « décollement ». Melmoth le voyageur n'est pas une conscience, c'est un truc de Dieu. Sa passion est d'attester la Parole, en tant qu'âme mauvaise. Sa passion est d'être réprouvé, pour la réprobation du Mal. Melmoth, placé en Dieu, confirme sa damnation pour témoigner de lui.

LA FAUTE DE RAISONNEMENT

Voici Melmoth en singe de Dieu ; et quand le pacte se noue pour de bon au moment de sa mort, l'aveu par trop cliché d'avoir commis le « péché des anges » prend, sous l'inspiration du cercle, et ainsi formulé : « *J'ai été fier de ma raison* » (p. 606), « *pride and intellectual glorying* », une allure de pensée difforme, plus retorse qu'il n'y paraît. Elle dit pourquoi, parmi toutes les passions blasphématoires, l'orgueil est une passion tabou.

Cette fierté de sa raison ne peut venir que de la raison elle-même. C'est la raison qui pose les critères et les règles qui la justifient comme fin. Impossible.

La très grande faute de la pétition de principe est de mettre en place une déduction auto-référentielle. Se poser comme référence de soi. L'orgueil pose la raison comme référence suffisante de soi.

Le Mal est la liberté de la raison à provoquer l'indécidable, selon les énigmatiques propositions de Gödel, où le bien anodin paradoxe d'Épiménide ouvre des insolubles abyssaux : « Tous les Crétois sont des menteurs. » Sachant que c'est un Crétois qui parle, il est impossible, à l'intérieur du système exposé par la phrase qui en fixe la règle, de décider si la proposition est vraie ou non.

L'enjeu de la vérité est au cœur des mystères du Mal.

L'épouvantable rire de Melmoth manifeste le système. Dans le cercle du Mal, sa liberté, assujettie aux lois que sa raison a posées pour elle-même et sur elle-même, ne peut plus décider ni de la vérité, ni de la faute.

Les chercheurs de Palo Alto mettent en évidence cette impossibilité de résoudre le dysfonctionnement d'un système dans lui-même et proposent une issue de l'éclat. Le changement[42] – au fond, le mouvement de nouveau, le décollement de la conscience dans une progression vers sa métamorphose –, est rétabli par la désignation incongrue du système comme phénomène exotique. Job se sauve de l'emprise de Satan en abrogeant les règles du raisonnement pour chercher Dieu plutôt que la raison de ses maux. Melmoth perd son âme à chaque échec de sa martingale sur les consciences, et Julienne de Norwich éclate de rire devant le démon.

1• Près de sept-cents pages dans la traduction de Jacqueline Marc-Chadourne publiée en 1965 par Jean-Jacques Pauvert, la seule version française intégrale. C'est à cette édition que renvoient toutes les références de l'article.

2• Étrange roman écrit en français, publié par fragments dans les premières années du XIXᵉ s. à Léningrad et à Paris, guère traduit. Maturin n'en avait probablement pas connaissance. La première édition intégrale a été établie chez José Corti en 1989 par René Radrizzani.

3• Pour quelques informations sur la biographie et la personnalité savoureuse de ce clergyman dandy, *cf.* la précieuse étude de Marcel A. Ruf, « Maturin et les romantiques français », préface de C.-R. Maturin, *Bertram ou le château de Saint-Aldobrand*, éd. José Corti, 1955 : tragédie en cinq actes représentée pour la première fois en 1816, librement traduite de l'anglais par Taylor et Ch. Nodier en 1821.

4• Adalbert von Chamisso, *L'Étonnante histoire de Peter Schlemihl* écrite en 1813, publiée en 1914. *Cf.* également la préface de Jacques Goimard *in L'Anthologie fantastique*, Goimard-Stragliati, « Le thème du double », rééd. Omnibus, 1996.

5• C. Baudelaire, « De l'essence du rire III », *Curiosités esthétiques*, Classiques Garnier, p. 249

6• *Melmoth réconcilié*, 1835.

7• « Héraclite », texte de Nietzsche traduit pour la première fois dans *Acéphale*, janvier 1937

8• C. Baudelaire, *op. cit.*

9• Souligné par Melmoth.

10• Vladimir Jankélévitch, *Le Mal*, Paris, Arthaud, « Cahiers du Collège de Philosophie », 1947, p. 23.

11• *Livre de Job*, I-6, II-2, trad. E. Dhorme, Gallimard, « La Pléiade »

12• Jankélévitch, *op. cit.*, p. 8

13• *Cf.* Jules Michelet, *La Sorcière.*

14• *Ibidem.*

15• « Le rire de Nietzsche », *Exercice du silence*, Bruxelles, 1942.

16• *Ibidem.*

17• Cf. Jankélévitch, *op. cit.*, p. 81.

18• Cf. Ruff, *op. cit.*, p. 66, note 161 : Pierre Reboul, « Villiers de L'Isle-Adam et le *Melmoth* de Maturin, *R. L. C.*, oct.-déc. 1951, pp. 479-481

19• *in Nouveaux Contes cruels*, Paris, À La Librairie Illustrée, s. d., pp. 23-40.

20• *La Littérature et le Mal*, « Michelet », Paris, Gallimard, 1957.

21• *In Deucalion*, n°4, *Le Diurne et le nocturne*, À La Baconnière, Neuchâtel et Paris, 1952, pp. 227-252.

22• « De l'essence du rire III », *op. cit.* p. 249.

23• *La Littérature et le Mal*, *op. cit.*, p. 68.

24• *L'Être et le néant*, Paris, Gallimard, 1943. Réf. coll. « Tel », pp. 612-613.

25• Jean-Paul Sartre, *Baudelaire*, Gallimard, « Les Essais », 1947, p. 86

26• « De l'essence du rire III », *op. cit.*, p. 249.

27• Sartre, *op. cit.*, p. 84.

28• Sa liaison avec Immalie-Isidora est exclusivement parlée, la conception de leur enfant est donnée au lecteur comme élément logique : le résultat de leur union. Le seul passage du roman où le lecteur voit agir Melmoth est celui du voyage d'Isidora vers le monastère en ruines, lieu prévu de son mariage. Et c'est davantage l'action d'Isidora que suit le texte (pp.478-482).

29• *Les Paradis artificiels*, « Poème du hachisch V », Gallimard, « La Pléiade », p. 438.

30• *L'Art romantique*, « Réflexions sur... Théodore de Banville »

31• P. Watzlawick, J. Beavin, D. Jackson, *Une Logique de la communication*, 1967, Le Seuil, 1972.

32• *Cf.* Albert Camus, *Le Malentendu*.

33• Une Logique..., *op. cit.* (*cf.* ch. 7.1).

34• *Ibidem* (*cf.* ch. 6.44).

35• *Cf.* Lettre à Peter Gast, n° 67, Sils-Maria, 14 août 1881.

36• Une Logique..., *op. cit.* (*cf.* ch. 3.44).

37• De l'essence du rire II, *op. cit.*

38• Sartre, *op. cit.*, p. 90.

39• *Le Diable dans la littérature française de Cazotte à baudelaire*, Corti, 1960, pp. 291-298.

40• L'Être et le néant, *op. cit.*, p. 560.

41• Jankélévitch, *op. cit.*, p. 89.

42• P. Watzlawick, J. Weakland, R. Fisch, *Changements, paradoxes et psychothérapie*.

ANNEXES

TABLE D'ORIENTATION				
NIVEAU ZÉRO	**NIVEAU -1**	**NIVEAU -2**	**NIVEAU -3**	**NIVEAU -4**
Histoire de John Melmoth	Histoire de Stanton	Histoire des noces		
	Histoire de l'Espagnol	Histoire du geôlier		
		Histoire des Indiens	Lettre de Dona Clara	
			Histoire de Guzman	
			Histoire des amants	*Histoire de Melmoth*
	Histoire de l'homme errant			
Songe de l'homme errant				

MELMOTH, L'HOMME ERRANT...

Le roman démarre avec le jeune John Melmoth qui reçoit en étrange héritage de son oncle mourant, un manuscrit. Disons qu'il s'agit du récit zéro : le point de vue est celui de John ; le narrateur, omniscient, ne figure pas dans l'histoire. À partir de là, tâchons pour mémoire de restituer le fil des récits qui se suivent, des narrateurs qui se succèdent.

● Le manuscrit est le RÉCIT DE L'ANGLAIS STANTON [1]. Déplacement : de 1816 à 1676, de l'Irlande à l'Espagne. Stanton y rencontre un Melmoth glacial au milieu des éléments déchaînés. Puis, fasciné par ce personnage, il écoute :

    - L'histoire des noces tragiques, racontée par sa logeuse [1.1]. Source problable de l'incroyable Renfield, l'éleveur de mouches, disciple halluciné du grand Dracula chez Bram Stoker, Stanton verse peu à peu dans la passion d'attendre le retour de Melmoth, jusqu'à sombrer dans une agitation qui lui vaut l'enfermement. Fin du manuscrit sur un Stanton inapaisé.

Retour en 1816, John Melmoth recueille un naufragé, Monçada.

● Le RÉCIT DE L'ESPAGNOL [2], monument du genre, visite tous les lieux communs radcliffiens[1] avec la plus grande sévérité anticatholique – monastère et autorité perverse : Monçada prend les ordres contre sa volonté ; passages souterrains, doubles identités, renversements et reconnaissances surprises : avec l'appui d'un moine parricide qui fut en outre :

    - L'épouvantable geôlier de sa propre sœur [2.1].

Monçada fuit le monastère pour tomber dans les prisons de l'Inquisition, fuit l'Inquisition et, recueilli par des juifs, se trouve amené à établir :

● Le manuscrit de L'HISTOIRE DES INDIENS [2.2]. Récit rousseauiste des amours de Melmoth et de la pure Immalie, échouée enfant dans une île sauvage. Immalie, rendue à l'Espagne, devient la très catholique Isidora, Isidora devient la très secrète épouse de Melmoth qui renonce à la protéger de lui.

    - Sa mère, Dona Clara, dans une lettre à son époux en voyage, s'inquiète (rapport [2.2.1] de la folie – sinon l'hérésie – d'Isidora).

---

1. Ann Radcliffe, *Les Mystères d'Udolphe* (1794) ; *Le Confessionnal des pénitents noirs* (1797).

...SCRIPT DES SÉQUENCES EMBOITÉES

Don Francisco, le père d'Isidora, de retour vers Madrid, rencontre deux étrangers.

Le premier lui raconte :

- L'HISTOIRE DE GUZMAN ET DE SA FAMILLE [2.2.2]. En terre catholique espagnole, la famille du protestant Guzman est réduite à la mendicité. Guzman, au bord du suicide, tente de tuer sa femme et ses enfants.

Le second étranger, Melmoth lui-même, raconte :

- L'HISTOIRE DES AMANTS [2.2.3] se situe sous le règne de Charles II : 1660-1685. John Sandal, trompé par sa propre mère, rompt ses fiançailles avec la femme qu'il aime le jour même de leur mariage. Les deux amants ne se trouvent réunis qu'à la fin de leur vie dévastée, une fois leur amour mort et consommé le délabrement psychique de l'homme.

  Au sein de ce récit, un pasteur explique :

  – l'histoire de l'irlandais Melmoth, érudit féru de sciences occultes, sa mort énigmatique et son apparition posthume [2.2.3.1]

Le RÉCIT DE L'ESPAGNOL s'achève sur cette phrase grandiose d'Immalie-Isidora recevant les derniers sacrements au fond d'un cachot de l'Inquisition où est mort l'enfant qu'elle a conçu de Melmoth : « Le paradis ! reprit Isidora en rendant le dernier soupir, l'y trouverai-je ? »

John Melmoth et Monçada voient revenir dans sa demeure Melmoth, l'homme errant, qui dresse le bilan de son existence :

• Histoire de l'homme errant [3]

Enfin le narrateur omniscient revient raconter

– LE SONGE DE L'HOMME ERRANT, qui voit en rêve sa propre chute et la trace de sa disparition dans l'océan : un nœud de cravate laissé sur un rocher.

Une éthique
de l'être

Rencontre avec Daniel Sibony

L e mal comme irruption d'altérité peut n'avoir pour sens
que le défi d'intégrer un nouveau point de départ,
un point d'origine, qui ne se rattache pas à du déjà connu...
C'est comme une greffe de vie, une reconnaissance de cette
irruption. DANIEL SIBONY.

■ **FRANÇOIS L'YVONNET :** *Le Mal, quelle place y a-t-il
pour cette notion dans votre pensée ? Vous qui êtes à la fois
philosophe et psychanalyste, quel contenu donnez-vous à ce
concept (par rapport à des problématiques connexes, celle
de l'origine, par exemple) ; mais aussi au plan de la pratique analytique : le mal, les maux... des maux effectifs au
Mal, quel chemin emprunter ?*
■ **DANIEL SIBONY :** La place que le Mal a dans ma pensée ? J'espère que c'est celle qu'il a dans la vie, une place
qui fait mal et qui est pourtant inévitable. Si vous vous
souvenez de mon approche de l'origine[1], elle implique un

lien à l'être et en même temps au manque-à-être, et donc à tout un déploiement d'altérité. Et ce qui fait mal, c'est l'irruption de l'altérité dans le champ narcissique. Si on était complet, avec son origine ou avec sa nouvelle identité bien ronde, bien accomplie, bien obturée par des valeurs sûres... on serait bien. Or cette construction s'altère, *le mal s'y introduit comme une forme de vie, comme un rappel de vie*. De sorte qu'il faut aller plus loin que le constat de Socrate qui, au contact de ses chaînes, découvre qu'en se grattant ça fait du bien dans le mal que ça faisait. La communication entre le bien et le mal est plus profonde. Ainsi, parfois vous ne faites que du bien, et à force de ne faire que du bien, le mal vous entoure, ne serait-ce que de la part de ceux qui voudraient *eux aussi* faire du bien, comme vous, mais qui considèrent que vous prenez tout le bien qu'il y a à faire... Donc, le mal vient comme un travers ou une traverse dans un chemin qui risquerait d'être identique à lui-même, c'est-à-dire de n'être plus un chemin. Tout soubresaut d'identité, toute métamorphose d'identi-té, donc de générations, fait mal aussi. On aime ses parents, et du fond de cet amour même pointe la nécessaire rupture qui fait mal, qui les re-situe à un autre lieu que là où ils ont été d'abord.

Autrement dit, le mal n'existe pas tout seul, comme une chose dom-mageable qui nous assombrit la vie, qu'il faudra bien un jour écarter ou cerner... Non, le mal est consubstantiel au bien, et il y a une lutte incessante où des versants de la vie font mal ou font bien, ou font mal de faire bien..., bref, communiquent entre eux à des niveaux complexifiés.

■ **F. L. :** *Et au plan de l'analyse ? Le bien et le mal ne nous confrontent-ils pas nécessairement aux catégories du sens et du non-sens ?*

■ **D. S. :** Le mal peut apparaître comme une rupture de sens – sou-vent constitutive d'un *événement de sens*, fait de mutation, de renou-vellement. Ici, je vous renvoie à une étude dans *Jouissance du dire*[2], sur ce que j'appelais « *l'effet Job* ». J'y interprète sur le mode actuel – celui de l'*acte*, de la mise en acte du nouveau sens – ce fait banal : vous vous conduisez bien, tout va bien, vous faites tout ce qu'il faut pour prévenir les maux et dommages divers, et soudain, c'est le cata-clysme ! L'insensé, c'est votre impossibilité de ramener cela à du déjà connu, donc de l'interpréter comme la résurgence d'une entorse cachée qui viendrait sur la scène demander des comptes. Job avait un rapport au mal tellement préventif, tellement phobique que, à la limite, ce qui pouvait lui arriver de bien, c'était le mal – il en avait une telle phobie que tout son être s'était projeté dans le mal à écarter, dans le geste de tenir le mal à l'écart. Malgré sa prévention, ou plutôt à travers elle, il lui arrive du mal, et ses amis « analystes » viennent, l'entourent, se taisent longtemps et lui disent en substance : « S'il t'est arrivé du mal, c'est que tu as fauté. » Ce qui, en termes psychanalytiques, peut se traduire : s'il nous arrive des tuiles, c'est que cela nous arrange « de quelque part » ; c'est le retour d'un refoulé avec lequel on ne s'est pas assez expliqué, bref, c'est l'émergence d'une culpabilité enfouie. En somme, c'est soit : « Il t'arrive du mal car tu as fait mal à la loi, ou car tu as mal fait avec la loi » ; soit : « Ça t'arrive car tu *crois* avoir fait mal à la loi. » Et Freud le dit ainsi. Parfois, les patients ont toutes les raisons d'aller mieux et soudain ils vont mal – réaction thérapeutique négative – ; c'est donc, nous dit Freud, qu'il y a encore de la culpabilité, donc le besoin de se faire punir. Mais là, il réintroduit du sens. Il manque le trait, le vecteur entre le mal et la faute (ou le fantasme de faute), entre le mal et la loi qui l'interdit. (Or la loi elle-même, dans sa mise en place, peut faire mal, c'est-à-dire faire violence à l'état qui la précède. Comme telle, elle est une irruption d'altérité.)

Pour ma part, je pose que le mal, comme pure irruption d'altérité, peut n'avoir pas de sens, et du coup, avoir pour sens nouveau et supérieur le défi d'intégrer un nouveau point originaire, d'intégrer une mise en place de l'inconscient, un nouveau départ qui ne se rattache pas à du déjà connu, et qui amène donc à une interprétation qui, non pas rappelle le refoulé, mais est une sorte de greffe de vie, une reconnaissance de cette irruption comme une greffe de vie. Cela fait mal, certes, mais c'est inévitable, cela ne peut être autrement. Vous faites votre travail, par exemple, tout va bien, et pourtant vous êtes en train de faire du mal, du mal à d'autres gens qui voudraient être à votre place et qui ne vous supportent pas, parce qu'ils aiment le bien que vous faites, et que vous leur prenez, selon eux.

■ **F. L. :** *Retrouvez-vous ici la distinction classique entre celui qui fait le mal pour le mal (le méchant) et celui qui ne poursuit que son bien et seulement son bien, indifférent au mal qu'il peut faire à l'autre (le mauvais) ?*

■ **D. S. :** Distinction secondaire. Je parle non pas de celui qui fait le mal pour son bien, mais de celui qui fait le mal parce qu'il aime le bien, le bien que vous aimez aussi, et non « son » bien à lui, égoïste. Il aime les bonnes idées, les belles pensées, donc il vous hait car vous voulez les introduire dans un cadre qu'elles récusent – par exemple un cadre routinier, où vous risquez de l'angoisser. Ce qu'il cherche, en voulant vous faire du mal, ce n'est donc pas son bien à lui, il cherche seulement à se soutenir. Quant à celui qui chercherait le mal pour le mal, il le ferait pour alerter ceux qui n'ont pas remarqué sa détresse, pour qu'ils viennent reconnaître sa souffrance et qu'en somme ils lui disent : pourquoi en es-tu réduit à chercher le mal pour le mal ? Est-ce que le bien que tu as fait est resté méconnu, invisible, pour qu'il te faille tirer cette alarme ultime ? Les délinquants sont des gens qui respectent la loi, c'est assez clair ; sinon, pourquoi iraient-ils l'interpeller ? Mais ils en sont réduits, dans leur rapport à la loi, à devoir lui hurler, au lieu de parler avec elle, ou d'exister à son ombre, sous sa protection...

▨ **F. L. :** *Vous voulez dépasser l'opposition du mal conçu comme privation (privation du bien, par exemple) et du mal existant en soi, en toute positivité...*

▨ **D. S. :** Opposition circonstancielle qui risque de masquer les étonnants rapports d'échange entre le bien et le mal. Le mal peut être un manque tout autant qu'un excès. Le geste sacrificiel, par exemple, où l'on doit consentir à la perte et inscrire le manque, est lié au fait qu'il y a tellement de bien que cet excès peut soudain devenir un mal si on ne rend pas à l'autre la part qui le reconnaît comme existant, et qui, en quelque sorte, négocie une proximité.

Il y a quelque temps, suite à une conférence, on m'a posé la question : « Comment se fait-il que Dieu tolère le mal ? » C'est une question pour celui qui la pose : « Comment Dieu, dont *j'ai* fait une figure du Bien, peut-il avoir à faire avec le mal ? » C'est donc une tautologie. Ou alors, il n'a qu'à se le refaire, son Dieu, puisque c'est lui qui l'a fait sur ce modèle un peu naïf...

▨ **F. L. :** *Nous retrouvons là l'antique question de la permission du mal, réactualisée par Leibniz dans sa* Théodicée *: « Si Dieu existe, d'où vient le mal ? »...*

▨ **D. S. :** Il se peut que Leibniz – qui a brillé en d'autres domaines – ait été limité ici par sa métaphysique... Si l'on personnifie Dieu, on peut poser de telles questions. Demander pourquoi Dieu tolère le mal, c'est par exemple se demander pourquoi un père peut faire du mal à ses enfants. Si on admet que Dieu est l'être, l'être en devenir, l'être-étant-été-à-être, comme je l'ai développé dans *Les Trois mono-théismes*, la question devient tout autre : comment se fait-il que moi, Pierre ou Paul, avec la conduite que j'ai eu ou la pensée que je n'ai pas eue, je sois tombé dans ce trou-là, qui de toute façon existe et bouge et se métamorphose ? C'est comme si on disait : il y a toujours tant d'accidents de la circulation à ce carrefour, c'est statistique ; d'accord, mais ça n'annule pas la question : pourquoi est-ce arrivé à lui et pas à un autre ? Et que peut-il faire avec ça ? La question porte sur l'articulation d'une subjectivité, d'un corps singulier, à ce tour-billon, à cette route qui fait partie de Dieu, si j'ose dire. Peut-être même que Dieu, c'est ce clivage de l'être ! À la limite, le montage de Job est très joli : « *Satan dit à Dieu...* » – comme si la partie satanique disait à la partie non-satanique : « Et si on allait tenter un peu ce bonhomme »... Ce n'est jamais qu'une métaphore pour dire qu'il y a dialogue entre deux aspects du monde, deux aspects du divin, et qu'il y a eu un basculement... provisoire.

Leibniz simplifie donc l'espace, l'espace dynamique, pour formuler une telle question. Dans la Bible, il est dit en termes simples : « *J'ai mis devant toi la vie et la mort, le bien et le mal, tu choisiras la vie.* » C'est donc que le mal est là, il est là de par la création même. En re-vanche, le « *Tu choisiras la vie* » dit que « tu es une particule avec une feuille de route, et un petit programme local t'est donné : chaque fois qu'il y a une bifurcation, choisis la trajectoire qui n'indique pas que tu veux la mort ; choisis bien, c'est-à-dire *en vue* du bien, même si ce bien se casse et se met à faire mal. » Au fond, c'est cela qui peut permettre que la mort vienne en son temps, il ne faut pas la forcer. En allant jusqu'au bout, « *Choisis le bien !* » veut donc dire : « Reconnais qu'il y a le mal, mais qu'il arrive par-delà tes projets. » En d'autres termes : « Fais le bien, et sache que, sans doute, du mal va arriver de par ce bien même, mais que cela vienne de l'autre, pas de toi-même ; toi, ne choisis pas la ligne directe du mal. » C'est bien là un appel de vie. Un appel de vie, cela veut dire : « Tu vas mourir un jour, mais prends les détours les plus denses, les plus intéressants, avant d'arri-ver au point mort. Projet de vie. Chaque fois que tu peux prolonger en inventant de nouveaux détours, fais-le »...

■ **F. L. :** *Faut-il emprunter les* Holzwege, *les chemins forestiers qui ne mènent nulle part ?*

▪ **D. S. :** ... mais sachant que ça mène à la mort à travers une vie qui se doit d'être *bonne*. Et comment savoir que le chemin qu'on prend ne mène nulle part... avant qu'on l'ait parcouru ? N'est-ce pas le fantasme d'un choix « idéal », celui d'un but où l'on n'aurait aucune part ? Et qu'est-ce qu'une part, la sienne, qu'on aurait soi-même annulée ? On pourrait montrer là une certaine pointe totalitaire chez Heidegger. Du reste, même les « chemins de forêts » ont pour but ou pour objet le fait qu'on y chemine ; et où que l'on chemine, on a part – on est partie prenante – à la question du passage entre bien et mal. Et cela se voit cliniquement : un individu dans un moment de rupture amoureuse ou amicale, par exemple, sait parfaitement s'il choisit la mortification, disons « la bouderie ou la vie » ; il sait s'il se dit non à lui-même, ou s'il affirme la vie. Cela s'apprend, de dire oui, et de laisser l'autre dire non, cela ouvre une épreuve nouvelle, qu'il serait mal d'éluder en s'enfermant soi-même.

▪ **F. L. :** *Pour revenir à votre remarque concernant le problème de la permission divine du mal ou de sa « justification », ne peut-on pas penser aussi à Hans Jonas qui, dans* Le Concept de Dieu après Auschwitz, *se demandait si Dieu n'avait pas « pris un risque » en créant un univers capable d'une telle monstruosité ?*

▪ **D. S. :** Bonne formule anthropomorphe mais un peu vide : le risque était là, le risque du monstrueux, et ce risque a pris l'Europe – par sa pointe avancée à l'époque, l'Allemagne –, et l'a mise en demeure de choisir : choisis de le contourner ou de le passer à l'acte. Elle a choisi en toute conscience de le mettre en acte, elle a choisi la mort, le mal, croyant se faire – et faire au monde – le plus grand bien. S'il y a le risque d'un petit mal, il y a le risque d'un plus grand mal, et d'un mal encore plus grand, et ainsi de suite, à l'infini. Quant à ceux qui disent : « Après Auschwitz, comment voulez-vous croire en Dieu ? », ils formulent une posture de croyants malheureux. Pourquoi pas ? D'autres disent que la Shoah est de l'ordre de l'*impensable*. Façon de dire que, pour eux, c'est presque le fondement de leur identité, juive éventuellement, ou autre, qui est en cause. La Shoah mettrait fin à toute pensée sur le bien et le mal – comme si le mal ultime une fois atteint il n'y a plus rien à penser, en quelque sorte. Je respecte ces vues sans vraiment les partager.

Reprenons. « Si Dieu a laissé faire Auschwitz, c'est qu'il n'y a pas de Dieu ! » « S'il m'a fait ça, c'est qu'il n'existe pas ! » Pour celui qui parle ainsi, Dieu continue d'exister mais on lui ajoute une rature, un coup de pied. Et « Dieu », c'est-à-dire la vie, n'en est pas à ça près...

Freud, lui, raconte qu'un de ses patients, étudiant en médecine, voyant le cadavre d'une vieille femme qu'il fallait disséquer, a été si horrifié qu'il s'est écrié : « Si Dieu laisse faire ça, alors je ne peux pas croire en lui. » Et Freud de traduire : « Si Dieu veut que je perde ma mère, alors il n'y a pas de Dieu ! » Or, avec ou sans Dieu, votre mère passera de l'autre côté le jour de *sa* mort. C'est donc une sorte de cri d'amour désespéré, qui se formule en de ces termes où l'amour déçu peut tourner à la haine. « Si Dieu laisse faire ça... », gare à lui ! À la limite, c'est un bâillement narcissique : « Si Dieu n'est pas là où *je* l'attends, alors il est introuvable... »

Mais il n'y a pas de Dieu qui *laisse* faire ou qui ne *laisse pas* faire. C'est cette « laisse » qu'on lui confie qui amène à confondre la *demande d'amour* (aime-moi...) avec le verdict d'existence (...sinon, tu n'existes pas), verdict qui concerne en fait l'espace même de la demande. Et ainsi, la demande d'amour est retirée, démentie parce qu'elle n'est pas satisfaite ! De quoi faire tourner court le dialogue avec l'*autre*...

En revanche, si Dieu est « infaisable », « indécidable », et en tout cas ne se laisse pas faire, c'est qu'avant tout il y a la lutte incessante des forces de vie et de mort, du bien et du mal ; avec les passages que j'ai dits, les retournements ; il y a les choix volontaires ou non, venant des peuples et des sujets, d'aller déchaîner les pulsions de mort à des fins de « conservation », de maintenir des cadres meurtriers au nom d'un bien « commun » – un bien très commun, en effet... Ce sont tous ces choix réels, y compris le choix de laisser faire, qui façonne un pays en forme d'espace totalitaire, avec des foules qui n'attendent plus que leur chef pour le grand nettoyage. Que vient faire là-dedans un quelconque projet divin ? Sauf à le prendre comme croyance des humains, comme choix supplémentaire de leur part pour se donner d'autres recours... Ou à inverser le problème : « Quel *projet* de *divin* avez-vous en laissant faire ces choses-là ? Quelle idée avez-vous du divin, c'est-à-dire des limites de l'humain, lorsque vous êtes vous-même celui qui laisse faire ? »... C'est l'humain qui pétrit sa destinée dans ce tumulte entre bien et mal ; il arrive qu'il tombe dans de grands trous, d'immenses cratères, et là, il satisfait ses impulsions de meurtre. Le nazisme donc, a ainsi « satisfait » beaucoup de monde, comme il a réduit beaucoup de monde en fumée. Après la catastrophe, qui revient par à-coups comme urgence de pensée, la question du *choix* demeure : comment être en devenir de façon qu'à partir de ses choix locaux on puisse faire un trajet qui après-coup soit assez *bon* ? Tout le reste, c'est une manière qu'a chacun de trouver sa jouissance, y compris de gérer les fautes dont il hérite, qui font partie de son « mal » initial.

■ **F. L. :** *En disant cela, ne banalise-t-on pas la Shoah ? Parler de jouissance, ici, n'est-ce pas nécessairement réducteur ?*

■ **D. S. :** La façon dont les gens font jouir leur symptôme, c'est leur façon de s'y réduire ; c'est nécessairement réducteur. En l'occurrence, il se trouve que la jouissance de l'État allemand fut de réduire l'*autre* à néant. Mais ce n'est pas cela qui spécifie Auschwitz. Voyez là-dessus mes *Écrits sur le racisme*[3], où je montre que ce fut là un point limite que j'ai appelé le « *meurtre du nom* », où dans un grand feu totalitaire, on a voulu éradiquer toutes ces traces de manque – toute cette « race » de manque – et de ratage inhérent au nom, à la symbolicité comme telle. Et les juifs ont été pris pour responsables de ce ratage, parce qu'ils ont apporté un peu de *ça* dans leur bagage, dans leur message : le message biblique apportait un écart imparable entre l'identité naturelle et l'identité symbolique. De sorte que quiconque a pu souffrir de cet écart s'est retourné vers eux comme vers la cause de cette douleur, et des cinglés ou des moins cinglés se sont dit : « Si on éradique cet écart, il y aura une grande santé et une grande *simplicité* dans nos mœurs et nos problèmes. » Ainsi Auschwitz a-t-il été une sorte d'auto-guérison morbide de l'Occident, dans sa fascination de croire qu'il pouvait maîtriser le symbolique en lui tordant le cou. En cela, Auschwitz est absolument singulier. Différent des massacres au Rwanda, par exemple, où une tribu veut anéantir une tribu rivale ; différent des Khmers rouges ou de la Révolution Culturelle en Chine. Dans ces cas, il s'agissait de tuer le mal que l'autre incarnait. Avec les camps de la mort il s'est agi d'éliminer le « mal » inhérent à l'homme, et pour cela, il fallait faire un mal absolu. Il faut bien reconnaître que la pensée allemande a contribué à produire le terreau où ce fantasme d'origine pleine a germé...

■ **F. L. :** *On ne peut tout de même pas dire que la pensée allemande serait, dans son essence même, comme portée vers cette finalité négatrice...*

■ **D. S. :** Pourquoi serait-ce dans son « essence », que j'ignore ? C'est en tout cas un des produits de son existence, et de son histoire. Même si ni Fichte ni Hegel n'ont projeté les camps de la mort ! Il y a une finalisation progressive, selon les besoins...

L'essentiel, pour nous, c'est que l'humanité n'ait pas besoin de ce mal-là pour se soigner la vie ; pas besoin d'une telle monstruosité pour faire sa thérapie, ni besoin de croire que ça lui rendra la vie possible. Il faut faire en sorte que l'humanité soit capable de gérer le mal qu'elle sécrète, sans le renvoyer vers la visée idéale qui serait une société sans mal.

■ **F. L. :** *Pour revenir à la pensée allemande, vous marquez toujours une grande différence, sinon une grande opposition, vis-à-vis de la philosophie de Heidegger. Vous avez d'ailleurs consacré plusieurs textes[4] à ce qu'il est convenu d'appeler son « silence »...*

■ **D. S. :** Le vrai silence de Heidegger, ce n'est pas celui qui porte sur les camps ; ou plutôt, celui-ci n'est que le signe d'un geste plus profond : l'éradication par Heidegger des sources bibliques de sa pensée. La pensée de l'Être chez Heidegger est selon moi « ombiliquée », ancrée dans la Bible hébraïque. Et lorsqu'il s'attaque au christianisme en faisant comme si tout l'héritage biblique était chrétien, il gomme les sources mêmes de sa pensée, y compris celle de *Sein und Zeit*. J'ai écrit tout un volume sur cette question, que je publierai un jour, en donnant les correspondances liant chaque concept à ses sources bibliques, du *Sorge* (souci) à la *Lichtung* (clairière)...

Quant à la place que je fais au mal comme réalité incontournable, elle n'implique pas l'acceptation du mal. Reconnaître qu'il y a le mal ne veut pas dire l'accepter. Mais ce refus de l'accepter ne peut être que local, ponctuel ; si refus global il y a, c'est seulement dans le sens où nous ne voulons pas aller vers le mal. Et si ça va vers le mal, si l'on va vers le mal, que ce ne soit pas, alors, en le voulant : notre volonté et notre refus sont un facteur essentiel de la trajectoire... qui, parfois, peut l'infléchir.

■ **F. L. :** *Revenons alors à la question première : peut-on vouloir le mal pour le mal ?*

■ **D. S. :** Prenons un exemple : le suicide ou le meurtre. Tout meurtre, fût-il réputé gratuit, se veut une protestation vivante contre la loi, notamment celle qui interdit le meurtre. C'est donc, en un sens, un élément de vie, une interpellation de la loi, une volonté désespérée de fonder une nouvelle loi. Quelqu'un qui se suicide, c'est quelqu'un qui se donne du mal, il se le donne à l'état pur, mais il ne sera plus là pour en récolter le fruit. Il se « donne » ce mal comme une totalisation du bien qu'aurait pu être la vie, sa vie ; puisqu'elle n'a pas été assez bonne, il pense en avoir fait le tour, il fait le total, et se tue.

Alors je doute qu'on puisse faire le mal pour le mal. Celui qui fait du mal aura du mal à éviter certains contacts avec le bien, ne serait-ce que l'idée du bien. De même, celui qui fait le bien pour le bien n'arrivera pas à éviter que ça puisse faire mal quelque part. Il faut donc se faire pardonner le bien qu'on fait, tout comme le mal. L'essentiel est de reconnaître les passerelles qui existent entre le bien et le mal. C'est elles qui font du bien ; mais elles font mal aussi. Cela dit, certains passent beaucoup de temps à fomenter le mal et d'autres ne font qu'y penser, à peine...

▦ **F. L. :** *Dans le dernier chapitre des* Trois Monothéismes, *intitulé :* « *Pour une éthique de l'être* », *qui est un commentaire des Dix Paroles (ou Commandements), vous écrivez la chose suivante :* « *On le voit, ces Dix Paroles donnent des conditions minimales pour une éthique où l'amour de l'être serve de repère, sinon de " père ".* » *Que voulez-vous dire ?*

▦ **D. S. :** Je dis que ça sert de repère parce que de la loi, en tant que loi infinie, nous ne connaissons jamais que la partie finie, les premières marques, en quelque sorte ; et notre recherche tend à connaître d'autres marques. Cette loi entérine une sorte de mode d'être orphelin ; nous n'avons pas un père qui nous suit tout le temps, ni un gourou – et l'on sait ce qu'il en est des gourous, dont la jouissance tient lieu de loi. Donc, nous sommes comme orphelins, appelés à assumer cette perte de l'instance parentale, à l'assumer avec humour, car nous aussi nous allons disparaître et laisser des orphelins. Or, déjà, nous disparaissons par à-coups quand nous sommes dépassés, y compris par l'effet de nos actes vers le bien ou le mal. Il y a donc un consentement à la disparition, qui relève d'une éthique de l'être, dans la mesure où nous faisons partie de l'être, et nous avons à faire fructifier, à faire vivre l'interface qui nous rattache à l'être – cela, en tant que nous sommes appelés à être au-delà de ce que nous sommes. J'interprète ainsi les Dix Paroles comme ce qui invite à oser avoir la force, la capacité d'aller au-delà de ce que nous sommes, c'est-à-dire de ne pas être identique à soi. Être identique à soi, c'est pourrir, même si l'on ne fait que du « bien ». Et donc, dans ces Paroles, il y a des appels positifs et des garde-fous négatifs. Par exemple : « *Respecte ton père* *et ta mère* », cela veut dire : « Rends-leur leur histoire pour qu'ils n'aillent pas obturer ton rapport à l'être ; ne sois pas dans l'ornière où ils sont. » La dixième Parole : « *Ne convoite pas la femme de ton prochain !* », veut dire : « Ne te mets pas dans la peau de ton prochain pour désirer, ne désire pas sur son modèle, désire autrement, à ta façon. » « *Je suis YHWH [l'être] qui te fait sortir de la terre d'Égypte, de la maison de l'esclavage.* » Cette première Parole nous dit qu'il y a toujours de l'être, donc il n'y a pas à jalouser ce qui est, car rien de ce qui est n'est l'être. Du coup, c'est une éthique non pas tant du bien-être que de l'être-bien. Mais que veut dire « être bien » ? Posséder du bien ? Se sentir bien, physiquement bien ? Si c'était cela, nous serions comme la vache dans le pré...

■ **F. L.** : *C'est peut-être la santé, le « silence des organes » de Leriche...*
■ **D. S.** : Il n'y a de silence que pour telle oreille... « Être bien », c'est être bien en contact avec l'être en tant qu'appel à être au-delà de ce qu'on est, et s'y sentir bien. Le bien ne peut être que la sensation ou la pensée après-coup d'un geste qui s'est fait. À l'image de la Création. *Il* dit : « *Soit la lumière !* », et *Il* trouve que *c'est bien, Il* dit : « *Qu'il y ait ceci ou cela* », et *Il* trouve que c'est bien....
Ainsi sommes-nous invités à « sortir » du fonctionnement esclave. Certes, à chacun son chemin conçu comme un rapport à l'être, qui porte l'élan vers l'infini de l'être, sans que cela arrive au point final ; un point final, souvent, c'est votre prochain qui vous boucle le regard, qui vous barre la route, qui vous dit que, tant qu'il est là, il n'y aura plus rien de possible. Alors vous résorbez tout votre potentiel d'être dans cet individu, dans cet objet phobique, qui peut être l'étranger, le chien, le vide ou le fait de parler en public...
Ce que j'appelle « éthique de l'être », c'est de ne pas réduire l'être à ce qui est ! Et le mal à éviter, c'est la réduction de l'être, en tant que possibilité d'être pour tout ce qui est, d'être autre ; la réduction de cette potentialité à quelque chose qui est ; c'est cela qui « fait » mal ! Et on le sent bien dans les rapports quotidiens : quelqu'un qui vous exclut, c'est quelqu'un qui vous inclut dans un cadre qu'il a défini à l'avance, pour vous. Il déclare : « Vous qui êtes ceci ou cela ! », ou bien : « Vous ne pouvez pas faire cela sachant que vous êtes dans tel cadre » ; il veut vous réduire, vous couper de votre potentiel d'être, on peut dire de vos racines, mais des racines d'avenir, là où vos branches vous projetteront.

Si l'on adopte ce point de vue de l'être, c'est déjà une bonne ouverture à la question des passages entre bien et mal ; et un grand nombre de conduites, de rapports au groupe, s'en trouvent éclairés. En outre, cela amène à respecter le cadre, si le cadre ou la limite sont une espèce de scansion, de pause, de respiration dans le mouvement de l'être. Il faut du cadre à décadrer et de la limite à franchir. Par contre, les phobiques se lèvent et hurlent de peur, dès que quelqu'un risque de « violer » le cadre ; car pour eux, le cadre c'est l'*être* même, et non une pause ou une scansion de l'appel d'être. Alors ils fétichisent le cadre, ils sont prêts à tuer pour. Ils confondent le bien et la peur du « mal ». À la limite, cette phobie du potentiel d'être qui amène à le résorber en quelque chose qui est une valeur, un principe, un cadre, un bâtiment, un emblème... – ce qui va plus loin qu'une idéologie –, c'est cela qui fait mal, aussi bien au prochain qu'à soi-même. Le mal, c'est de se donner une origine fétiche, en forme de « cadre », et d'y rester ; ou de faire la même opération pour l'autre, pour les autres, en voulant les y enfermer. Et c'est la principale entorse à ce que j'appelle le « point de vue de l'être ». Dans la pratique analytique, ce qui fait mal au patient c'est l'effort pour se dégager d'un cadre qu'il s'est donné pour origine et qui s'appelle son symptôme. Et cet effort mesure l'emprise du symptôme, et le mal qu'il faisait.

1• *Cf.* l'entretien avec Daniel Sibony (autour de son ouvrage *Les Trois monothéismes*, Le Seuil, 1992) : « L'origine en partage », *in Louis Massignon, Mystique en dialogue, Question de* n° 90, 1992.

2• *Jouissance du dire, Nouveaux essais sur une transmission d'inconscient*, Grasset, coll. « Figures », 1985, chap. 2.

3• Christian Bourgois, 1988.

4• *Du récu et de l'invivable*, Albin Michel, 1991 (édition de poche revue et augmentée : *Événements I et II*, Points Seuil, 1995).

Malade
ou méchant ?

La méchanceté en psychopathologie

François Lelandais

Malade et méchant ? C'est une question qu'on ne se
pose jamais en ces termes lorsqu'on est psychiatre
consultant en prison. Dans ce lieu d'humiliation sociale,
au sens étymologique, le « méchant » jeté à terre devient
victime, quel que soit son crime, et lorsque nous le rencontrons, à sa demande, pour une consultation médico-
psychologique ou psychiatrique, c'est la victime malade
(parfois dans une folie délirante) que nous écoutons.
Écouter une victime, dans sa souffrance, lui porter secours, selon nos possibilités, que ce soit par quelques mé-
dications apaisantes ou par des entretiens, pour mettre
des mots sur des éprouvés traumatiques, c'est non pas
aisé mais moins difficile que de reconnaître que cet être
souffrant, dépossédé de son présent et de son avenir,
privé de liberté, est aussi parfois un être « méchant »,
incapable de ressentir la moindre compassion envers les
autres, en particulier envers la victime, celle qui est la

raison de son incarcération. Dans une sorte de miroir il arrive que le consultant nous parle de la victime comme d'un persécuteur, non pas à la manière d'un paranoïaque délirant, mais parce que l'incarcération est vécue comme une vengeance inique de la victime envers son agresseur, justifiant *a posteriori* l'agression.

Tel ce jeune homme de vingt ans qui s'est retrouvé incarcéré après avoir séquestré et torturé des jours durant un homme âgé, à la recherche d'un hypothétique magot. Terrorisée, pour échapper aux coups, la victime s'est défenestrée. L'agresseur n'accepte pas d'être incarcéré pour meurtre, puisque la victime s'est tuée d'elle-même. Il évoque cela comme une violence contre lui, comme une injustice absolue de la part de cet homme, justifiant « par ce qu'il [lui] fait souffrir maintenant » le bien-fondé de la haine qu'il lui voue et qui le rend aujourd'hui totalement incapable de critiquer son acte ou d'éprouver du remords : « Pourtant je croyais que c'était un type bien, il m'avait accueilli avec ma copine alors qu'on était à la rue... Il était invalide... Nous, on avait juste envie de s'amuser un peu alors on l'a attaché... » Suit alors la narration froide et sans affect apparent de ce qui s'est passé, avec en filigrane l'idée que l'autre ne pouvait pas avoir peur « puisque nous, on s'amusait », puis l'idée d'une trahison lorsque la victime menacée d'un couteau s'est jetée en arrière et s'est défenestrée...

La question, ici, n'est pas de tenter de démêler ce qui permettait à ce jeune homme de faire l'économie d'un sentiment de culpabilité, ni de discuter sur les notions de clivage ou de déni, ce qui entrerait dans une discussion de psychopathologie, mais simplement de la difficulté d'accepter la globalité de la personne dans la relation thérapeutique : c'est au tour du thérapeute d'être dans un certain clivage voire dans le déni, en s'interdisant de se situer autrement que comme « interlocuteur privilégié », dans une relation duelle où la référence morale commune serait exclue. Le mal comme faute morale, rupture de la convention, du lien social, expression parfois de l'*ubris* – mal indéfendable selon l'éthique sociale – qui fait partie de nous , est « mis de côté » pour ne penser au mal que comme symptôme d'une « maladie », d'une souffrance psychique que l'on s'efforce de mettre à jour dans l'idée, peut-être confuse, d'une guérison ? d'une expiation ? dans le registre d'une hypothétique *catharsis*, qu'elle soit tragique ou freudienne[1] ?

---

1. Il est évident qu'il ne s'agit pas d'assimiler tout acte criminel à un symptôme de pathologie mentale.

Si l'homme n'est pas bon par nature, le mal n'est pas inhumain. Du point de vue strict de la relation psychothérapique, l'idée de permettre à un sujet de sortir d'une souffrance interne n'est pas l'idée qu'il devienne bon, mais l'espoir qu'il se reconnaisse et qu'on le reconnaisse à notre tour comme humain et sensé... fût-il méchant.

La loi sociale n'a pas cette préoccupation en priorité. Dans le champ social, il est défini que le citoyen respecte la règle établie par les lois (et le code pénal en particulier), il est souhaité que l'individu ait un code moral en adéquation avec le groupe dans lequel il vit.

ORDRE ET MORALE

Le psychiatre ou le psychothérapeute a aussi sa morale et ses références aux conventions de vie en société. La relation thérapeutique est simple sur le plan éthique avec le patient même lorsque ses fantasmes sont terrifiants, angoissants ou monstrueux. Mais elle se complique singulièrement lorsque la trame de la terreur ou de la monstruosité s'est inscrite dans la réalité. Des pratiques se développent actuellement dans le sens de normalisations comportementales : notion de déconditionnement d'actes agressifs, castrations plus ou moins réversibles de délinquants sexuels, etc. Sous la parure d'un discours scientifique, d'arguments endocriniens ou de neurotransmetteurs cérébraux, il s'agit d'une régression massive dans la pensée psychiatrique. L'efficacité éventuelle de tels traitements n'est pas mise en cause (lorsqu'on coupe les mains à un voleur, selon certains codes religieux, la récidive de l'acte devient improbable). Mais nous sommes alors dans un registre où le mal comme expression maladive du sujet a totalement disparu au profit du mal comme transgression. La moralité sociale du psychiatre est alors sauvée, mais la psychiatrie comme telle disparaît du même mouvement du champ de la médecine. Les notions de psychothérapie ou de psychanalyse s'effacent, l'inconscient, de freudien devient pavlovien ; la conscience, la culpabilité, la réparation, la responsabilité, le rapport à l'autre deviennent des réflexions inutiles au profit de l'étude du comportement. Il n'y a plus alors nécessité d'une réflexion psychologique spécifique, la psychiatrie deviendrait une branche « spécialisée à l'homme » de l'éthologie animale.

Pour conclure, la méchanceté comme entité morale n'est pas de l'ordre de la psychopathologie, la relation d'un sujet avec lui-même étant continuellement traversée par des pulsions contradictoires, l'expressivité par le mal peut être aussi bien interprétée comme un signe de structuration psychique chez un sujet auparavant suicidaire et auto-destructeur, que de décompensation psychiatrique chez un sujet paranoïaque. La « lecture psychopathologique » se retranche alors en dehors des conventions morales du bien et du mal pour n'en faire que des signes, des symptômes, des expressions de la vie intime du sujet, dans un mouvement très réducteur pour ce que ces mots représentent : mais seule cette réduction permet, associant mal à souffrance voire à maladie, de travailler cette question dans la pratique clinique. L'autre aspect, le jugement moral, est pris en compte par la société ou par l'appareil judiciaire, et n'a pas besoin de la psychiatrie pour en décider.

Que cette coupe s'éloigne de moi...

Daniel Laguitton

L a trame principale de la légende arthurienne est
sans doute la quête du Graal dont le point culminant se résume à peu près comme suit : sur une terre désolée, dans un château assombri, un vieux roi se languit
rongé d'une profonde mélancolie. C'est dans ce château
qu'apparaît le Graal, vase sacré qui apaise toute faim et
étanche toute soif. La guérison de la terre et du roi repose
sur la perspicacité du chevalier qui, voyant apparaître la
coupe mystérieuse, saura poser les questions « perti-
nentes » afin que la puissance du Graal soit révélée.
L'interrogation de l'homme sur le sens de sa vie et de sa
souffrance est un sujet inépuisable à travers lequel la
légende arthurienne se perpétue en moult épisodes où le
Graal apparaît sans que nous posions toujours les questions essentielles. Ces questions varient quelque peu
suivant les versions du roman, mais deux formules en
constituent le fond. L'une s'adresse directement au roi

souffrant : « Qu'est-ce qui te trouble ? » ; l'autre porte sur le Graal :
« À quoi sert-il et Qui sert-il ? » Dans la version de Chrétien de Troyes,
le chevalier Perceval omet de poser les « bonnes » questions[1], alors que
dans la version de Von Eschenbach il y parvient, le roi guérit et la terre
redevient fertile[2]. Chaque fois que la « terre » est désolée – au sens
littéral et écologique du terme –, ou que notre « Roi » intérieur souffre
dans son corps ou a mal à l'âme, il est bon de se souvenir des questions
de la quête du Graal et de les poser en comprenant leur sens.

DOULEUR, PEINE, SOUFFRANCE : QUÊTE DE SENS

David Le Breton, dans son *Anthropologie de la douleur*, affirme que :
« *La douleur est un échec radical du langage. Incommunicable, elle
n'est pas un continent dont les explorateurs les plus audacieux pourraient dessiner la géographie tangible. Sous sa lame, le morcellement
de l'unité de l'existence provoque la fragmentation du langage. Elle
suscite le cri, la plainte, le gémissement, les pleurs ou le silence, c'est-
à-dire autant de défaillances de la parole et de la pensée* »[3]. On peut
prendre cette affirmation à contre-pied et affirmer que c'est parfois le
langage qui fait obstacle au sens profond de tout ce dont il essaie de
tracer une géographie tangible. Le mot « silence » fait du bruit. Les
mots qui expriment la souffrance ont souvent troqué leur sens originel
pour un contresens, comme s'ils étaient devenus complices d'un
certain déni de l'expérience sous-jacente. Le cri, la plainte, le gémissement, les pleurs ou le silence, loin d'être des défaillances de la parole
et de la pensée, en sont généralement les racines. Le mot « amour »,
nous disent certains linguistes, vient probablement de l'onomatopée
amma qui imite le son du nouveau-né qu'on allaite...[4] *Amma*, ami,
amour, maman, sont autant d'évocations de la même source d'abondance, Graal du nourrisson. « *Lorsque le sage montre l'étoile, l'insensé regarde le doigt* », dit l'adage. Lorsque le mot montre la source,
l'insensé regarde le mot. Loin de remettre en question l'utilité du mot,
cette formule nous invite à examiner l'usage que nous en faisons,
surtout lorsqu'il jaillit du cœur de l'homme comme c'est le cas des
mots « douleur » et « souffrance ».

Douleur vient du latin *dolere* et est relié à *dolare* qui signifie équarrir
un chêne avec une dolabre, sorte de hache ; ses racines grecques sont
dolos, la trahison, et *dolon*, le poignard. Le « doigt » de la douleur
pointe vers une expérience de coupure. Ce sens originel est resté intact
dans le mot « deuil ». La *doléance* est ce par quoi on se sent

retranché ; le *doleau* est une hache d'ardoisier, la *doloire* une hache
de tonnelier et un outil tranchant de maçon. *Peine* est synonyme de
douleur. Ses racines (comme celles de l'anglais *pain*) évoquent la distance résiduelle rendue par l'expression « il touche à peine ». La peine
correspond à une *sé-paration*, c'est-à-dire à l'existence d'une *paire*, à
un défaut d'union[5]. Par extension, c'est aussi le prix à payer pour
réparer, c'est-à-dire réunir les éléments de la paire. On parle par
exemple de « peine » encourue, de « pénitence » et de « re-pentir »[6].
Le sens de la peine est aussi celui du grec *hamartano* qui signifie
manquer le but, ne pas atteindre, et a donné le substantif *hamartia*,
généralement traduit par « la faute » ou « le péché ». Toutes les théo-
logies et philosophies qui se sont construites sur la notion de péché et
de pénitence sont donc aussi profondément enracinées dans l'expérience de la douleur. Elles se différencient par contre par d'importants
glissements de sens selon qu'elles menacent le « pécheur » de peine
purgatoire ou infernale ou qu'elles l'aident à reconnaître que le péché
est en soi une peine d'union, un mode d'existence douloureux et infernal caractérisé par un « manque d'être » et nécessitant un travail de
réparation auquel la compassion est infiniment plus propice que les
menaces et la condamnation.

Souffrance vient du latin *sub-ferre* qui signifie porter un fardeau et
contient un sens d'effort. Si la douleur est un signal de rupture, la
souffrance constitue un travail. Il n'y a pas de douleur sans souffrance, puisqu'il faut bien supporter les ruptures accomplies ou faire
l'effort de les réparer, mais on peut imaginer une souffrance sans qu'il
y ait *a priori* de rupture ou de réparation. On entrevoit alors la possibilité d'une souffrance « insensée », effort destructeur qui aggraverait
nos ruptures au lieu de les réparer.

La confusion entre *douleur* et *souffrance* dans le langage quotidien est
un exemple d'échec du langage ou, plus précisément, de son appau-
vrissement. L'ayant reconnu, certains auteurs de langue anglaise font
parfois la distinction entre *sensory pain* (douleur) et *suffering pain*
(souffrance). Seuls une grande vigilance et un effort d'intégrité
peuvent empêcher une langue de dégénérer en un bruitage stérile.
« *Quand un peuple tombe esclave, tant qu'il tient bien sa langue, c'est
comme s'il tenait la clé de sa prison* », affirme Alphonse Daudet dans
ses *Contes du lundi*. « Bien tenir sa langue » ne signifie pas seulement
« en maintenir l'intégrité » mais surtout « savoir se taire » pour écouter
le sens qui ne s'exprime jamais aussi clairement que dans le silence.

Compte tenu de la différence entre souffrance et douleur, la première question de la quête du Graal se divise en deux sous-questions. « Qu'est-ce qui te trouble ? » peut en effet signifier : « Quelle est la nature de tes ruptures ? », ou : « Quel fardeau portes-tu ? »

QUELLE EST LA NATURE DE TES RUPTURES ?

« *Une attitude consciente de renoncement aux prétentions de l'ego – pas seulement imaginaire mais authentique – et de soumission aux décrets suprapersonnels du destin, peut prétendre servir un roi* », affirme Carl-Gustav Jung dans *Mysterium Coniunctionis*[7]. L'obstacle principal à la guérison de notre Roi malade est l'*ego*. Structure psychique en forme de remparts dont l'existence même implique une douleur, Wilhelm Reich l'appelle la « cuirasse caractérielle » et Ernest Becker le « mensonge nécessaire »[8]. Il n'y a qu'à regarder la distance « originelle » qui sépare le doigt de Dieu de celui de l'homme sur la célèbre « Création d'Adam » de Michel-Ange, pour se convaincre que l'expérience de la séparation est aussi une invitation à la réparation au cœur même de la vie. Nous sommes tantôt déchirés dans notre chair, tantôt dans notre psychisme – si tant est qu'on puisse considérer l'un sans l'autre –, et la frontière que nous traçons entre le corps *(soma)* et l'esprit *(psyché)* est elle-même une rupture aux conséquences tragiques. Montaigne le savait lorsqu'il parlait d'avoir la pierre à l'âme bien avant de l'avoir aux reins.

Toute division est source de douleur, à commencer par le nom, le statut social, les biens et le pouvoir que nous croyons posséder, aussi éphémères soient-ils. Nous payons très cher ces divisions, elles nous conduisent à un profond sentiment de déracinement et d'aliénation. *Nostos* est en grec « le retour chez soi » et « le goût » ; *algos* est la douleur. La *nost-algie* est ce que nous ressentons lorsque notre Roi (ou notre petit prince !) a perdu le goût de vivre, est exilé ou se languit dans notre for intérieur. Sa guérison s'amorce par un retour aux racines, à commencer par celles de la langue, et par un effort systématique de ressourcement. Nous en sommes parfois dissuadés par une culture dominante qui suggère qu'au lieu de nous interroger sur la rupture que signale la douleur nous la combattions avec l'arsenal moderne d'*ant-algiques*, d'*an-algésiques* et d'*an-esthésiques* dont nous disposons. À la liste de nos maux s'ajoute désormais l'*algo-phobie*, peur obsessionnelle de la douleur. Si le déni de la mort est reconnu comme l'une des principales sources de névrose, que penser lorsque « *les sondages révèlent que la peur de souffrir suscite un effroi nettement supérieur au fait même de mourir* » et que « *le seuil de tolérance [à la douleur] décroît au fur et à mesure que les produits antalgiques se banalisent* »[9] ? Sous le titre racoleur de « gestion du stress », on nous propose par exemple, au nom de la sacro-sainte productivité, d'augmenter notre tolérance à certains types de tensions ou de les déplacer sans faire face aux ruptures sous-jacentes. Au lieu d'avoir « très mal quelque part », nous apprenons à avoir « un peu mal partout », technique de dilution dont on connaît les ravages en matière de pollution de l'environnement.

L'être humain éprouve souvent un sentiment de « manque », une peine, là où il croit n'être pas, ou – ce qui revient au même – là où il ne se permet pas d'être. Cette douleur existentielle ressemble au phénomène bien connu du membre « fantôme » qui voit la personne amputée ressentir une douleur à l'emplacement du membre manquant. *Manque* vient du latin *mancus*, l'amputé. La « Création d'Adam » de Michel-Ange, vue sous cet angle, traduit à la fois la douleur de l'Homme amputé de son Dieu et la douleur non moins intense du Dieu amputé de son Homme. Toute l'énergie de cette fresque tend vers une réparation vivifiante et non vers une séparation. Les grandes traditions mettent l'emphase tantôt sur une rupture originelle, tantôt sur l'union sacrée qui la précédait. Selon la Bible, « *l'homme et la femme étaient nus, et il n'y avait aucune rupture dans leur existence* » (*Genèse* 2, 25). Suivant les traducteurs, la notion de rupture est rendue par diverses expressions comme « se faire honte »[10] ou « blêmir »[11]. La *honte* est en effet la coupure par excellence puisque avoir honte, c'est se honnir, s'exiler soi-même. *Blêmir* est de même souche linguistique que *blesser* (*blesmjan* et *blettjan*)[12].

La condition humaine semble ainsi s'inscrire dans une spirale de ruptures dont certains fragments représentent forcément ce que nous pensons être « pas-nous » – le parent, l'autre sexe, l'autre couleur de peau, l'autre culture, l'autre solitude, etc. « Manque d'être » potentiel, cet *autre* constitue un rappel pénible de la coupure survenue *in illo tempore*, le jour de la création, le jour de notre naissance, ou chaque jour que nous avons concédé aux forces de division. L'intensité avec laquelle nous tentons de nous réapproprier ce qui nous manque est à la mesure de la profondeur de nos blessures et de notre sensibilité à l'appel de la vie en nous.

L'art et la religion sont deux moyens universels de tendre vers la réunification ; le déni, les compulsions, les assuétudes et projections de toutes sortes constituent des tentatives mal dirigées d'atteindre le même résultat[13]. L'art est dans sa racine même ce qui « articule » et la religion ce qui « relie ». La réalisation de l'œuvre d'art constitue pour l'artiste un coït unificateur. Une fois terminée, l'œuvre devient *autre* et peut même témoigner, par son existence, de l'échec ultime de la tentative de fusion. La dépression *post-partum*, post-orgasmique ou post-orgiaque (post-scriptum pour l'écrivain, post-spectacle pour l'artiste de scène), le chagrin d'amour qui « dure toute la vie », la *tristeza* qui reprend son cours inéluctable après le moment de rêve du Carnaval[14], l'état de manque du toxicomane et tous les lendemains de « communion » et de fête reproduisent la dislocation d'un Icare retombé après s'être trop approché du soleil.

Dans les religions déistes, Dieu tient lieu de soleil. L'amour de Dieu y est l'acte unificateur qui transcende les fragmentations de l'état incarné. Dans le christianisme, l'amour du prochain, cet *autre* dont l'existence même nous confronte à notre solitude, est mis au service de l'union avec le divin. L'autre devient un des multiples visages du Christ cosmique, « lumière du monde ». Dans les religions qui ne définissent pas à proprement parler de Dieu suprême, comme le bouddhisme, l'hindouïsme et le taoïsme, l'abolition de la séparation s'obtient en apprenant à voir les divisions du monde manifeste comme une grande illusion et à « reconnaître sa vraie nature » dans l'appartenance à une impermanence généralisée, version spirituelle de la relativité généralisée, qui tient lieu d'espace unificateur. Dans les traditions chamaniques, l'initié est celui qui a survécu au démembrement et en est revenu guérisseur et guide spirituel. Bien qu'elle tienne souvent à se démarquer des religions, la psychologie prône aussi la réunification ou la cohabitation harmonieuse de divers fragments de personnalité qu'elle nomme conscient, inconscient, *ego*, ombre, masculin, féminin, *animus*, *anima*, etc. Dans le processus d'individuation décrit par Jung, non seulement le Roi et la Reine reviennent d'exil, mais la *psyché* devient le site d'un mariage royal[15].

La première sous-question de la quête du Graal se résume donc à interpeller ce qui nous blesse, nous fait honte, nous exile. Chacun doit se la poser, mais doit aussi demander à l'autre dont il perçoit la douleur : « Quelle est ta peine ? » C'est par la compassion que nos ruptures interpersonnelles guérissent.

QUEL EST TON FARDEAU ?

En différenciant douleur et souffrance, il nous incombe de poser cette seconde sous-question. Nous portons d'abord le fardeau de notre douleur. Nous la souffrons, la supportons, y sommes soumis, que nous en ayons ou non conscience. Même lorsque nous en déposons le poids sur le vérin chimique de l'anesthésie, nos ruptures subsistent et l'anesthésie en ajoute même une de plus : la perte de notre sensibilité. *Aisthesis* désigne en effet la faculté de sentir, l'intelligence, la connaissance et, curieusement, la piste. Sous anesthésie, à moins de recevoir l'aide d'un guide expérimenté, nous perdons nos facultés d'orientation et nous quittons la piste. « *L'anesthésie prive ici d'un repère essentiel qui déréalise l'expérience, lui ôte sa valeur intime, déroge à son inscription dans l'histoire collective* », affirme Le Breton en parlant de son usage dans des domaines non pathologiques comme l'accouchement[16]. Seule l'anesthésie qui soulage la réparation d'une rupture ou la douleur d'une rupture qu'on ne sait réparer mais dont on est conscient est porteuse de sens. Le dentiste et le chirurgien sont des réparateurs dont le travail est facilité par l'anesthésie. L'intervenant en toxicomanie est aussi un guide qui oriente le consommateur compulsif d'anesthésiques vers l'intégrité qu'il a perdue. D'une façon générale, l'aide compatissante guide celui qui souffre et soulage son fardeau.

Par contre, nous portons parfois des fardeaux qui ne sont le poids ni d'une réparation, d'une compassion, ni d'une rupture identifiée. Non seulement ils nous accablent, mais ils deviennent chaque jour plus lourds à porter. Il est tentant de les qualifier d'« insensés ». Ce serait toutefois juger sommairement l'économie complexe de la psyché individuelle et collective et oublier que la souffrance apparemment la plus masochiste a pour but d'éviter une douleur « redoutée » qu'on imagine plus terrible encore. Le non-sens apparent de la toxicomanie et de l'automutilation s'éclaire lorsqu'on y voit des efforts désespérés de survie. Nous ressemblons alors à des voyageurs qui, pour échapper à des problèmes terrifiants, réels ou imaginaires, partent en voyage en les traînant dans leurs valises.

À QUOI SERT-IL ?

Si Perceval a oublié de poser cette question devant le Graal, l'homme moderne ne l'oublie généralement pas devant sa souffrance. Toutefois, cette question n'a de sens que si nous savons ce que signifie vraiment le verbe « servir ». Son sens était déjà altéré dans le latin *servus* qui est devenu l'esclave, alors qu'il désignait originellement le gardien des troupeaux, celui qui veille. *Servir* est relié au grec *ouros* qui signifiait « le gardien » ou « les vents favorables » et *horan* qui voulait dire regarder et s'est transmis dans « pan-orama »[17, 18]. Servir, c'est à la lettre, veiller sur, sur-veiller, être bienveillant. Le serviteur authentique n'a rien de l'*esclave* qui, lui, est une déformation de *sloveninu*, le « slave », nom qui, s'il signifiait initialement « la gloire », a pris ce sens péjoratif après la conquête de certains peuples slaves par l'empereur Otto le Grand en l'an 955[19]. *Servir* a le même sens qu'*aider*, du latin *ad-juvare* – assister, soigner. Le véritable adjuvant, comme le bon adjudant, est celui qui aide. *Juvare* vient de *jus*, le droit, et est de la famille de *jungere* – joindre, relier, juxta-poser –, et du grec *zeugos*, le joug. Le *zygote*, œuf fécondé, union du sperme et de l'ovule, et le *yoga*, qui établit l'union mystique, font partie de cette famille prolifique. Le service authentique est un véritable yoga, tout comme la thérapie véritable est un acte de service, venant du grec *therapon*, le serviteur. « Qu'est-ce que signifie servir ? », aurait pu demander le petit prince au renard au lieu de l'interroger sur le sens de l'apprivoisement. La réponse eut été la même : « Cela signifie créer des liens. » « À quoi sert-il ? » signifie « à quoi me relie-t-il ? »

En nous rappelant d'abord nos ruptures, la douleur nous invite à la réunification. Elle est la lampe rouge qui s'allume lorsque la panne est imminente ou déjà accomplie. Avant de nous empresser de dévisser l'ampoule, assurons-nous d'en avoir compris le message. Quant à la souffrance, elle a du sens lorsqu'elle sert à supporter les ruptures, les nôtres et celles des autres, et à les réparer.

QUI SERT-IL ?

« *Toute douleur qui n'aide personne est absurde* », a écrit André Malraux dans *La Condition humaine*. On peut faire la même affirmation au sujet de la souffrance. Reste à identifier précisément le *Qui* bénéficiaire de ce service. L'esprit humain ne peut concevoir que trois sortes de *Qui*. Nous avons déjà identifié le premier, identité carcérale par excellence, le *Je* qui se disait *ego* en latin comme en grec. Le second est le *non-Je*, ce qui n'est pas *ego* mais n'existe que parce que l'*ego* s'en différencie, cet *autre* qui lui rappelle son existence et que Sartre a qualifié d'« enfer ». Le troisième est l'espace global qui commence quand l'*ego* cesse de diviser l'univers en deux, espace que les sages évitent de nommer pour ne pas le réduire.

Si c'est l'*ego* que servent la douleur ou la souffrance, elles ne font que renforcer le centre de perception de toute douleur et de toute souffrance. On peut alors parler de douleur et de souffrance absurdes, véritables bombes à fragmentation dont l'*ego* rigide est l'artisan et le détonateur.

Si c'est le *non-Je* qui est renforcé par la douleur ou la souffrance, il est plus délicat de tirer quelque conclusion car seul le mobile intérieur différencie le renoncement véritable de l'orgueil qui se cache sous la fausse modestie. Flaubert nous rappelle dans ses *Carnets* que : « *Le comble de l'orgueil, c'est de se mépriser soi-même.* » Et « *sans orgueil, comment parler d'adversité ?* », demande Lao-tseu[20]. L'une des principales difficultés sur la voie du renoncement à l'*ego* est d'éviter les pièges qu'il nous tend pour maintenir à tout prix sa fonction de contrôle, alors que son existence même constitue une source intarissable de douleur et de souffrance. Au sujet de certaines souffrances créées de toutes pièces dans un souci égoïste de sanctification, maître Eckhart affirme par exemple : « *Tous ceux qui s'accrochent à leur* moi *égoïste dans des exercices de pénitence et de discipline externe dont ils font grand cas, ne sont appelés des saints que selon les apparences ; intérieurement, ce sont des ânes, car ils ne comprennent pas le sens véritable de la vérité divine* »[21].

Confronté à la souffrance et à la mort, l'homme ne peut que reprendre à son compte la supplique du Christ pendant son agonie : « *Que cette coupe s'éloigne de moi.* » L'athlète spirituel s'empresse d'ajouter : « *Sauf si elle sert.* » L'image de la coupe utilisée dans cette supplique est d'un richesse tout à fait exceptionnelle puisque non seulement elle rejoint l'image du Graal (et est, consciemment ou non, à l'origine des versions chrétiennes de la légende), mais qu'en plus, par une heureuse homonymie, la *coupe* est le symbole même de toute douleur ! « Que cette douleur s'éloigne de moi, sauf si elle sert » est un préambule aux questions du Graal et au mystère de la souffrance rédemptrice.

Lorsque douleur et souffrance servent à abolir les divisions engendrées par l'*ego*, elles ont du sens et témoignent de blessures et de fardeaux devenus initiatiques. « *On ne guérit une souffrance qu'à condition de l'éprouver pleinement* », a écrit Proust[22] ; « *Si la souffrance n'est pas réparatrice, je veux la rendre telle* », affirme Katherine Mansfield[23] ; et David Le Breton de conclure : « *Comprendre le sens de sa peine est une autre manière de comprendre le sens de sa vie* »[24].

SERVIR, RÉPARER, SOULAGER, GUÉRIR : S'ENTRAIDER

Dans la pratique, une réflexion sur le sens profond des mots qui parlent de douleur, de souffrance et de service n'a jamais soulagé personne d'un mal de dents, du sida ou du mal de vivre, même si le fait de poser des questions chargées de sens en fournit aussi les réponses. Nous devons passer de la théorie à la pratique pour identifier et réparer nos ruptures, soulager nos souffrances, et guérir le Roi malade. Cette transition repose sur l'observation de Jean Rostand lorsqu'il affirme avec humour : « *Le pire inconvénient des actes, c'est qu'ils finissent par agir sur la pensée* »[25].

L'*ego* n'étant que pensée, consciente ou inconsciente, c'est par la « pratique du service » qu'on convertit une pensée qui divise en pensée qui guérit et qu'on s'affranchit par le fait même de la dictature de l'*ego*. L'acte de service le plus élémentaire est de rejoindre l'autre dans sa souffrance. *Guérir* a la même racine que servir[26] et, nous l'avons mentionné, le thérapeute n'est autre que le serviteur. *Soulager* est, à la lettre, alléger en se plaçant sous le fardeau de l'autre, partager sa souffrance, souffrir avec, littéralement compatir. La *patience* est une œuvre de souffrance, un fardeau qu'on se doit de porter dans un sens qui sert l'unité. Le guérisseur est celui qui épaule, tend la main, « touche » et se laisse toucher. Le symbole des mains, organes du toucher, est depuis longtemps associé à l'idée de guérison. Avant de signifier la main, le latin *manus* désignait tout simplement ce qui est *bon*. *Cheir*, la main en grec, nous a donné la chiropraxie et la chirurgie, deux arts thérapeutiques où les mains guérissent. *Chiron*, le célèbre centaure mythologique était aussi guérisseur. Toucher l'autre, c'est créer un pont, faire œuvre de réparation et de guérison.

Un tour d'horizon, aussi rapide soit-il, des grandes interrogations de l'homme face à la souffrance serait incomplet sans aborder la révolte que soulève toute souffrance qui semble ne servir personne. C'est le cas notamment de celle des enfants dont Camus disait : « *Je refuserai jusqu'à la mort d'aimer cette création où des enfants sont torturés* »[27]. À cours de ressources face à certaines souffrances, il est sage de revenir aux questions de la quête du Graal : « *Qu'est-ce qui te trouble ? À quoi et Qui sert-il ?* »

Le trouble commence en nous dans l'écho des douleurs non guéries de notre enfance et de toute douleur dont nous avons été ou sommes encore les victimes, les perpétrateurs ou les témoins passifs. C'est notre isolement qu'interpelle toute douleur comme pour nous inviter à y mettre fin en priorité. En ce sens, la souffrance ressentie par le témoin révolté de la souffrance des « innocents » devient porteuse de guérison s'il sait en distinguer les racines en lui et lui donner un sens. L'*humus* de notre *humanité* regorge ainsi de souffrances dont le sens n'émerge que bien après l'apaisement des cris et des gémissements. « *Autre est le semeur, autre le moissonneur.* » « *D'autres ont labouré et vous êtes entrés dans leur labour* »[28]. Le *labour*, c'est ce qui déchire. C'est aussi le *labeur*, travail *pré-paratoire*. D'autres ont souffert et nous avons moissonné leurs champs de souffrance. « *La douleur est une incision de sacré* »[29]. Le reconnaître n'est pas faire l'éloge de la douleur, c'est se hisser au sommet de la douleur accomplie comme sur un promontoire pour y découvrir une vision nouvelle. Les liens de solidarité qui se resserrent devant une catastrophe naturelle sont un autre exemple de la transmutation de la douleur en service. Les exemples de réalisations humanitaires unificatrices enracinées dans des expériences d'abord douloureuses abondent. Il y aurait long à dire au sujet de l'occasion que nous manquons quotidiennement de bénéficier des vertus thérapeutiques de la souffrance et de la mort en les occultant ou en les stérilisant dans un décor institutionnel. On peut à ce titre se réjouir de l'émergence de services de soins palliatifs où l'accompagnement des mourants redonne à la mort sa juste fonction de Grand Thérapeute.

Toute crise (du grec *krino* – trier, séparer comme sur un crible) est, par définition, un moment de choix qui implique à la fois une perte et donc une douleur et un mouvement de joie vers un nouvel équilibre, une croissance, un épanouissement, une transcendance. Le sens étymologique de la *joie*, qu'on le cherche dans le latin *jubilo* ou *gaudeo*, ou bien dans le grec *getheo*, exprime en effet un mouvement d'union qui émane des profondeurs, du *ge* de *Geos* et de *Gaïa*, pour rejoindre le sacré, le *theos* de l'apothéose. *De profundis clamavi ad te, Domine* (des profondeurs j'ai crié vers toi, Seigneur), l'archétype même du cri de douleur est ultimement un cri de joie. « *Certes, cela fait mal quand les bourgeons éclatent, aussi n'est-il printemps qui n'hésite à fleurir* »[30].

« *Chacun de nous, sans doute,* écrit Louis Lavelle, *ne songe qu'à rejeter la douleur au moment où elle l'assaille ; mais quand il fait un retour sur sa vie passée, alors il s'aperçoit que ce sont les douleurs qu'il a éprouvées qui ont exercé sur lui l'action la plus grande ; elles l'ont marqué : elles ont aussi donné à sa vie son sérieux et sa profondeur ;*

c'est d'elles aussi qu'il a tiré sur le monde où il est appelé à vivre et sur la signification de sa destinée les enseignements les plus essentiels »[31]. L'un de ces enseignements est que l'abolition artificielle de la douleur sans que soient réparées ou au moins identifiées les ruptures qu'elle signale marquerait le triomphe d'une paresse ultime et aboutirait à une léthargie individuelle et collective dont nous nous approchons dangereusement. L'anesthésie chronique et générale de l'être humain scellerait son renoncement à la liberté de choisir le sens de sa vie et de le manifester dans son art, sa religion et sa compassion. La création ne sera complète que lorsque l'espace qui sépare le doigt de Dieu de celui d'Adam sera comblé. Nous pouvons y contribuer par un effort qui consiste à poser d'abord les questions justes et à pratiquer le service véritable chaque fois qu'une rupture devient manifeste en nous et entre nous. Là se situe la souffrance réparatrice qui permettra au roi malade de retrouver sa vigueur et à la terre de redevenir fertile.

Cet article a été publié dans la revue *Frontières*, revue d'information, de réflexion et de vulgarisation scientifique sur la mort et le deuil, Automne 95, Vol.8, No 2, Université du Québec, Bureau A-4550, C.P. 8888, Suc. A, Montréal, H3C 3P8. (Daniel Laguitton, œuvre dans le domaine du développement psycho-spirituel par l'éducation au sujet des assuétudes et de leur élimination dans l'entraide. Pour plus de renseignements consulter le *Word Wide Web* (mots-clés : assuétude, dépendance, transpersonnel, laguitton).

1• Chrétien de Troyes, *Perceval Le Gallois ou Le Conte du Graal*, trad. de l'ancien français par Lucien Foulet, dans *La Légende arthurienne*, dir. Danielle Régnier-Bohler, Paris, Robert Laffont, 1989, p. 134. Il fallait demander : « *De coi se servoit ne cui on en servoit.* »

2• W. von Eschenbach, *Parzival*, New York, Vintage Books, 1961, p. 415. La question était : « *Waz wirret dir ?* »

3• D. Le Breton, *Anthropologie de la douleur*, Paris, Métailié, 1995, p. 39.

4• J.-T. Shipley, *The Origin of English Words*, Baltimore, Johns Hopkins, 1984, p. 7.

5• *Ibidem*, p. 287.

6• J. Picoche, *Dictionnaire étymologique du français*, Paris, Le Robert, 1983, p. 503.

7• C.-G. Jung, *Mysterium Coniunctionis*, Trad. R.F.C. Hull, Princeton, Bollingen Foundation, 1963, p. 380.

8• E. Becker, *The Denial of Death*, New York, The Free Press, 1973.

9• D. Le Breton, *op. cit.*, p. 165.

10• Anonyme, Traduction œcuménique de la

Bible, Toronto - Montréal, Alliance biblique universelle, Le Cerf, 1977.

11• A. Chouraqui, Trad. de la Bible, Desclée de Brouwer, 1989.

12• Picoche, *op. cit.*, p. 66.

13• D. Laguitton, *Lâcher prise et trouver la vie*, (chez l'auteur : 1 rue Principale Nord, Sutton, Qc, Canada, J0E 2K0, 1994).

14• A.-C. Jobim, V. de Moraes, « *A Felicidade* », chanson du film *Orfeu da Conceiçao*, Brésil, Polygram discos ltda, 1980.

15• C.-G. Jung, « The Conjunction », *in op. cit.*, chap. VI, p. 457.

16• D. Le Breton, *op. cit.*, p. 169.

17• Picoche, *op. cit.*, p. 610.

18• Ch. Lebaigue, Dictionnaire Latin-Français, Paris, Eugène Belin, 1960, p. 1154.

19• Picoche, *op. cit.*, p. 735. Et : J.-T Shipley, *The Origin of English Words*, Baltimore, Johns Hopkins, 1984, p. 187.

20• D. Laguitton, *La Voie du cœur selon un sage*, interprétation et commentaire du *Tao Te King* de Lao-tseu (chez l'auteur : *cf.* note 13).

21• M. Fox, Breakthrough : *Meister Eckhart's Creation Spirituality*, Garden City NY, Doubleday, 1980, p. 203.

22• M. Proust, « Albertine disparue », *in À la recherche du temps perdu*, Paris, Gallimard.

23• K. Mansfield, *Le Journal*, Club des libraires de France, Paris, p. 316, cité par D. Le Breton.

24• D. Le Breton, *op. cit.*, p. 107.

25• J. Rostand, *Pages d'un moraliste*, Paris, Fasquelle.

26• Picoche, *op. cit.*, p. 610.

27• A. Camus, *La Peste*, Gallimard, 1947, p. 240.

28• A. Chouraqui, *Évangile selon st Jean*, 4, 37.

29• D. Le Breton, *op. cit.*, p. 18.

30• K. Boye, cité dans *Une Feuille à la fois, pensées quotidiennes pour la recherche de l'enfant en soi*, D. Laguitton (*cf.* note 13 pour adresse).

31• L. Lavelle, *Le Mal et la souffrance*, Paris, Plon, 1940, p. 106.

L'œuvre au noir de Robert Bresson

Maurice Mourier

Dans le mouvement 17 et final de la première partie d'*Arcane 17*, le narrateur dont André Breton met en scène les vaticinations d'un lyrisme retenu en face du décor à transformations de l'île Bonaventure, voit cette imposante masse rocheuse s'ébranler comme un steamer et prendre le large, l'écharpe de brume qui serpente à son sommet changée en fumée, la cheminée imaginaire qui couronne l'édifice « *vomissant le fascinateur vaincu.* »
C'est ainsi qu'en 1944, au moment même où Paris se libère, où s'effondre le nazisme, dernière alors en date et plus absolue peut-être incarnation du Mal dans l'histoire – ou tout simplement trop proche de nous dans le temps pour ne pas sembler surpasser les innombrables géno-cides antérieurs –, que le surréalisme athée se représente la victoire de l'espérance. En termes para-bibliques, il constate la déroute du « *Grand courbe* », de « *l'unique artisan de l'opacité* », non sans prendre bien soin,

comme il sied, de noter que ce nouvel avatar d'« *Isis-Lilith, âme noire du monde* », comme l'appelle Hugo (auquel Breton fait révérence) dans *La Fin de Satan*, « *n'est aucunement celui qu'on dit.* » Aucunement le Diable médiéval, mais une sorte de concrétion provisoire, *ici et maintenant*, de la bassesse et de la méchanceté de l'homme quand il se résigne à « la vie des chiens »[1].

À cet optimisme incantatoire, qui va culminer plus loin, après l'apparition de Mélusine, en hymne au « *salut terrestre par la femme* » déjà annoncé dans le mouvement précédent (I, 16), optimisme beaucoup moins naïf qu'on ne pourrait le croire, car il est conquis sans cesse sur les déferlantes de « *la nuit des épouvantements* », se compare et s'oppose l'optimisme chrétien de Robert Bresson qui, à la même époque, ou à peu près (très exactement du 10 avril 1944 au 10 février 1945) tourne à Paris son troisième film[2], *Les Dames du Bois de Boulogne*, librement adapté de l'histoire de Madame de La Pommeraye dans *Jacques le Fataliste* de Diderot, et dialogué par Jean Cocteau.

Là aussi, d'une certaine façon, s'affrontent deux Mélusines, celle du « *premier cri* », la brune Hélène (Maria Casarès), qui poursuit de sa haine Jean, son amant qui n'aime plus, moderne Lusignan, et l'ancienne sirène (Agnès, la danseuse, incarnée par Elina Labourdette). Ici encore, ayant renoncé à ses habits de séductrice professionnelle, la Mélusine pure née dans un « *second cri* », celui de l'amour véritable, sauvera l'homme faible et volage (Jean, alias Paul Bernard), et dénouera d'un coup les lacs ourdis par sa rivale, qui en sera pour ses frais de noirceur, non sans que, chez Bresson, cette femme ambiguë, victime malheureuse mais néanmoins capable de crime, ait failli l'emporter dans son entreprise de destruction.

L'époque, peut-être, supposait alors quelque pari pascalien sur le succès de la lumière, du moins de la part des artistes qui, portés par une noblesse native ou ingénue (Breton et Bresson l'étaient également), bandaient leurs forces afin que leur écriture dessinât dans l'espace du poème ou du film ce « *signe ascendant* » par quoi l'auteur de l'*Ode à Charles Fourier* caractérise encore, à la fin de 1947[3], la nature profonde d'une « *image analogique* » conçue comme machine de guerre contre ses « *ennemis mortels le dépréciatif et le dépressif* ». Mais, à l'évidence, seule la manière de filmer de Bresson avait à ce moment quelque chance de correspondre avec une vision transcendantale de la destinée. Seul le metteur en scène engagé, semblait-il, depuis son premier long-métrage (*Les Anges du péché*, 1943), dans une tentative visant à acclimater en France l'intensité retenue du Danois Dreyer, ses effets de feu vibrant sous la glace, tout en débordant par l'intervention d'une grâce efficace sous-jacente à maintes séquences l'âpre agnosticisme de *Vampyr* (1932) ou de *Dies irae*, 1943 (que vient tempérer seulement « *le lait de la tendresse humaine* »), pouvait donner un sens qui ne fut pas immanent au jeu pervers d'une femme impuissante à pénétrer, en fin de partie, les voies de la Providence.

Mais enfin, curieusement, les deux uniques doctrines occidentales du salut qui, au XXᵉ siècle, aient en vue la destinée individuelle de chacun et non point (à la différence du marxisme, par exemple) le devenir collectif de l'humanité, paraissent bien, chez Bresson et Breton, et dans la radicalité même d'une opposition métaphysique irréductible, suivre – et cela jusqu'à la mort (1966) du fondateur, sinon de l'inventeur[4] du surréalisme –, des routes qui, toutes deux visibles, creusent leur trace en terrain montant.

1958, date du dernier chef-d'œuvre (*Les Constellations*) d'un Breton qui relit dans une perspective ludique et quasi triomphale les gouaches paniques inspirées à Miró par les angoisses de la débâcle de 1940, se trouve encore encadré par deux films de Bresson aux couleurs christiques et positives affirmées. Bien qu'*Un Condamné à mort s'est échappé* (1956) ne soit *stricto sensu* que la plus réaliste et la plus minutieuse description d'une évasion réussie, son action tendue et son ballet d'objets et de mains souvent montrées en gros plan se trouvent être sous-tendus par une série d'éléments thématiques (exécution d'Orsini, autre condamné, qui permet au « lieutenant Fontaine » de quitter la prison de Montluc comme la décollation préalable de Jean-Baptiste conditionne l'essor ultérieur du Christ ; présence non désirée du co-détenu Jost qui, malgré la réticence initiale de Fontaine, deviendra son indispensable acolyte), ou esthétique (*Kyrie* de la *Messe en ut mineur* de Mozart), dont la fonction d'« élévation » spirituelle n'est pas douteuse. Quant à *Pickpocket* (1959), la carrière du petit voleur, parcourue, aux ellipses près, sous la forme d'un presque reportage en cinéma direct, ne débouche-t-elle pas sur une phrase en voix-off (« *Ô Jeanne, pour aller jusqu'à toi, quel drôle de chemin il m'a fallu prendre !* ») signifiant avec une égale clarté que, lorsqu'intervient, entre deux êtres, une rencontre décisive attribuée par le langage mondain au hasard, ce hasard est en fait régi par « le vent » de la prédestination, et qu'il « souffle où il veut » ?

Sans vouloir tirer quelque conséquence que ce soit d'une simple coïn-cidence temporelle, on notera cependant que l'année même de la disparition de Breton, sort *Au hasard Balthazar*, le premier film de Bresson qui rompe délibérément avec la possibilité, offerte jusque-là par le cinéaste à ses admirateurs, d'une interprétation finaliste de l'évidence du Mal et, d'une façon plus significative peut-être, que désormais aucun nouvel *opus* bressonien ne modifiera sensiblement le climat d'obscurité de cette œuvre étrange, où un âne semblable au Cadichon de la Comtesse de Ségur trottine en marge d'actes humains abjects ou, au mieux, dépourvus de sens, sinon pour en accentuer chaque fois l'absurdité désespérée.

Dans ce discours sur sa méthode de travail morcelé en minuscules paragraphes mais aussi bien entêté dans ses formulations cent fois remises sur le métier, les *Notes sur le cinématographe*, dont l'essentiel fut écrit comme une sorte de propédeutique ou d'encouragement à la besogne de filmer, de 1950 à 1958, Bresson consacre l'essentiel des efforts qu'il fait – d'abord pour se convaincre lui-même qu'il a raison de pratiquer un cinéma différent, d'une précision artisanale et refusant si nettement toute dérive vers le spectaculaire – à expliquer pourquoi il refuse le jeu, toujours conventionnel à ses yeux, de l'ac-teur, et lui a peu à peu substitué la soumission entière de « modèles » à peu près inconnus, dont la diction blanche et monocorde, les rares mouvements ou, plus fréquemment, l'immobilité, préservent le mys-tère intérieur.

Il insiste également sur quelques autres constantes de son style, le rejet de toute musique redondante et explicative – et la valorisation subséquente du son –, l'importance primordiale du montage (effec-tué, contrairement aux usages codés de la profession, au fur et à mesure que le film se tourne), le rôle du hasard (un hasard « objec-tif » accueilli, suscité, apprivoisé) dans l'alchimie complexe de la fascination cinématographique. Mais il dit peu de chose, en revanche, de ce qui paraît être l'essence même du septième Art, l'image mou-vante et émouvante. Seulement ceci, dont la modestie et l'imprécision volontaire ont de quoi surprendre : « *Pas de belle photo, pas de belles images, mais des images, de la photo nécessaires* »[5].

Or, à partir d'*Au hasard Balthazar*, précisément, ce qui change le plus, dans le cinéma de Bresson, c'est sans doute l'éclairage des plans, partie intégrante de l'image définitive, dont la texture intime, à elle seule, entraîne une grande part de la signification de tout film. Le nonjeu des modèles, acquis définitifs, l'épuration d'une bande sonore lavée de toute musique à effet de commentaire (dans le dernier *opus*, *L'Argent* (1983), ne subsiste plus qu'un morceau joué au piano par un personnage, donc intégré, un court moment, à la trame de la fiction), et enrichie au contraire de bruits divers, à la manière du Jacques Tati de *Playtime* (1967), le montage serré de fragments très courts, tout cela se retrouve, plus ou moins immuable, de film en film. Mais l'image, elle, sans cesser d'être somptueuse (car elle n'a jamais été seulement « nécessaire », c'est-à-dire fonctionnelle, et le dépouillement apparent du *Journal d'un curé de campagne* – en 1951 – était plus que compensé par l'expressionnisme souvent insolite des angles, et par le riche drapé de brocard ou de faille des noirs et des blancs), subit un assombrissement progressif, d'autant plus sensible, selon un apparent paradoxe, que Bresson, depuis *Une Femme douce* (1969), utilise l'Eastmancolor. Et cet assombrissement, autre paradoxe, s'accompagne d'un dévoilement, également progressif, des pulsions sensuelles d'un cinéma que sa circonspection, son retrait à l'écart du sentimentalisme et certaine réserve ironique, voire certain humour bien caché, avait à tort fait taxer de « froid » ou, plus faussement encore, d'« abstrait ».

Sensuelle et sombre, telle est, dans l'ultime *opus* noir et blanc (1967), la *Mouchette* de Bresson, si différente de la pauvre créature, presque disgraciée, de Bernanos, quand le modèle ici choisi et dirigé (Nadine Nortier) frappe au contraire par une beauté drue et violente, qui ne demande qu'à jaillir de la blouse grossière, un visage à la bouche forte et gonflée, un menton un peu gras, toute une propension diffuse au plaisir que révèle l'excitation de la scène des autos tamponneuses, significativement ajoutée à la fiction du romancier. Mais cette superbe plante est jetée presque constamment – sauf dans la scène finale, celle du suicide qui, à ce point de vue, s'organise en ouverture (effet d'humour noir : cette ouverture unique bascule dans la mort), puisqu'elle se situe le matin – dans un décor de forêt humide et crépusculaire, qui la bride de toutes parts. Et les passages-clés – celui de la séduction et du viol par Arsène, le vagabond alcoolique et épileptique, celui de la mort de la mère, celui de l'envoûtement par la démoniaque veilleuse des morts (droguée d'amour pour le trépas, c'est elle qui pousse cette jeune fille si vivante à des noces funèbres, amorcées en jeu de gamine solitaire, avec l'étang plat et paisible, aux moires accueillantes) – ont tous pour écrin soit la nuit (cahute d'Arsène), soit des intérieurs faiblement éclairés (taudis où agonise la mère, cocon feutré de la veilleuse, où Mouchette se laisse prendre dans la toile d'un immense fauteuil de tapisserie presque noire, entre les bras duquel elle s'enfonce toute).

Le sommet de cette période finale qui, avec *Mouchette*, compte six films, sur un total de quatorze effectivement réalisés par un metteur en scène dont, par ailleurs, les projets avortés (dont celui, éternellement remis, d'une *Genèse*), furent nombreux, c'est *Lancelot du lac* (1974). À notre estime actuelle le chef-d'œuvre de Bresson, et l'un des dix films (tout au plus) qui comptent dans le cinéma français d'après-guerre, il vient couronner d'un panache grandiose et dérisoire la peinture d'un monde (le nôtre) que la distanciation par la légende permet d'évoquer de biais, et dans une atmosphère de temps révolu, alors que ce pandémonium sans but fournit une assez lucide image d'un XXe siècle débandé, déboussolé, où l'idéal œcuménique de la Table Ronde, cette primitive Société des Nations, se défait sous nos yeux dans la guerre tribale et l'horreur des lendemains sans lendemain.

Forêt funeste : dès le début, une vieille femme perçoit le vacarme par quoi s'annonce, de loin, la monture d'un chevalier, comme ambassadeur de mort. Dans d'étouffants extérieurs de verdure, qui font la lumière glauque et donnent aux visages entrevus une teinte cireuse et malsaine, et après une éclatante introduction d'héroïques trompettes que l'on n'entendra plus de tout le film, sauf tout à fait à la fin, quand est consommé le suicide collectif des preux voulus pairs par Arthur, l'ensemble de l'action dramatique – rivalités sordides de compagnons ayant échoué l'un après l'autre à conquérir le Graal ; rêves, accomplis ou non, de rapt et d'adultère, aimanté par la présence d'une Guenièvre provocante et sournoise ; joutes où l'on rivalise à la loyale, avant de se saigner ignoblement au coin d'un bois ; interminables attentes dans des camps (les chevaliers désœuvrés y trompent leur ennui en jeux d'échecs et intrigues mesquines) – s'inscrit sur fond de contrepoint sonore omniprésent.

Jamais Bresson n'avait orchestré avec tant de maligne bouffonnerie le tintamarre de bruits qui, constamment, viennent défaire la trame sublime de l'anecdote par la cocasserie agressive de leur bavardage intempestif (ainsi, l'unique entrevue amoureuse de Guenièvre et Lancelot est-elle « doublée » par les jacassements d'une pie, qui en disent long sur la confiance que l'on peut accorder aux serments de la reine). Dans *Guillaume le Maréchal*[6], Georges Duby nous met en garde : attention ! le mythe courtois de la femme déifiée s'accompagnait *dans la réalité* de la dévalorisation de l'épouse reproductrice et du mépris pour la ribaude destinée au repos d'un guerrier réservant ses amours de cœur à ses égaux mâles. Quant aux règles chevaleresques du combat, elles s'accommodaient parfaitement du pillage, de la trahison, du massacre des manants, du viol des paysannes et de la destruction des villages. L'homme éternel, en somme, que le vieux lutteur Bernanos, en 1946, trouve trop commode de comparer « *à la bête féroce* », car elle n'est qu'« *un animal innocent* »[7].

De la même façon, dans *Lancelot du Lac*, lorsque les chevaliers, qu'accompagne dans tous leurs déplacements le barouf tragi-comique de ferblanterie grinçante des pièces de leur armure, ont définitivement troqué la brutalité répétitive du tournoi (grêle appel de buccins, piétinement sourd des destriers, craquement sec du bois des lances qui se brisent) pour le jeu autrement jouissif des luttes fratricides (Arthur contre Lancelot, pour récupérer Guenièvre ; Lancelot contre Mordred pour secourir Arthur, mari trompé mais néanmoins suzerain ; puis en fin de compte et sans plus aucune raison valable ou au moins affichée, tous contre tous), la scène s'élargit à une grande clairière où la lumière, mieux que sur les tentes du camp de toile tapi au pied du donjon d'Arthur, qui la dispersaient et l'absorbaient, repousse sur les bords de l'image l'obscurité hostile de la forêt. Mais les confins miraculeusement dégagés de cet espace sont traversés en tous sens par des chevaux fous de terreur, qui galopent sans cavalier. Et ceux-ci, pissant le sang avec des bruits obscènes par les interstices disjoints de ces boîtes de conserves ambulantes qui étaient censées protéger, de leur chitine cirée comme un meuble, la mollesse de leurs viscères, les voici qui jonchent le centre de la clairière, entassés comme porcs, en un magma onctueux de sang. Une voix chevrotante, ridicule dans sa faiblesse, monte alors vers le ciel vide. C'est celle de Lancelot. Il appelle Guenièvre absente, qui ne fut l'avenir d'aucun homme et la garante d'aucune humanité.

Au-dessus de ce désastre, image de notre propre chaos, présage des chaos à venir, très haut à la verticale de cette fange terrienne désertée de toute présence depuis l'imprécation de Nietzsche, plane un corbeau, qui serait « *le diable, probablement* » du film de 1977 portant ce beau titre pince-sans-rire, si la formule dubitative qui désigne la présence en creux du Malin dans la moindre folie des hommes ne se comprenait guère sans que, dans l'autre plateau de la balance, trônât un Créateur dont les signes, ici, manquent cruellement.

Le mouvement ascendant du Grand Œuvre selon la Tradition, reprise et amplifiée par Breton, faisait passer par le rouge pour aller du noir au blanc. C'était oublier que, contrairement aux dénégations bretoniennes, la figure exemplairement poétique de l'Alchimie, métaphore du monde en gestation, est éminemment *réversible*, et qu'on patauge aussi dans le rouge pour rechuter du blanc au noir.

1• Les citations d'André Breton figurent dans *Arcane 17*, éd. Jean-Jacques Pauvert, 1989, première partie, mouvement 17, pp. 53-61. Quant à l'expression « la vie des chiens », on la trouve dans le premier *Manifeste du surréalisme*, publié en 1924. *Cf. Manifestes du surréalisme*, Gallimard, NRF, collection Idées, 1979, p. 15.

2• On sait en effet que le premier essai cinématographique de Bresson est une pochade de 25 mn, jouée par le clown Béby dans le style du cirque. Sorti en 1934, il n'a jamais connu de nouvelle exploitation commerciale depuis, mais son auteur ne le renie nullement, ce qui devrait inciter l'amateur attentif à rechercher d'un peu plus près les traces, nombreuses, de comique et de satire dans la carrière ultérieure de Bresson. Car il n'est pas né au cinéma avec *Les Anges du péché*, ce film tourné au plus noir de l'Occupation, sur des dialogues de Jean Giraudoux et qui, montré en 1943, allait dangereusement faire classer Bresson dans la catégorie des auteurs édifiants. Bien à tort, d'ailleurs, puisque ce titre qui semble aller dans le sens de l'idéologie vomitive du pétainisme alors régnant n'avait pas été choisi par l'auteur (c'est son producteur qui l'imposa comme argument de vente), et cache du reste une œuvre fort peu bien-pensante.

3• « Qu'on y prenne garde : l'image analogique, dans la mesure où elle se borne à éclairer, de la plus vive lumière, des *similitudes partielles*, ne saurait se traduire en termes d'équation. Elle se meut, entre les deux réalités en présence, dans un sens déterminé, qui n'est aucunement *reversible*. De la première de ces réalités à la seconde, elle marque une tension vitale tournée au possible vers la santé, le plaisir, la quiétude, la grâce rendue, les usages consentis. Elle a pour ennemis mortels le dépréciatif et le dépressif » (préface du 30 déc. 1947 pour le recueil collectif *Signe ascendant* publié en 1949. On notera que « reversible », adjectif typique du vocabulaire de Breton, est toujours écrit par lui sans l'accent aigu que, pour notre part nous lui restituons à la fin du présent article, afin de respecter l'usage commun).

4• On sait que l'adjectif « surréaliste » est d'Apollinaire, qui l'avait pour la première fois utilisé en 1917 pour son « drame surréaliste » *Les Mamelles de Tirésias*.

5• Non datée expressément, cette affirmation figure dans la première partie (1950-1958) des *Notes sur le cinématographe* (Gallimard, Folio, 1995, p. 92).

6• *Cf. Guillaume le Maréchal ou le Meilleur chevalier du monde*, biographie d'un seigneur du XIIIᵉ siècle, d'après un poème de commande, qui est une chanson de geste à sa gloire, par Georges Duby, Gallimard, Folio/Histoire, 1986.

7• « L'attitude de la bête féroce qui dévore une proie vivante n'exprime rien de plus que celle de l'amateur de Bourgogne remplissant son verre d'un Romanée-Conti, ou celle d'un Normand étalant sur son pain une tranche de camembert. Mais l'homme qui torture ou qui tue avec la même gourmandise, loin de se rapprocher ainsi de l'animal innocent, c'est-à-dire de la nature, viole sa propre nature d'homme, et devient un monstre. » (Bernanos, « L'esprit européen et le monde des machines », conférence prononcée aux Rencontres internationales de Genève le 12 septembre 1946, recueillie dans *La Liberté pour quoi faire ?*, recueil constitué en 1953 par Albert Béguin, soit cinq ans après la mort de Bernanos (Gallimard, Bibliothèque de La Pléiade, *Essais et écrits de combat*, t. II, oct. 1995, pp. 1346-47.)

Au cinéma,
la nuit, le mal

Carole Desbarats

Lorsque le train arrive pour la première fois en gare de La Ciotat, le 29 décembre 1895, il terrifie les spectateurs, stupéfiés par l'agressivité du relief que le temps confère à une suite d'images fixes, créant ainsi une nouvelle forme de la *mimèsis*... D'une certaine manière, le cinéma a d'emblée eu partie liée avec le mal. Ce mal délicieux, délibérément, le spectateur le recherche aujourd'hui.

En d'autres termes, si le mal est un composant intrinsèque de l'art cinématographique, c'est bien sûr au même titre et avec autant de facettes qu'il l'est pour les autres arts du récit, roman en tête : il reste essentiel à l'avancée de l'intrigue par la force dynamique du négatif qu'il charrie. Comme tout lecteur, tout spectateur de théâtre, ou encore comme qui regarde un tableau, le spectateur de cinéma est dévoré par une passion herméneutique : il n'a cesse de voir clair au fond de son cœur, de résoudre l'énigme qui lui est proposée, parce que, à défaut d'en finir avec l'interminable compréhension du monde, il aura au moins fait le tour de cette métonymie-là. Or le bien, sauf lorsqu'il est dépeint dans son absolu et propose à son tour une énigme parfois plus opaque encore, le bien fait en général partie des données évidentes, non soumises à examen et finalement plutôt sujettes à clichés et stéréotypes. Ce qui résiste est, le plus souvent, le mal, qui nous fascine par son étendue et que nous jugeons à l'aune de notre propre expérience : l'art, ce pourrait être la cartographie du mal.... D'où l'intensité de l'identification par laquelle le spectateur s'affronte à l'horreur et à la beauté du monde.

LE PROCESSUS D'IDENTIFICATION

Sur ce point, le distinguo fiction/documentaire ne tient pas : dès lors qu'il y a suite d'images, le film s'inscrit dans le temps, génère des indices, donc des hypothèses de lecture qui, dans l'obscurité d'une salle de cinéma, nous replongent d'emblée dans l'attente du « Il était une fois... » nourricier de l'imaginaire. On ne s'étonne donc pas que dans un documentaire qui respecte son statut de film, d'œuvre d'art, le mal soit présent, en tous cas dans la construction fantasmatique qu'opère le spectateur à partir des faits rééls montés par le cinéaste. Dans ce sens, les films documentaires de Claire Simon sont de véritables réserves d'imaginaire, et ce, d'autant plus que la cinéaste est ouvertement préoccupée de la présence du mal : à partir de la trop réelle faillite d'une petite entreprise de restauration, dans *Coûte que coûte* (1995), Claire Simon élabore une narration qui fonctionne sur la base du suspense : le mal, c'est alors la force du système libéral qui élimine toutes les entreprises ne correspondant pas à ses critères de fonctionnement. Ce propos n'est pas tenu dans les dialogues, mais le spectateur soumis à la présence d'un fatum qui broie inéluctablement les quatre « personnages » est conduit à réagir émotionnellement à la disparition progressive de leur gagne-pain.

Bien sûr, le processus d'identification est encore plus net dans la fiction, surtout si elle fonctionne sur la combinatoire infinie qui a porté à son acmé l'art cinématographique narratif, le système hollywoodien. Le spectateur se repaît d'y participer au spectacle du mal, de vivre le mal, dans une émotion aux modalités qui, pour spécifiques qu'elles soient, entrent néanmoins dans la logique cathartique.

En fait, ce qui est propre au cinéma, ce n'est pas la nécessité du mal, même si toute expression artistique qui veut comprendre ce qu'il en est de l'homme s'y confronte. Non, ce qui est singulier, c'est plutôt ce qui est dit par le cinéma : un même tenant du mal ne prend pas une stature identique dans deux types de représentation différents, et cela en-dehors de tout problème d'univers personnel, de représentation du monde de tel ou tel artiste... Sur ce point, on se rangera aux côtés d'Éric Rohmer : « *Je veux bien croire que le cinéma n'a rien inventé – moins encore que ne pensent ses détracteurs – si l'on s'en tient aux procédés d'expression ou motifs dont il use. Ce n'est pas un langage mais un art original. Il ne dit pas autrement mais autre chose : une beauté* sui generis... »[1].

D'ailleurs, la censure ne s'y est pas trompée : elle surveille le cinéma avec ces mêmes soins attentifs qu'elle déployait au XVIIIᵉ siècle à l'égard des écrits libertins, et la lecture du code d'auto-censure de l'industrie hollywoodienne, connu sous le nom de « Code Hays », révèle un véritable commentaire en creux de ce que le pouvoir holly-woodien considérait comme les ingrédients contitutifs d'une repré-sentation non admissible du mal : qu'on en juge par la lecture du premier de tous ses articles. « *On ne produira pas de films suscep-tibles d'abaisser la moralité de ceux qui le verront. Ainsi, la sym-pathie du public n'ira jamais aux vices, au péché et au mal.* » C'est bien connaître les processus d'identification. Il faudra toute l'ingé-niosité des grands cinéastes pour contourner un code d'une précision extrême qui compte les baisers en secondes et interdit, pour ne prendre qu'un exemple, les danses marquées par « *une agitation excessive du corps quand les pieds sont immobiles* », c'est-à-dire les danses héritées du *strip-tease* tel qu'on le pratiquait dans les burlesques américains. Heureusement qu'en 1955, Charles Laughton est passé outre quand il a confronté l'une des plus fortes figures du mal à l'écran, le faux pasteur de *La Nuit du Chasseur*, interprété par Robert Mitchum, à la danse lascive et « immobile » d'une femme, et suscité cette plainte du héros des forces obscures : « Mon dieu, on ne peut pas toutes les tuer. Il y en a trop ! »

L'EXPÉRIENCE VÉCUE

Or justement, ce qui est dit au cinéma peut ne pas passer par le dia-logue du film mais affleurer des mots arrivant au spectateur, dans son for intérieur, dans ce flux de paroles qui nous traverse sans répit, dans ce qu'Ignace de Loyola appelait la « *loquela* ». Au cinéma, elle naît de l'expérience vécue par le spectateur lové face au film dans le noir, de ses perceptions, de son intellection. Ce que le cinéma aurait d'autre à nous dire gagne à ce qu'ait été ménagée une place respectueuse pour un corps qui pense, le nôtre. Cette place, tous les grands cinéastes l'ont imaginée à leur manière.

Ainsi, pour en revenir à ce chef-d'œuvre qu'est la seule réalisation de Charles Laughton, *La Nuit du Chasseur*, il est toujours étonnant de constater comment y est donnée à percevoir la lutte entre le Bien et le Mal. Elle passe moins par la fiction qu'entretient Harry Powell, le faux homme d'Église, sur l'antagonisme figuré par l'inscription sur ses deux mains d'un manichéisme séparant l'amour de la haine que par des indices fugitifs et troublants, discrètement égrénés à notre intention.

Dans ce film, la question est de savoir qui peut faire valoir une légitimité parentale symbolique sur deux orphelins, le « pasteur » fasciné par la beauté gracile du jeune garçon ou la vieille dame qui vient du fond des temps, ayant épuisé tout désir sexuel sans toutefois en oublier la vigueur ? À qui revoit le film, Laughton propose d'emblée une réponse, dès les premières secondes post-génériques : de l'arrière-plan, du noir des premiers temps du cinéma, arrive vers nous une actrice de Griffith, Lilian Gish (née en 1896...) auréolée d'étoiles ; elle sera cadrée à la taille, ce qui permet d'inclure dans le champ la bible qu'elle sort de l'ombre pour la tenir ouverte et en faire la lecture aux enfants que nous sommes[2].

Dès l'ouverture du film, donc, elle est installée dans la légitimité que confère le Livre. Le faux pasteur, lui, utilise des procédés plus enjôleurs pour convaincre ses ouailles qu'il est chargé de mission divine ; cette séduction se révèle mortellement efficace à l'égard des femmes qu'il tue les unes après les autres pour s'emparer de leur magot afin de construire un temple digne du dieu qu'il s'est inventé.

Le spectateur, lui, est ballotté entre la fascination pour l'homme en noir (on serait bien prude de nier le magnétisme animal qui émane de Mitchum dans ce film...), et la connaissance objective qu'il a de la noirceur de ses intentions : il n'échappe à personne, sauf à la victime, que ce chasseur va tuer celle qu'il épouse – au moins une à défaut de pouvoir venir à bout de toutes les femmes. Mais le spectateur perçoit forcément aussi que l'argent ne constitue qu'un prétexte – Hitchcock parlerait d'un Mac Guffin – un leurre, destiné à dissimuler sans l'absenter ce que la décence interdit de trop ouvertement montrer et que trahit l'intensité des regards de Mitchum sur le petit John : le désir trouble qui porte l'homme prétendûment de bien vers l'enfant. D'où l'importance du combat final, digne d'un *gunfight* dans la grande tradition du western et qui va opposer la vieille dame à l'imposteur.

Car enfin, dans le système hollywoodien régnant encore de nos jours, faut-il rappeler qu'il est difficilement envisageable que le mal l'emporte, au moins dans la résolution finale de l'intrigue – quitte à avoir travaillé souterrainement pendant une heure et demie... Et l'arme choisie par Lilian Gish pour protéger John et les autres enfants ne sera autre que le respect du sacré : là où le chasseur envoûtait enfants et spectateurs par une mélopée sensuelle – « *Leaning, leaning...* » – sur deux blanches , elle va passer à une noire pointée-croche suivie de trois noires ce qui va lui permettre de chanter, elle, un texte différent sur la même mélodie : « *Leaning on Jesus* », pour rejoindre ensuite à l'unisson celui qu'elle révèle ainsi, après ces deux mesures, être un pécheur ou, si l'on veut, un hérétique[3].

Certes, le spectateur n'a pas le temps de l'analyse mais il ressent la différence de rythme, de tonalité et peut-être la modification du texte chanté. À ce moment, une fois la preuve établie – ou rappelée, plutôt, puisqu'elle nous était donnée dès le premier plan du film –, Lilian Gish tire un coup de fusil sur celui que la bande-son atteste n'être qu'une bête : le cri poussé par l'homme blessé est monté en boucle dans une triple réitération à l'inquiétante étrangeté qui prive le personnage de toute humanité. Et alors seulement, contre toute vraisemblance scénaristique de base (mais est-ce le problème ?), la vieille dame appelle la police pour livrer l'imposteur démasqué. Belle preuve de respect d'un personnage de femme dans un film fondé sur la répulsion du sexe féminin[4]...

Alors même qu'il joue la carte de la stylisation (les animaux échappés d'un décor de *nursery*, campés en puissances tutélaires, veillent au premier plan sur la barque qui emporte les enfants au fil de l'eau), Laughton ne renonce jamais à la complexité. Le film est parfaitement lisible et, dans le même temps, autorise différentes interprétations : ainsi, le spectateur, même s'il n'est pas intimement touché par la *disputatio* autour d'un cantique, est troublé par la tension mise en scène par Laughton autour d'un enfant.

LA CROYANCE DU SPECTATEUR

En matière de représentation artistique, cet espace de jeu, au sens mécanique du terme, est essentiel : il autorise l'exercice de la croyance qui seule permet au spectateur d'être touché par une œuvre d'art. Si le spectateur ne croit pas intimement – fût-ce pour le seul temps du visionnement – au récit qui lui est fait, face à une représentation du mal, ne lui restent plus que ses propres convictions, ce qui ressortit à un autre domaine, celui de la foi. Au-delà des idéologies, des religions traversant un film, le spectateur, dans sa passion herméneutique, doit pouvoir déployer sa croyance, le cas échéant, sur des conceptions du monde différentes de celles qu'il professerait dans le civil... à condition toutefois que l'œuvre le lui permette. Le tout est que l'entrelacs qui tisse le film soit suffisamment dense pour que le spectateur puisse y ménager son propre territoire.

Ou encore, la question du mal au cinéma trouve un écho lorsque la densité du tressage proposé par la vision du cinéaste est à la fois assez serrée pour emporter le spectateur hors de son monde et assez lâche pour lui permettre de projeter sa cartographie intime sur la « transparence »[5] du film. Et l'on peut mesurer l'importance qu'a pour nous une œuvre cinématographique à la façon dont nous entrons momentanément dans une vision du monde que, dans le réél, une fois ressortis sous le soleil de la place, redevenus citoyens, nous ne revendiquons pas. C'est aussi cela, le lien du cinéma avec le mal...

Ainsi, pour ne prendre qu'un exemple symétrique à *La Nuit du Chasseur*, le dernier film d'Abel Ferrara, *The Addiction* (1995). Là aussi, le cinéaste filme le mal, la nuit, mais loin de la nature magnifiquement photographiée en studios par Stanley Cortez pour Laughton, en noir en blanc. Ici, l'absence de couleurs est encore plus délibérée qu'en 1955 puisque le noir et blanc coûte aujourd'hui plus cher que la couleur ; en tous cas, s'agissant du thème des vampires, cela évite que les personnages n'apparaissent barbouillés de rouge, et la qualité du travail de Ken Kelsh, chef opérateur des derniers films de Ferrara, contribue à rendre oppressantes la solitude et la désespérance dans la nuit urbaine : une jeune fille tombe sous la dépendance du sang, du péché, du mal. En lointain écho à *Salò*[6] de Pasolini, le film est une véritable épreuve pour le spectateur conduit à vivre la chute vertigineuse d'une jeune fille qui avait eu pour seul tort de mettre en cause la responsabilité des États-Unis dans la guerre du Viêt-Nam en séquence d'ouverture. L'alternance entre les séquences de vampirisme, de « manque » – puisque l'assimilation de l'absorption du sang à celle d'une drogue est effective dans le film– et de retours réguliers à des photos de charniers relance de manière lancinante la question de la chair humaine, de sa réification, mais aussi diffuse sourdement en creux l'aspiration à une spiritualité qu'une philosophie de pacotille ne saurait satisfaire.

D'où vient que, lorsque dans les dix dernières minutes de ce film nous est montrée une conversion aussi brutale que celle de Claudel, nous n'y croyons pas ? Peut-être de ce que quelques gros plans de Christs en croix traités en inserts, c'est-à-dire interrompant le flux du film sans s'y mêler intimement, ne sauraient suffire à faire partager la violence d'une rédemption : le cinéma est un art de la matière et il faut du travail de mise en scène pour que, d'un crucifix de bois jaillisse la spiritualité ! Dans *The Addiction*, l'évidence de cette image monosémique interdit la double lecture nécessaire à l'intensité de l'émotion du spectateur et, de ce qui était un film fort par le traitement de la solitude humaine, on passe à la pauvreté d'un message explicite : de la rédemption ne reste plus que l'apparition d'un *deus ex machina*.

Dans *Ordet*, Dreyer plantait sa caméra plus de vingt minutes auprès d'un cercueil avant de s'autoriser l'audace qui consiste à filmer l'inoubliable résurrection de son personnage féminin. D'une certaine manière, Ferrara souffre là de l'affection inverse de celle qui paralyse Spielberg, tétanisé lorsqu'il ne campe plus dans le territoire du bien... Pourtant, *The Addiction* reste une tentative passionnante d'aller au bout du mal, au bout de la nuit[7].

LE RÉEL DU MAL

En fait, le problème posé par l'art cinématographique est sans cesse reconduit : comment faire naître l'abstrait, le spirituel, la pensée dans ce qui, de l'être humain, nous transmet la forme du corps, ses mouvements, bref, sa chair et sa voix ? On comprend les cinéastes de fiction qui, pour représenter le mal, mettent en scène des génies du crime, de diaboliques docteurs ou des *serial killers* : le meurtre, lui, au moins, est concret ! En revanche, les cinéastes qui se privent de conséquences bien matérielles et qui, pour s'affronter au mal, partent des structures que l'homme a lui-même mises en place – celles de l'idéologie, de l'économique –, ne se simplifient pas la tâche. En ces temps de

cynisme, de nihilisme, de défiance de toute causalité, il faut la
grandeur d'un Godard pour tenter l'expérience.

C'est peut-être pour cela que, récemment, des films s'affrontent au
mal depuis le réél : voilà quelques années que l'on assiste, surtout en
France, à un superbe renouveau de l'art du documentaire... Comme le
dit le petit Cédric, soigné pour une tumeur maligne à l'Institut Curie,
au cinéaste Denis Gheerbrant qui, pour le filmer, l'écoute et le voit
parler de sa peur et de son courage devant l'éventualité de la mort,
« la vie est immense et pleine de dangers. » Aujourd'hui, Cédric
va bien.

1• *Le Goût de la beauté*, éd. de l'étoile/*Cahiers
du cinéma*, 1984, p. 81. Cette citation est extraite d'un article de juillet 1961.

2• Le thème est d'importance pour Laughton
qui a longtemps lu la Bible pour la radio améri-
caine.

3• Selon Davis Grubb, auteur du roman dont est
tiré le film et qui a lui-même fait les recherches
musicologiques pour Laughton, il s'agit d'un
cantique traditionnel, tombé dans le domaine
public : *Everlasting Arms*.

4• On en trouvera une autre, magnifique, dans
l'offrande du bijou. La vieille femme qui est re-
venue de la séduction, dont le rôle « éducatif »
lui fait prodiguer de conseils de méfiance envers
les hommes à la jeune fille qu'est Ruby lui offre
tout de même une broche, parce qu'elle souhaite
lui proposer la sagesse, non la pudibonderie...

5• La numérisation des images rend caduc ce
procédé qui a fait florès dans le cinéma holly-
woodien : sur un écran sont projetées des images
(d'extérieur par exemple) devant lesquelles se
déroule l'action filmée en studio.

6• La référence s'impose d'autant plus que Ferrara s'est dit intéressé par le projet d'une biographie filmée de Pasolini.

7• Je voudrais émettre ici une hypothèse que
l'avenir confirmera ou non : il me semble que
l'hiatus dans ce film est une trace de la diver-
gence des intérêts du metteur en scène et du scé-
nariste. Quand on pose à Ferrara des questions
sur le thème de la rédemption dans ses précé-
dents films, il renvoie sur Nicholas Saint John,
auteur de ses scénarios. N'y aurait-il pas différents niveaux d'investissement chez un cinéaste
fasciné par le côté obscur des choses et un scéna-
riste dont il semblerait qu'il soit marqué par une
foi catholique très prosélyte ?

L'esthétique et le mal

Murielle Gagnebin

Ce qu'on appelle camouflage (dérivé de camouflet ou de *camuffare*) est d'usage récent dans le vocabulaire, mais les observateurs de la nature vivante insistent sur la généralité et la dispersion du phénomène, repéré à même quantité d'embranchements. La pratique du camouflage exercée lors d'actions belliqueuses et lors des ruses de chasse n'a ainsi pas de réel commencement assignable. C'est dire qu'il appartient aux opérations de la nature. Aussi bien son incorporation dans les conduites artistiques relève-t-elle en premier ressort de la *mimèsis* – de celle, du moins, qui vise à imiter les opérations *naturelles*. Car l'idée même de réaliser un leurre parfait renvoie aux « trucs » signalés par Pline. À l'horizon du leurre parfait, il y a comme nécessairement donc aveu de sa machinerie. Le leurre parfait se doit, à un moment ou à un autre, de cesser d'être un secret. Il lui faut être ainsi soit dévoilé, soit présenté, fût-ce infiniment, comme dévoilable. Partant, il est essentiellement *transitoire*.

Le camouflage surgit donc à la façon d'une opération qui tend, à l'instar d'une devinette, à masquer une certaine chose, plutôt une certaine image qui a pour mission d'abord de ne pas attirer l'attention, ensuite d'intriguer, d'exciter, de « picoter l'attention » (Quatremère de Quincy) ; puis de présenter l'apparence de l'équivocité, laquelle, enfin, doit nécessairement rencontrer quelque apaisement, soit par introspection soit par une procédure d'analyse méthodique.

S'y attachent donc un jugement d'existence et un jugement de valeur sur la qualité de la ruse mise en œuvre.

Le camouflage, en tant qu'activité délibérée, entre dans la grande entreprise de la technique de séduction et de tromperie des sens. Le trompe-l'œil perceptif en est une modalité ; la construction (combinaisons, intrications, superpositions) d'images mal déchiffrables en est une version antagonique, qui suppose, en tant qu'elle est construction, une tradition culturelle, même débile et infirme, un rappel, un jeu de mémorisation.

Du point de vue axiologique, le camouflage appartient aux modalités de la dissimulation, aux intentions de la dissémination. Le camouflage est, en conséquence, une variété du Mal.

Lié à la production artistique dans son essence, il n'a peut-être pas toujours eu des implications esthétiques similaires. De plus, n'exercerait-il pas, selon les facettes adoptées au cours de l'histoire, un retentissement sur la contemplation artistique elle-même ? L'acte par lequel le spectateur « s'approprie » une œuvre d'art est-il infiniment semblable, ou la pratique du camouflage se laisse-t-elle décliner à la faveur d'une rhétorique habile à prôner la litote, comme, à l'opposé, les figures stylistiques les plus extravagantes ?

Créer, c'est-à-dire camoufler : ces conduites sociales, artistiques et morales seront, ici, examinées à la faveur d'une double interrogation. D'abord celle, métaphysique ou éthique, portant sur le problème central qui lie le camouflage à la question du Mal : y a-t-il, en art, des *degrés* dans l'exploration/exploitation de ce dernier ? Ensuite, nous orientant davantage vers l'heuristique psychanalytique, nous nous demanderons dans quelle mesure les capacités de projection et d'introjection classiquement propres au sujet contemplateur sont amenées à épouser une évolution comparable.

LES VERTUS DU CAMOUFLAGE

Traditionnellement, si l'artiste ment, c'est pour transmuer l'ordinaire du monde en spectaculaire. Ainsi en va-t-il du peintre inventé par Marguerite Yourcenar dans *Comment Wang-Fô fut sauvé*[1]. Transfiguré par ses habiles pinceaux, le monde ne cessera de décevoir le jeune empereur abusé par l'art et comme voué à un désespoir sans bornes, aussitôt qu'il se confronte au monde réel :

> « Tu m'as menti, Wang-Fô, vieil imposteur : le monde n'est qu'un amas de taches confuses, jetées sur le vide par un peintre insensé, sans cesse effacées par nos larmes. Le royaume de Han n'est pas le plus beau des royaumes, et je ne suis pas l'Empereur. Le seul empire sur lequel il vaille la peine de régner est celui où tu pénètres, vieux Wang, par le chemin des Mille Courbes et des Dix Mille Couleurs »[2].

Imposture ou réel empire, ce métabolisme, qu'il s'exerce sur le quotidien bourdonnant ou plus profondément sur ce qui vient poindre l'œil et déranger le regard, en l'espèce toutes les formes de la finitude humaine et de l'horreur – que l'on se souvienne d'Aristote pour qui les hommes prennent tellement plaisir aux imitations que même « *des êtres dont l'original fait peine à la vue, nous aimons à en contempler l'image exécutée avec la plus grande exactitude ; par exemple les formes des animaux les plus vils et des cadavres* »[3] –, ce métabolisme camoufle, certes, mais dans le but de *donner à voir* quelque « en-plus » éminemment valorisé. Tel est l'enjeu bien connu de *L'Imaginaire* de Jean-Paul Sartre ou du *Portrait ovale* de Poe. On se rappelle que, dans ce récit, le peintre, tout à son art, « *ne* voulait *pas voir que les couleurs qu'il étalait sur sa toile étaient tirées des joues de celle qui était assise près de lui* »[4]. Un jour, la dernière touche appliquée, le peintre, au sommet de l'extase, s'écrie : « *En vérité, c'est la* Vie *elle-même !* »[5]. Il se retourne alors pour regarder sa bien-aimée : elle était morte !

Monde dans le monde, prédominance de l'imaginaire sur le réel, « pygmalionisme », chaque fois l'art, pour peu qu'il soit menteur, aboutit à un même phénomène psychologique : le *moi* psychique du contemplateur est sensiblement enrichi.

On a ainsi communément coutume de mentionner l'extraordinaire gain de l'appareil mental pris dans la « fruition »[6] d'une œuvre d'art. C'est qu'au cours de l'échange esthétique, selon la perspective de la psychanalyse, la fonction de liaison propre au *moi* apparaît puissamment sollicitée. Par quel mécanisme ?

Dans une première phase, les capacités d'unification et de totalisation spécifiques du *moi*, en tant qu'il est au service d'Éros, sont momentanément déléguées à l'œuvre. Sorte d'*alter ego* drainant sens et émois, celle-ci déterritorialise avec plus ou moins de force l'amateur d'art. À ce moment de désintrication pulsionnelle et de perte des limites du *moi*, succède un deuxième temps où se développe une suite exaltante de projections et d'identifications durant laquelle la force de connexion et de relation propre au *moi* est alors reprise au compte du sujet percevant. Pareil va-et-vient agrandit le *moi*. Portant essentiellement sur des qualités matérielles : chromatisme, effets de matière, jeux formels, rimes plastiques, rythmes, chacune constitutive à sa façon de la « chair » du tableau, l'introjection finale a un pouvoir profondément modulateur. Le corps de l'œuvre devient, bel et bien, un prolongement du corps du spectateur qui, par là, tend à réparer ses carences auto-érotiques.

Que dire, aussi bien, de cette activité du *moi* non plus confronté au « camouflage » originel spécifique à toute œuvre d'art destinée à doubler, d'une certaine manière, l'étant-mondain, toujours peu ou prou déficitaire, mais exposé aux divers avatars de l'art contemporain ?

Amoral le plus souvent, lié au seul plaisir rétinien (*id quod visum placet*, saint Thomas), ou alors davantage ludique, libérant quelque mécanique subtile qu'il s'agit d'identifier, l'art a aussi, en cette fin de siècle, de temps à autre, délibérément choisi la pure provocation.

Essentiellement transgresseur (par lui, un monde *dans* le monde impose sa législation), il ne vaut plus pour *lui-même* mais en vertu de cet *écart* qui le fonde. Provocation, écart : devenu but en soi, le non-conformisme appelle à l'horizon, qu'on le veuille ou non, une constellation bien connue où l'étoile de l'immoralisme brille avec éclat. Profonde la régression, comme la consternation. Aussi bien je n'en resterai pas là.

EXPÉDIENTS ET CHAUSSE-TRAPPES

Deux courants sembleraient solliciter de façon originale la question de la *mètis* dans l'art contemporain. L'un rivalise d'artifices afin de cacher l'innommable, l'autre s'exerce au défi. Si le premier déguise, dissimule, masque, voile, cache, le second porte rageusement à découvert, provoque les sens, agresse l'esprit. En résumé, j'oppose ici le camouflage à la caricature. Mais, comme on sait, en psychanalyse, les contraires sont si labiles qu'ils finissent, tôt ou tard, par intervertir leurs signes.

La pratique du camouflage illustre une des « manières » parmi les plus caractéristiques de ces vingt-cinq dernières années, tant en Europe qu'aux États-Unis. Issus de la grande abstraction des Malévitch, des Mondrian, des Kandinsky, tout comme de l'abstraction lyrique propre aux années cinquante où l'on a vu les toiles *s'organiser* en *compositions colorées*, parfois intenses, toujours cependant réfléchies, habiles à nourrir des courants qui proposent, chacun, quelque puissante méditation chromatique : *Action Painting* (J. Pollock, W. de Kooning), *Field Painting* (B. Newman, M. Rothko), *Tachisme* (R. Bissière, Bram Van Velde), *Nouvelle Abstraction* (N. de Staël, S. Poliakoff) – ces peintres érigent le geste en matrice de l'œuvre. Celui-ci va du graffiti crayonné, parfois colorié (Cy Twombly, J.-M. Basquiat) jusqu'aux rythmiques les plus passionnément colorées (Joan Mitchell, Bram Van Velde, P. Alechinsky, A. Kiefer, S. Hantaï, P. Buraglio, etc.). Essentielles à l'apparition de l'œuvre, ces gestuelles marquent celle-ci avant tout par un aspect *compulsif*, voire *répétitif*. Quelques exemples suffiront[7].

Hantaï offre un lyrisme monumental où seule la vibration de la couleur et de la surface paraît importante. Obtenues par gaufrages, pliages, froissements, dépliages ou par coutures, encollages et déchirures, selon les années, ces pleines orchestrations chromatiques laissent, à leur tour, percer, à la faveur des intervalles rythmés du blanc, le devenir d'un corps qui se prend à respirer et nous communique sa respiration. Comment l'*un* peut-il naître du multiple ? Comment, du désordre impliqué dans la fusion, l'ordre peut-il sourdre ?

Buraglio (prix A.I.C.A.[8] en 1982) présente des corps rapiécés, ravaudés, substitués, agrafés, nés de ses diverses cueillettes. La multiplication compulsive d'enveloppes successives semble, ici, insister sur la nécessité d'échapper à quelque vide menaçant. Buraglio répare, à partir de débris, des zones d'être cassées. Pourquoi ne pas considérer, à un moment ou à un autre, ses *Agrafages*, ses *Masquages*, ses *Recouvrements*, ses *Camouflages*, autant de séries qui scandent la production de l'artiste, comme la tentative infiniment réitérée de forger une nouvelle peau ? Peau de douleur, certes : encollages divers, poinçons des agrafes, traversées des rivets, des vis président, en effet, à la

naissance de ces surfaces savamment couturées de balafres scin-
tillantes. On dirait que la terreur du vide, l'angoisse d'un corps lisse,
privé d'aspérités, sont cause de ces corps puissamment rapiécés. En
janvier 1984, Buraglio va jusqu'à exposer, chez Fournier à Paris, des
plaques d'altuglas scandées par des chutes de toiles empruntées à son
ami, le peintre Alain Clément. Ainsi, lorsque la peinture de Buraglio
semble s'ouvrir à une transparence, qui n'est pas celle, madrée, de ses
Fenêtres toujours insituables entre l'extérieur et l'intérieur, c'est par le
biais du corps d'un autre qu'il y parvient : le camouflage pourrait, ici,
aller croissant.

Cy Twombly camoufle également, laissant sa main errer au gré de ses
rêveries, s'amuser à froisser papier ou carton, à salir « du bout des
doigts » ses tracés plus ou moins appuyés, offrant ses dessins et ses
craies comme autant de « bribes d'une paresse » (R. Barthes[9], 1979)
où l'inscription est effacement et l'effacement événement.

Joan Mitchell comme Pierre Alechinsky exposent, au gré d'une palette
plus aquatique pour la première et plus charnelle pour le second, des
émotions, c'est-à-dire les impressions que nous font les choses, les sen-
sations, les affects et leur retentissement à l'intérieur du corps. Mais
c'est d'abord, pour ces deux artistes, la *fluidité de la couleur* qui solli-
cite l'œil du spectateur : tantôt diluée (Joan Mitchell), tantôt souple et
onctueuse (P. Alechinsky), elle coule, ruisselle, dégouline par endroit,
voire bave, libérant le tableau de ses entraves classiques : bords,
cadres, haut, bas. Devant semblable générosité de la tache, devant pareille dépense de la pâte, sous la gestuelle première appelant chez J.
Mitchell l'investigation des automatismes, l'exploration des rapports
chromatiques, et chez Alechinsky convoquant la ductilité de la matière accouplée au souple tracé de quelque écriture primitive prête à
frayer de nouvelles marques, comment ne pas éprouver, devant ces
palimpsestes somptueusement *indéfinis*, l'absence d'une nécessité formelle, la privation d'un impératif chromatique, la disparition de l'obligation tonale ? Immédiateté, profusion, parlent, chez ces artistes, en
faveur non d'un système qualitatif obéissant à des lois, soumis à des
exigences propres à valoriser le sacrifice qui, toujours, leste un geste
ou sature une couleur – bref, *informe* une structure –, mais bien en
faveur d'un système régi par la *quantité*[10]. Tressage de la couleur chez
J. Mitchell, où une teinte en chasse une autre comme un plan engendre
continûment un autre plan, constituant quelque symphonie brow-
nienne éclatante ou quelque vitrail aux brisures aléatoires, débauche

d'une matière plus ludique que capricieuse, chez Alechinsky, ces deux modes d'expression donnent à penser que, pour ces artistes, l'important réside davantage dans une incessante prodigalité avant tout chevillée à libérer quelque trop-plein proprement *insoutenable*.

Je pourrais ainsi multiplier les exemples et allonger la liste des peintres qui, ces dernières décennies, ont choisi pour manière la dissipation. Telle n'est pas mon intention. Je me propose plutôt de découvrir le mobile déterminant une telle pratique.

UN NOUVEL ESPACE PLASTIQUE : PERTE OU GAIN PSYCHIQUE ?

Me fondant avant tout sur la nature du *trouble* ressenti à la vue de telles œuvres, c'est la figure de l'espace plastique qui se prend soudain à vaciller. Jusqu'au début du XXe siècle, celui-ci avait pour fonction d'offrir à l'imaginaire une sorte de monde dans le monde, donc un « en-plus » sur les plans sensoriel et psychologique, mais aussi symbolique et métaphysique. Tout se passerait, aujourd'hui, comme si le travail de ces artistes répondait à un engagement plus étroit et par là plus impératif, peut-être. Cet étrange tissage spatial ne chercherait-il pas à « restaurer », précisément, des zones d'être très archaïques, sourdement menacées, voire manquantes ? Mais restaurer comment ? En masquant, tout bonnement, faille ou fissure ; par comblement, par... camouflage.

Allons plus loin. Comme je l'ai souvent écrit et démontré[11], l'œuvre d'art tire sa visibilité de son essentielle invisibilité, puisque voir c'est perdre. Orphée et Eurydice ont vécu cette aporie jusqu'en leur chair bien avant que ne soient établies les passes d'armes de l'œil et du regard habilement repérées par J. Lacan[12]. De même, les propos du patient sur le divan ne sont jamais ce qui devrait se dévoiler, puisque *par essence* l'aveu analytique *échappe* au temps. Problème du drame narratif *dans* l'analyse, aventure de la profonde doublure d'invisible caractéristique de tout *visible*, le camouflage et ses aléas pourraient répondre d'une dynamique plus étrange encore.

Fascinés par l'indicible, par un reste d'irreprésentable dans la pulsion, ces artistes, jouant de maints artifices, ne parviendraient-ils pas à créer une extraordinaire *présence d'absence*, habile à faire vaciller les repères habituels et à plonger l'homme dans un espace qui ne serait ni celui de la vie, ni celui de la mort : entre-deux vertigineux, où défaillir devient une jouissance, où lâcher prise apparaît comme un gain d'existence. J'ai, plus d'une fois, insisté sur la décharge caractérisant cette peinture qui se veut souvent immédiate, impatiente, voire agressive. Or, qui dit décharge ne dit pas justement sublimation, à savoir : transformation de la libido, maturation des affects, retardement de la satisfaction, bref : travail psychique coûteux. Ne serait-on pas, aussi bien, en face d'œuvres livrant un matériel, brut, infiniment archaïque ? Échappant pour une part à l'aire transitionnelle qui définit l'espace traditionnel de la peinture, ces œuvres se situeraient dans un en-deçà, celui, risquons-en l'hypothèse, des fameuses « agonies primitives » décrites par Winnicott[13]. Pour ce clinicien anglo-saxon, ces angoisses térébrantes caractérisent certains moments de la prime enfance, où le petit d'homme, qui n'a pas encore forgé son *moi*, subit des états bouleversants qu'il ne peut pas reconnaître puisque lui-même n'existe pas vraiment encore, mais qui apparaîtront, plus tard, sur le mode traumatique et fantasmatique.

Ce courant de peinture promouvant sans fard la pratique du camouflage se donnerait ainsi comme le révélateur non plus d'un espace transitionnel, toujours instaurateur de quelque « en-plus », mais bien d'impressions spatio-temporelles qui lui sont antérieures. Pour le dire autrement : si la peinture définit un espace où être, c'est ne pas être et ne pas être, être, les artistes de l'espace en crise proposeraient ainsi une peinture qui tirerait son existence de ce qui s'est un jour passé sans pour autant avoir jamais eu lieu, une peinture qui vivrait d'un fondamental manque à être – infiniment indélébile puisque n'ayant jamais été, tout en s'étant pourtant produit et, par là, révélant au *moi* une fêlure insidieusement agissante.

Cette anhistoricité du *je* qui va jusqu'à fissurer le *moi* adulte, cette césure du temps entre un avant et un après de la conscience définissant les plaines de l'archi-archaïque conduiraient ces peintres vers une structure où l'éparpillement, le *diasparagmos*, la désintégration, pour ne pas entraîner le regard dans une tension sans fin entre des béances à jamais insondables, se verraient conjurés par l'adoption du camouflage. Impressionnante, dès lors, cette pratique se donnerait à la fois comme un pare-excitation et comme une ruse aux effets éminemment modulateurs pour présenter l'imprésentable, pour rendre supportable l'insupportable que la psychanalyse a repéré dans les angoisses catastrophiques du petit être non encore individué et cependant déjà existant en soi, ce petit être que chacun, un jour ou l'autre, entend plus ou moins fortement hurler au fond de soi.

Que tirer d'une telle aventure psychique ? Deux points essentiels.
D'abord, il est permis maintenant de dire que si le camouflage a à
voir, de façon axiologique, avec le mal, l'acmé de la ruse dans l'épopée artistique du donner-à-voir semblerait se doter des couleurs d'un
effort intense de reprise psychique, venant valeureusement rendre
compte d'une menace antérieure d'effondrement. Ensuite, ne serait-il
pas possible de convertir semblable aventure, où se mesure le courage
d'artistes prêts, consciemment ou non, là n'est pas la question, à
affronter certaines angoisses primitives et à tenter de les restituer
dans la trame rouée du visible, en instrument heuristique propre à
expliquer la nature d'un autre versant de l'art actuel ?

LE RECOURS À LA CARICATURE
OU LE DEGRÉ ZÉRO DU CAMOUFLAGE

Certains excès plastiques contemporains ont été repérés et classés sous
l'étiquette « N'importe quoi » proposée par Ben Vauthier pour son
propre *Magasin* (1958-1973, centre Georges-Pompidou). Sorte de
composition tridimensionnelle, celui-ci tient du *livre* (les fameuses
ardoises), de la *sculpture* polychrome (trouvailles glanées au fil des
ans : panier à salade, os, boîtes diverses, roulements à bille, abat-jour,
roues de bicyclettes, etc.), de la *boutique* où tout s'échange (lieu de
rencontres de divers courants artistiques : Nouveaux Réalistes, Sup-
port/Surface, etc.). Hétéroclite, cette œuvre, baptisée donc « N'importe quoi », ouvrait la voie à plus d'une transgression. Parallèlement,
l'art ne se condamnait-il pas petit à petit à perdre sa belle autonomie,
si difficilement conquise ?

En vertu du principe qui établit qu'une pulsion est susceptible d'inversion, il apparaît judicieux d'analyser certaines outrances esthétiques à
la lumière de la disparition de cette fabuleuse volonté de camoufler.

Échappant à la passion du camouflage caractérisant ces peintres
inquiets d'explorer, dans les limites du représentable, un espace,
combien retors et inconfortable, ces artistes suivaient une expérience
connexe et cependant en tous points antinomique. Loin de camoufler,
il s'agirait plutôt d'*exposer* le plus crûment possible la *déficience*. À
l'art du camouflage s'opposerait donc, comme un contraire aisément
labile, celui de la *caricature*.

Chevillée à quelque structure renversée, semblable pratique devrait
ainsi répondre aux deux critères dévoilés dans l'art du camouflage :
premièrement, une proximité avec l'archaïque, deuxièmement, une

transformation du coefficient axiologique lié aux productions de ceux qui, ces vingt-cinq dernières années, affrontent, solitaires, l'innommable, voire l'irreprésentable.

On ne s'étonnera donc point de la volonté propre aux fabriquants du « n'importe quoi » d'agresser un public gavé et somnolent.

Attaqué dans ses repères esthétiques, le spectateur des tampons hygiéniques souillés de G. Pane (*Autoportrait*, 1973) ou des figurines de cire de Kiki Smith au réalisme sans faille tantôt faisant l'éloge de la peau humaine brûlée (*Virgin Mary*, 1992), tantôt mimant une exonération au cours de laquelle un étron long de quatre mètres s'échappe du postérieur sali d'une femme au corps désirable (*Tale*, 1992), ou encore le contemplateur des pseudo-romans-photos de Nan Goldin racontant *La Ballade de la dépendance sexuelle* (1982-1992) et offrant les visages bleus et ravinés de sidéens épuisés, ne peut que se sentir attaqué au plus profond de lui-même, mis en question au lieu précis où, d'ordinaire, il venait puiser quelque ressourcement.

Flirtant avec le déchet, le rebut, singeant la psychose, glorifiant la perversion, comment l'art n'allait-il pas subrepticement être récupéré par l'Idéologique et massivement retomber sous le couperet des valeurs ?[14]

Désormais, l'art regorge de laideurs et de difformités présentées *sans maquillage*[15].

Jean Rustin met en scène un corps humain humilié : pitoyable, le sexe masculin pend, mou, inerte, alors qu'offerte, la faille féminine bâille, violacée, suintante, comme usée, *quotidienne* ; Andres Serrano, en des photographies monumentales où il exhibe des pans de corps humains, choisit la morgue pour terroir. Pratiquant des cadrages insolites, il s'inquiète des corps noyés, suicidés par le fer, la mort-aux-rats, il s'intéresse aux traces laissées dans les chairs par quelque pneumonie maligne ou une vilaine méningite. Enfin, Lucian Freud, friand de corps obèses, décline des postures aux plis gris et maussades, fouillant la graisse molle et ses extensions erratiques.

Soucieux, peut-être, de permettre au public de se mesurer à la libido démoniaque et refusant l'écran du culturel, ces artistes ne confronteraient-ils pas le spectateur avec les figures issues de la régression ? Ce faisant, leur démarche contribuerait, indirectement et paradoxalement, à enrichir non le *moi* (la sublimation) mais bien le *soi* du public. L'artiste actuel, exaltant le prégénital et le désignant sans ménagement, récupérerait, somme toute, ce qui précédemment était omis ou dénié, voire refoulé.

Par ailleurs, recourant à l'agression sous tous ses aspects, vantant le démembré comme le dilacéré, l'informe comme le putrescible, le sale et le visqueux, ils donnent corps aux figures de l'horreur ; allant, aujourd'hui pour certains, jusqu'à travailler le sperme refroidi, le sang coagulé, l'urine et l'excrémentiel, ils *anticipent* le destin ultime de la matière au-delà de la mort : morcellement, désagrégation, putréfaction, anéantissement... Semblables monstrations, se demandera-t-on, ne pourraient-elles pas faire courir un danger notable au spectateur ? Celui-ci n'est-il pas près de se vivre comme victime d'une gigantesque *fécalisation* ?

DÉFAILLANCES ET VICISSITUDES

Où sont aussi bien passés les courageux aventuriers des espaces archi-archaïques, toujours sur le point de s'effriter, de se refermer, de se morceler ? N'y a-t-il pas là un changement de gouvernail à 180°...

Devant la mascarade du *hic et nunc*, pourquoi ne pas contribuer au galvaudage général et, inclinant à la destruction, *tout* tenter pour créer l'œuvre qui mettrait un point final à l'art, *absolument* ?

Une œuvre si monstrueuse qu'elle réfléchirait pour de bon l'*infécondité* propre aux hybrides ! Demeurer sans descendance, vouloir être le dernier de la liste, c'est d'abord réclamer l'inscription dans une lignée – ici, celle du donner-à-voir, avec ses implications sociales : catalogues, critiques, galeries, musées, etc. Ensuite, c'est, assurément, *tout* revendiquer et ne craindre *rien*. Jusqu'à – et y compris – la *castration*[16]. Pathologie grave pour la psychanalyse qui décèle dans cette orgueilleuse toute-puissance, dans cet éloge de la quantité comme unique moyen de dépense, dans cette absence totale de limites prédisposant à toutes les expériences possibles mais aussi à toutes les douleurs et à toutes les humiliations – ne l'oublions pas ! –, les racines du *masochisme pervers*.

La menace d'une dérive de l'objet esthétique en direction de l'objet politique s'affirme, toujours davantage.

Que dire, à ce point, de l'activité du *moi*, classiquement au service d'Éros ? Placé face à l'éloge du camouflage ou à l'usage effréné de la charge caricaturale, va-t-il poursuivre son travail d'unification et exercer sa fonction totalisante ? Confronté avec les figures de la déficience, de la privation, de la finitude, du manque, sera-t-il encore pris dans le jeu maillé des projections/appropriations suscité par l'œuvre d'art traditionnelle ?

La réponse tombe net : l'« en-moins » n'est pas comestible ! En bref : qu'attendre des effets mutatifs d'une œuvre qui composerait tantôt avec l'archaïque pur tantôt avec l'infirmité du fétiche ?

Construite au plus près des séismes venus grever la constitution du *moi*, la première s'adresserait au narcissisme primaire qu'elle pourrait, en ce sens, étayer. La seconde, en plongeant ses racines dans la libido démoniaque, déplacerait avec éclat les frontières du *soi*, permettant au sujet-contemplateur de régresser jusque dans les territoires de l'instinctuel élémentaire.

Le mal provenant de l'imperfection du monde pour un sujet, par essence fini, n'a désormais plus *rien à voir* avec ces présences « maléfiques » vécues comme des *réalités dynamiques*, tantôt négativement à travers la pratique chamarrée du camouflage, tantôt, à l'inverse, valorisées au gré de l'apologie combien perfide de la caricature. Au mal métaphysique propre à inspirer les plus belles œuvres d'art dites « classiques » et habile à convertir l'activité artistique en mensonge raffiné, s'est donc, au XXᵉ siècle, substituée une positivité du mal reliant ainsi que deux opposés l'extrême fragilité humaine comme ses colloques abyssaux. La pensée de l'art trouverait-elle, là, un terme ?

EXHIBER LE CAMOUFLAGE

Se pourrait-il que, devançant, comme souvent, la grande Histoire, pour qui la positivité du Mal est devenue banale, avec les chambres à gaz de la Seconde Guerre et les multiples purges ethniques scandant la marche du Siècle et scellant toujours quelque déficit narcissique, certains artistes actuels laissent deviner, à même leur travail, comme une surenchère de la catastrophe ? Le mal arborant précédemment les sortilèges plastiques de l'horreur se donnerait avec eux non sur le mode de la destruction du sujet ou de l'objet, pratiques presque obsolètes aujourd'hui, mais bien au travers d'un phénomène radicalement différent : celui qui exhibe une extinction complète du désir, une réelle *aphanisis*[17]. Principe constitutif, le mal infiltrerait *et* le point de vue dynamique *et* le point de vue économique, selon l'usage que la psychanalyse réserve à ces termes dans la constitution du Sujet comme être de désirs, d'émois, de réflexions et d'actions. C'est dire qu'au cours de la fruition esthétique, la libido appelée par de telles œuvres – qu'elle soit prégénitale ou génitale, la question n'est plus là ! – serait progressivement dénaturée, viciée, voire anéantie.

L'œuvre de Tony Oursler[18] apparaît, en ce sens, paradigmatique. Devant les « installations » qu'il propose depuis 1987 et où prédomine la vidéo, le *moi* du spectateur subit une altération spécifique. Imaginons des poupées en étoffe réduites à l'ovale de leur tête sans aucun signe distinctif : ni yeux, ni nez, ni bouche. Un visage aveugle. Le corps, quant à lui, minuscule ou grandeur nature, pend, à la limite même de l'existence, enfoui à l'intérieur de costumes citadins, sombres et trop vastes. Pantins déliquescents et misérables, ces corps surgissent quelquefois – c'est le cas dans les petites dimensions – habillés de tissus imprimés de motifs floraux. Les poignets ainsi que les chevilles sont alors cousus, évoquant les poupées de crin d'antan, si dérisoires. Suspendues par un fil ou empalées sur une tige de fer, parfois aussi enterrées dans une cavité à même le sol, ces figures vides, magnifiquement neutres, reçoivent d'une caméra située à quelques mètres des images affolantes. La projection anime ces faces insipides qui se mettent à geindre, à pleurer, à hurler, à fulminer. Les têtes ont l'air de bouger, de se balancer, d'opiner au rythme précis du défilé d'images visuelles et sonores. Les textes de la bande son, assez répétitifs, hésitent entre la litanie, le monologue intérieur et le dialogue, tous procédés qui exigent une nette participation du spectateur. En général provoquants, d'un niveau syntaxique assez pauvre – l'injure ou l'invective y prédominent –, ils retracent des situations aberrantes à force de trivialité, voire sinistres de naïveté. Égaré, troublé, le spectateur ne peut que s'identifier à ces voix sorties d'on ne sait où et à ces petits visages tuméfiés par les larmes, agrandis par la peur, le plus souvent, cependant, avachis, les paupières tombantes, les joues crispées par le trismus de l'habitude et de la résignation. Ailleurs, torturées et vociférantes, la bouche révulsée, ces têtes égrènent des paroles lancinantes ou discordantes.

La force de ce travail est double. D'abord, en excluant la répétition du même, qui est, on le sait[19], le mode même du dire *créateur*, permettant légers écarts et paramètres inédits, donc, *in fine*, naissance d'un style, il s'inscrit au cœur de la *répétition de l'identique*, c'est-à-dire du *mortifère*, et, par là, translate ces efforts pitoyables de communication dans un ailleurs *totalement étranger au monde de l'art*. Critique sociale ? Prise de position idéologique ou politique ? Telle n'est pas la question : les dispositifs hétéronomes de l'art n'ont, jusqu'à ce jour, jamais invalidé le réquisit artistique pour peu que l'exigence formelle existât. Or, les pantins de T. Oursler témoignent d'un art consommé.

Le problème est donc autre. On dirait plutôt qu'ici le discours artistique est sciemment éradiqué en son fondement. À travers lui, en effet, c'est la mort, toujours une et fade, qui se fait jour, triomphant du ressort essentiel propre à toute manifestation esthétique : la créativité et ses bonds inventifs. Est-ce à dire que Tony Oursler ne varie jamais sa production ? Non, le phénomène est infiniment plus insidieux : les poupées ne se ressemblent qu'à la façon d'une grande famille et elles intègrent donc des différences morphologiques et chromatiques. La répétition stérile de l'identique frappe beaucoup plus loin : dispositif fondamental, structure des textes, le *cycle* est ici recherché comme *tel* par l'artiste lui-même. Un cycle *sans dépassement possible*. La réelle illustration de l'éternel retour de l'identique.

Ensuite, on l'a dit, ce travail suscite la projection. Bouleversé par ces pantins hagards et pourtant si proches, si communs, si voisins, parfois tellement loquaces et cependant en définitive ternes à souhait, prodiguant des mélopées tissées d'idées reçues et, par nature, suant l'ennui, bouleversé, affecté, le spectateur commence par s'identifier aux blanches figurines, mais le jeu de la projection tourne court. Jamais ce travail, curieusement, ne semble autoriser l'introjection. Tout se passe comme si le jeu plastique volontairement asservi à quelque répétition morose condamnait définitivement le jeu psychique. Pas un instant le contemplateur de ces installations aux accents plus chaotiques qu'imaginatifs ne se prend à élaborer cet espace intermédiaire, essentiel au procès de la sublimation, propice *a minima* à l'extension du *moi* archaïque comme indispensable à la réparation du narcissisme.

Comment mieux dire que l'œuvre de Tony Oursler provoque délibérément quelque hémorragie du *moi* ? Pris dans une dépense de projections – de la plus commune à la plus abjecte –, le spectateur, à aucun moment, ne semble pouvoir ressaisir ses billes. Manipulé avec adresse, comme sciemment bafoué, vilipendé, fécalisé même, il se vide peu à peu, interdit de retrouvailles fantasmatiques. Ordinairement filtré, éclaté à travers le diamant de l'œuvre – bref, métabolisé et prêt à être assimilé pour accroître la densité du *moi*, voire du *soi*, et à signer, ainsi, de son sceau spécifique l'activité qui lie le spectateur à l'œuvre et l'œuvre à son créateur –, le fantasme, chez T. Oursler, ne fait jamais retour.

Éminemment destructeur, le travail de Tony Oursler vise donc *et* la trame artistique (la répétition de l'identique détourne l'œuvre de la création et l'offre à la Mort) *et* l'opération psychique que tout objet d'art induit. Ici, l'œuvre n'agrandit jamais le *moi* (ou le *soi*) mais l'appauvrit dans quelque dépense projective hallucinante puisque *indéfinie*, structurée par quelque nécessité sans fin.

Présentant l'objet *et* son dispositif architectonique, suscitant doublement l'éros démoniaque par les aspects régressifs et dispendieux de sa recherche (la décharge ininterrompue), Tony Oursler raffine dans l'art du camouflage. Rivalisant de ruses et de leurres, il crée un monde, certes, pour n'exposer, au demeurant, en sa totalité que le principe même de ses installations : le camouflage lui-même sans plus de franchissement possible... Au loin, les voix continuent de languir ou de crier, condamnées, à jamais. De même, les têtes qui les propulsent n'en finissent plus de dodeliner, prises dans un va-et-vient incessant ou dans quelque vaine agitation, infiniment stérile.

Le mal, ici, s'érigerait bel et bien en principe constitutif de l'*œuvre* et de sa *réception*. Assimilé à la structure entière du projet créateur, il invaliderait la liberté de celui qui, au hasard d'une promenade, se trouverait confronté à l'une des sinistres effigies exsangues. Que se passe-t-il alors ?

Condamnant le moment dépressif qui, dans l'épopée de la contemplation artistique, permet paradoxalement un regain narcissique lié au jeu psychique induit par tout travail de deuil (l'œuvre n'est jamais ce qu'elle est), Tony Oursler installe ses pantins dégradés au cœur d'une esthétique bien particulière.

Susceptible de solliciter la projection, et néanmoins barrant la route à toute introjection, celle-ci provoquerait une véritable hémorragie du *moi*, voire du *ça*, pris, l'un comme l'autre, dans le carrousel sans fin de mouvements hallucinatoires : c'est qu'ici l'hallucination ne semble jamais annoncer la réalisation du désir. Pour toujours forclos, celui-ci ne se donnerait que sur le mode du pseudonyme, voire de l'impossible. Où trouver meilleure illustration de l'intolérable *aphanisis* psychique ? Apte à promouvoir plastiquement l'hégémonie de ce *mal radical* qu'est l'acédie, Tony Oursler annoncerait-il, avec d'autres, quelque funeste mouvement de l'Histoire ?

1• *Nouvelles orientales*, Paris, Gallimard, 1963, p. 11.

2• *Ibidem*, p. 21.

3• *Poétique*, 1448 b. (Trad. J. Hardy, éd. Les Belles Lettres, Paris, 1969).

4• « Le Portrait ovale », in *Nouvelles histoires extraordinaires*, Paris, Gallimard, 1951, p. 323.

5• *Ibidem*.

6• Terme utilisé par les esthéticiens français d'après un usage italien, qui désigne le contemplateur d'une œuvre d'art. Se sentir « fruitant » une œuvre, c'est y « mordre » comme on savoure un fruit.

7• Pour une enquête plus large, on se référera au chap. 4 de la III⁰ partie de notre *Pour une esthétique psychanalytique. L'artiste stratège de l'Inconscient*, Paris, P.U.F., 1994, pp. 188-200. (Murielle Gagnebin est maître de conférences à l'université de la Sorbonne Nouvelle, Paris III.)

8• Association Internationale des Critiques d'Art.

9• *Cf. L'obvie et l'obtus*, Paris, Seuil, 1982. (Précédemment paru in *Catalogue*, Galerie Yvon Lambert, Milan, 1979).

10• *Cf.* « Les Esclaves de la quantité », in Michel de M'Uzan, *La Bouche de l'Inconscient*, Paris, Gallimard, 1994, p. 155.

11• *Cf. L'Irreprésentable ou les Silences de l'œuvre*, Paris, P.U.F., 1984, et « La Lactation de saint Bernard et Cano », in *Pour une esthétique psychanalytique*, op. cit.

12• « Du regard comme objet petit *a* », in *Le Séminaire*, Livre XI, Paris, Seuil, 1973.

13• *Cf.* « La Crainte de l'effondrement », *Nouvelle revue de psychanalyse*, *Figures du vide*, n° 11, 1975, p. 38.

14• *Cf.* Murielle Gagnebin, « En esthétique, quelle place pour la psychanalyse ? », in *Revue d'esthétique*, N° 21, 1992 et *Pour une esthétique psychanalytique*, op, cit.

15• *Cf.* Postface, in Murielle Gagnebin, *Fascination de la laideur*, Seyssel, Champ Vallon, 1994.

16• *Cf.* M. de M'Uzan, « Un cas de masochisme pervers », in *La Sexualité perverse*, Paris, Payot, 1972, et *La Bouche de l'Inconscient*, op. cit.

17• On entend par là une disparition de l'excitation sexuelle, plus redoutée que la crainte de la castration. *Cf.* E. Jones, *Théorie et pratique de la psychanalyse*, Paris, Payot, 1969, pp. 285-286, p. 401.

18• *Cf.* Tony Oursler, Francfort-am-Main, Portikus ; Strasbourg, Les Musées de la Ville ; Genève, Centre d'Art Contemporain ; Eindhoven, Stedelijk Van Abbe Museum, 1995

19• *Cf.* Michel de M'Uzan, « Le Même et l'Identique » in *De l'art à la mort*, Paris, Gallimard, 1977, 2⁰ éd. 1994.

Dialogue
sur le mal

Pierre Boutang & George Steiner

Mais il est impossible que le mal disparaisse, Théodore ; car il y aura toujours, nécessairement, un contraire du bien. Il est tout aussi impossible qu'il ait son siège parmi les dieux : c'est donc la nature mortelle et le lieu d'ici-bas que parcourt fatalement sa ronde. Cela montre quel effort s'impose : d'ici-bas vers là-haut s'évader au plus vite. L'évasion, c'est de s'assimiler à Dieu dans la mesure du possible : or on s'assimile en devenant juste et saint dans la clarté de l'esprit. PLATON (*Théétète*, 176a).

▓ **FRANÇOIS L'YVONNET :** *Nous pourrions peut-être, en guise d'ouverture, nous arrêter, pour lui donner d'autres développements, à la question majeure qui constituait, en quelque sorte, le pivot de la seconde partie de votre célèbre dialogue, consacré au mythe d'Antigone et au sacrifice d'Abraham[1] ; je vous cite, Pierre Boutang : « [...] comment Dieu rend-il le mal possible ? Question dans* *laquelle nous sommes jusqu'au cou...* » Citons ici Leibniz, puisque nous lui devons la notion même de théodicée (la « justification » de Dieu quant à l'existence du mal) : « *Si Deus est, unde malum ? si non est, unde bonum ?* »[2]. La question de l'origine du mal a-t-elle encore pour vous quelque sens ?

▨ **PIERRE BOUTANG :** Cette question est traitée par saint Thomas d'Aquin, comme par d'autres... Elle est essentielle. Le mal vient de quelque incomplétude de la totalité des choses. La totalité de l'être est pleine de *privationes* (de privations) et d'incompatibilités. Pourquoi est-ce que tout n'est pas compatible avec tout ? Parce que le monde serait embêtant et que ce serait fort triste. C'est ce que pense saint Thomas, c'est la réponse qu'il donne textuellement dans la *Tertia pars* et que l'on retrouve partout chez lui. Je crois que c'est vrai : s'il n'y avait pas le mal, on s'embêterait...

Il y a chez Pascal, une idée assez voisine, à propos de la concupiscence : « *Ils n'ont pas trouvé d'autre moyen de satisfaire la concupiscence sans faire tort aux autres* » (*Pensée* 454, éd. Brunschvicg). J'ai mis longtemps à comprendre ce que ça voulait dire. Il y a l'idée que c'est tentant de satisfaire la concupiscence, qui est le désir, de faire du tort aux autres – c'est ce qu'on fait naturellement –, mais « ils » n'ont pas trouvé d'autre moyen de la satisfaire sans faire tort aux autres, c'est incompatible, il n'y a rien à faire. Si on satisfait la concupiscence on fait du tort aux autres, on est criminel, c'est inévitable. Brunschvicg, l'éditeur de Pascal, nous dit en note, que le « ils », ce sont les honnêtes gens qui « n'ont pas trouvé d'autre moyen » et qu'ils restent honnêtes, alors que c'est juste le contraire de ce que veut dire Pascal. Il faut choisir, ou bien on satisfait la concupiscence, mais on n'a pas l'illusion que l'on peut ne pas faire tort aux autres. Il faut vraiment être la crapule réelle, celle qui prend ses repas le lendemain, après-coup, en cachette, c'est ce que dit le latin *cras epulae*.

▨ **GEORGE STEINER :** Votre question, à l'origine, est celle de la source du mal. Boutang a répondu avec le mot « privation », *privationes*. J'aimerais revenir un instant à ce mot, au langage de l'*Éthique à*

---

1. Pierre Boutang/George Steiner, *Dialogues*, J.C. Lattès, 1994.
2. « Si Dieu existe, d'où vient le mal ? S'il n'existe pas, d'où vient le bien ? », *Théodicée*, I, 20.

Nicomaque d'Aristote. Il dit que le mal est une privation, il est absence du bien. Aristote est ici merveilleusement grammairien et la langue grecque connaît une forme, l'alpha privatif, qu'il suffit de placer devant un mot pour dire qu'il y a manque. Ainsi, selon cette conception, très influente il est vrai, on ne peut pas vraiment parler du mal, mais de l'absence du bien...

■ **P. B. :** Permettez-moi de vous interrompre, mais Aristote ne se tient pas à cette conception privative. Il sait très bien qu'il y a une manière d'être idiot, de ne pas saisir l'intelligence de la chose même, qui est se priver de l'être, et ce n'est pas privatif... c'est la destinée.

■ **G. S. :** Néanmoins, dans l'eudémonisme, et pour une large part dans la pensée des Lumières, comme dans l'utilitarisme de Bentham et dans une certaine grande tradition empiriste anglo-saxonne, on essaye d'éviter le problème du mal, en disant que le mal n'est que privatif...
Il est inacceptable pour moi que le mal ne soit conçu que comme privation ou absence du bien *(privatio boni)*. Très souvent, je me trouve être dans la situation du naïf, et c'est très important, car il y a en nous des naïvetés, des réflexes immédiats, bêtes, mais très puissants. Prenons un exemple très concret : il y a trois semaines, un détraqué entre dans une petite école à Dunblane en Écosse, et massacre calmement quinze enfants en leur tirant dessus délibérément, jusque dans les yeux, puis s'est donné la mort. Le directeur de cette école, un homme simple, au sens positif du terme, sans aucune prétention métaphysique, a trouvé une phrase qui est maintenant entrée dans la langue anglaise : « Mercredi dernier, le mal est venu nous visiter. » Phrase très intéressante, le mal – il ne dit pas absolu – est venu nous visiter, et nous ne savons pas pourquoi. À quoi une âme naïve pourrait répondre par une sorte de manichéisme, que personnellement je ressens très souvent. Me hante, en effet, la possibilité qu'il y ait un principe actif du mal. Le directeur de cette école a trouvé exactement le mot qui convenait : « visiter », ce qui n'amoindrit pas l'horreur de l'événement, mais nous fait retrouver l'idée centrale du manichéisme : un bon dieu et un dieu du mal, une lutte éternelle entre les deux.
Avec le temps, il est un chose que je comprends de moins en moins – et j'aimerais que Pierre Boutang nous aide dans cette pensée

difficile – : c'est quand une excellente intention tourne au mal. Je connais un médecin éminent qui me disait qu'à peine a-t-on trouvé le moyen de lutter contre l'hémophilie, maladie atroce, que quelque temps plus tard sur les douze nouveaux vaccinés neuf sont morts du sida. On ne savait pas que le vaccin lui-même pouvait provoquer la mort. Ainsi l'enfer est-il, selon le dicton, pavé de bonnes intentions. Quand je pense, en tant que juif, à ce qu'était le rêve du sionisme, rêve sans racisme, rêve de justice sociale, d'amour du prochain, etc., voyez les premiers kibboutz – et ce que tout cela est devenu, avec la torture, la force et l'intolérance.

Le manichéen qui me dira qu'il ne faut pas s'étonner, car il y a non pas un contre-Dieu (ce serait une expression absurde), mais un principe actif du mal dans l'univers, bien que sachant que ce n'est qu'un mythe ; mais le mythe n'est-il pas ce qu'il y a de plus vrai, de plus profond, de plus puissant...

■ **P. B. :** C'est une idée forte...

■ **G. S. :** ... c'est la narration du possible... Eh bien, ce mythe manichéen, qui est une hérésie pour les chrétiens, bien qu'ayant hanté saint Augustin et d'autres grands penseurs, ce mythe, n'est pas sans vérité pour moi... On pense toujours à cette parole émouvante du Pape recevant Claudel : « Je sais que vous êtes croyant, mon fils, mais ce qui me frappe chez vous, c'est que la chose à laquelle vous croyez c'est l'enfer. » Il est effectivement plus facile de croire concrètement à l'enfer. La littérature nous le montre d'abondance...

■ **P. B. :** Sauf... il y a un sauf, et c'est le péché originel. Jusqu'au péché originel, votre idée marche, en effet, mais ensuite, c'est une tout autre affaire. Même les jésuites sont possédés – la preuve c'est qu'ils ont été obligés de maintenir pour qu'il y ait imputation ; or, il faut bien qu'il y ait imputation : premièrement, et c'est la moindre des choses, qu'on sache comme quoi on avait péché ; deuxièmement, tout de suite une sorte d'acompte, que Dieu ait donné des grâces, ce qu'ils avaient appelé « inventé », comme si on avait pas assez inventé de grâces ; ils avaient parlé de l'efficace, comme tout le monde, ils avaient distingué eux aussi, la *gratia gratis data* et la *gratia gratum faciens*. Les jésuites ont dit, certes, que Dieu nous donne la connaissance du péché – mais avec ça, on a l'air malin, on a la connaissance de notre péché, on a ça sous le bras –, et qu'on aurait en plus une grâce actuelle qui nous serait donnée au même moment, et en cela en quoi nous avons péché. Tout de suite un acompte formidable, qui vous donne l'envie et le moyen de résister à ce péché. Bien sûr que tout cela est faux et que ça permet le divertissement, et toutes les bêtises. C'est le crime des jésuites... Or, ce n'est pas compatible avec l'idée du péché originel. Selon cette idée, il n'y a pas d'avance, on ne peut pas demander à Dieu qu'il nous donne tout de suite une grâce actuelle...

■ **G. S. :** Pour le non-chrétien, c'est-à-dire une immense majorité de l'humanité...

■ **P. B. :** Tant pis pour elle...

■ **G. S. :** Toute cette histoire du péché originel ne marche pas. Pour le bon sens humain, l'idée qu'on soit criminel – tel jeune enfant, par exemple, torturé à mort ou massacré – à un million d'années de distance de ses ancêtres, ne tient pas. C'est ce que dit Dostoïevski, un des plus grands chrétiens : « Je rends mon billet à Dieu ! » – le fameux *redere* dostoïevskien.

■ **P. B. :** Mais qu'est-ce que cela a à voir ? Le temps ne fait rien à l'affaire...

■ **G. S. :** Vous parlez pour une toute petite minorité de croyants...

■ **P. B. :** Qu'est-ce que cela peut me faire...

■ **G. S. :** Je ne dis pas... j'envie même votre bonheur dogmatique...

■ **P. B. :** Vous appelez dogme, ce que j'appelle violente résistance à une pensée aussi difficile...

■ **G. S. :** Mais à la fin, cela satisfait votre âme, au bout du compte vous êtes en paix...

■ **P. B. :** En guerre... Cela me met en guerre avec presque tout le monde...

▒ **G. S. :** J'admire cela profondément en vous... Néanmoins, les événements de ce siècle...

▒ **P. B. :** Ce siècle aurait innové ?

▒ **G. S. :** Par certains côtés, je le crois, oui... L'horreur a atteint des extrémités telles... Il y a un *in extremis* de l'horreur dans notre temps... il y a du diabolique dans nos vies quotidiennes, il y a en Occident une telle soif de violence... Je ne veux pas faire le procès des médias, ce serait trop bête, mais ils nourrissent cela et se nourrissent de cela. Je pense à la phrase de Shakespeare : « *We sup on horror* », « Nous bouffons l'horreur », « Nous nous abreuvons d'horreur »... Pour le non-chrétien, la question du pourquoi d'une telle violence reste sans réponse. D'où cette idée qu'il y a – peut-être est-ce en nous, même si cette psychologie semble naïve – ce que Poe appelait le petit diablotin, le « *imp* » du pervers : on part le matin faire une bonne action et le « *imp* » pervertit notre route... Le mot *pervertere* est très intéressant, ça veut dire prendre l'autre chemin...

▒ **P. B. :** Dans *perversus*, il y a *versus*... *Pervertere*, c'est *tourner mal*...

▒ **G. S. :** Comme si lors d'une promenade, on s'égarait... L'image est très physique. Il y a en nous, peut-être, un déclic qui nous engage dans le mauvais chemin. Vous parlez du péché originel, et c'est un grand mystère, difficile à aborder pour un non-chrétien, mais il y en a un autre, c'est celui du pardon infini du Seigneur.
Et ici, la littérature m'est précieuse pour penser, car je ne suis pas théologien et, souvent, elle voit très clair ; il y a, par exemple, ce moment fantastique dans le *Faustus* de Marlowe, où le héros dit : « Dieu n'a pas le droit de me pardonner. » C'est le péché contre le Saint-Esprit, c'est une des formes que peut prendre la volonté de limiter l'amour de Dieu. Faustus dit, avec une immense dignité humaine, car c'est un prince : « Si Dieu peut pardonner ce que moi j'ai fait, ça ne peut pas être Dieu ! » C'est peut-être un mauvais argument, mais d'une grande puissance... C'est essayer d'assassiner l'espoir, et la reprise de ce mot, on la trouve chez Sartre, le « sale espoir », l'oxymoron le plus moche, par certains côtés peut-être le plus faux, mais en même temps très puissant. C'est un oxymoron qui nous hante...

■ **P. B.** : Quel serait l'objet de cet espoir ?

■ **G. S.** : Que l'espérance même est une indécence devant les faits. Je n'y crois pas un instant. Nous sommes ici très proches l'un de l'autre, mais – et c'est la puissance de ce mot – on constate que l'existentialisme athée nous mène inéluctablement à cet oxymoron...

■ **P. B.** : Vous ne les prenez tout de même pas au sérieux... les existentialistes étaient bêtes comme chou...

■ **G. S.** : Je ne partage à nouveau pas tout à fait votre bonheur et votre certitude dogmatique... Laissez-moi vous raconter l'anecdote suivante : dans le camp de Maïdanek – l'enfer dans l'enfer, cela défie le langage –, on mourait en portant d'énormes rochers, souvent battu à mort. Les archives, aujourd'hui à notre disposition, rapportent qu'il y a eu un procès fait à Dieu par des rabbins, un procès en bonne et due forme, avec accusateurs et défenseurs, comme pour les procès en canonisation, avec un *avocatus diaboli*, etc. ; Dieu a été déclaré coupable. Jusque-là, rien d'extraordinaire, mais au moment de la sentence un rabbin s'est écrié : « Mais maintenant, allons vite aux prières du matin ! »

■ **P. B.** : C'est ce qu'on appelle l'espérance...

■ **G. S.** : Exactement. D'abord, on trouve Dieu coupable – comment la raison humaine pourrait-elle vivre avec Maïdanek et ses horreurs – et puis on va à la prière du matin. C'est l'abîme...

■ **P. B.** : Un chrétien fait cela naturellement... Surtout quand on en a bavé un peu. Le mal de Dieu est un pléonasme. Il n'aurait pas besoin de faire ça. Que voudrait-il prouver ? Sa bonté est axiomatique...

■ **G. S.** : La pensée que Dieu, par exemple, éprouve l'homme, que c'est un test, comme celui d'Isaac et d'Abraham...

■ **P. B.** : C'est un test... pitié mise à part. Car Dieu est capable de pardon. Ce serait un test s'il n'y avait le pardon, s'il n'y avait la grâce supérieure, la grâce totale, la *gratia gratum faciens*...

▓ G. S. : Nombre parmi nous, à commencer par ce protestant que vous n'aimez pas : Kierkegaard, diront que quand on a eu ce test-là, on a le droit de ne pas pardonner à Dieu, on ne s'en remet pas...

▓ P. B. : Personne n'a le droit de dire qu'il a subi ce test. Jeanne d'Arc a eu cette réponse admirable à une question de Cauchon : « Jeanne, est-ce que tu crois que tu es en état de grâce ? », elle a répondu ce qui enfonce tous les siècles : « Si je n'y suis pas, Dieu m'y mette, et si j'y suis Dieu m'y garde. » La réponse est déjà dans saint Thomas, Jeanne ne pouvait pas dire qu'elle y était, elle n'en avait pas le droit. Mais on peut le dire par d'autres biais, par certitude interne, par la manne aussi, qui est la nourriture de la grâce ; les gens qui marchaient dans le désert et qui avaient la manne – le signe de la bonté de Dieu – ça leur faisait tenir le coup et ne pas crever... Alors là, on y croyait !

▓ G. S. : Vous allez trop vite...

▓ P. B. : C'est la manne qui va trop vite...

▓ G. S. : Vous allez beaucoup trop vite. Il y a un père auquel on demande d'être le boucher de son fils – c'est ce qui a été demandé à Abraham – et à la cinquante-neuvième seconde, par un miracle, l'enfant est sauvé... Nous avons une tradition talmudique très importante qui dit qu'Abraham aurait déclaré à Yahvé : « Je suis ton serviteur des serviteurs [autrement dit je ne suis rien devant toi] mais plus jamais je ne pourrai sourire dans ce monde, et plus jamais je ne pourrai penser à toi comme compatissant. » Un accès possible à ce problème de la théodicée, c'est de dire que notre cerveau, notre pauvre petit cerveau humain bien limité, ne nous permet pas de comprendre, sauf par la foi, par le saut quantique, le *mysterium tremendum* du credo, qui n'est pas la raison. Mais alors, il eut été très bon au Seigneur Dieu qu'il nous donne un cerveau qui puisse vivre avec ces paradoxes intenables...

▓ P. B. : Il ne faut pas faire le malin. C'est ce que je disais presque à chaque cours à mes élèves de la Sorbonne. Faire le malin, c'est le diable, c'est faire la toute-puissance de Dieu qui n'est pas celle du diable ; faire le malin, c'est oublier qu'il y a une grâce qui est *gratum faciens*, et qui vous rend agréable à Dieu ; et ce qui vous rend agréable à Dieu, c'est que vous n'ayez pas cette pensée désobligeante que vous auriez pu prendre sa place...

■ **G. S. :** Mais pour les neuf dixièmes de l'humanité qui ne sont pas chrétiens ? La chose doit tout de même vous troubler, qu'il y ait si peu de chrétiens...

■ **P. B. :** Oh non ! Pascal dit qu'il y en a encore moins que je ne le crois...

■ **G. S. :** C'est votre côté « Jockey-club transcendant », vous ne voulez pas trop de membres. C'est un snobisme très particulier chez vous... Je le partage assez, je ne souhaite pas que l'on se convertisse au judaïsme... Je suis jaloux de mon club, moi aussi... Nous sommes l'un et l'autre des particularistes assez méchants...

■ **P. B. :** Non, je crois que tous y viendront...

■ **G. S. :** Les églises se vident...

■ **P. B. :** Pourquoi ça... Il y a peut-être à la limite une simulation supérieure, une simulation grandiose, qui serait nécessaire pour que le jugement final de Dieu soit complet. Dieu ne veut pas être le seul de son club, il ne veut pas qu'il y en ait d'autres... Dieu veut que tout le monde y vienne – le Jugement dernier, ça s'appelle comme ça...

■ **G. S. :** Vous serez peut-être étonné... Il se pourrait bien qu'il y ait un comité de rabbins assis là pour vous accueillir...

■ **P. B. :** Il y a une légende qu'on ne vous a pas transmise : il se trouve qu'il y avait du côté de Rodez des gens venant du Portugal, des juifs, l'un d'entre-eux m'aurait donné mon patronyme...

■ **G. S. :** On soupçonne le pire chez vous...

■ **P. B. :** Botagnas... Las botanhas, ce sont les jardins, en portugais. Et ceux qui portaient ce nom s'occupaient de vignes pour des propriétaires du coin, ces juifs étaient des serviteurs des chrétiens du pays. Ce Botanhas m'a probablement transmis son nom... Il ne faut pas le répéter, car on pourrait croire que j'essaye de me concilier le club de rabbins dont vous venez de nous parler.

■ **G. S. :** Admirable stratégie qui vous fait vous esquiver dans le sublime. J'aimerais revenir à un point très précis. L'argument fameux : « Si le Christ était descendu de la Croix pour se révéler dans sa gloire ultime, l'homme n'aurait pas eu la liberté essentielle de commettre le pire. » Soyons sérieux, pensez-vous vraiment que la somme de souffrances, de tortures d'enfants, etc., vaut ce que vous nous avez dit au tout début de notre discussion, pour que la vie soit plus intéressante, moins embêtante ? Est-ce qu'un monde où le miracle manifeste aurait forcé la foi, n'aurait pas été un monde meilleur ?

■ **P. B. :** Forcer la foi est une erreur... En tous cas, pas par le miracle fait par Dieu lui-même, Dieu fait homme, et en quelque sorte à son profit, je crois qu'il voulait exclure le profit sous toutes ses formes...

■ **G. S. :** C'est une pensée très luxueuse, car l'humanité a très, mais très chèrement payé la liberté du doute...

■ **P. B. :** Elle en avait fait assez l'humanité. Elle a fait le péché, le péché originel. C'est une chose énorme et pour l'inventer, il a fallu se lever tôt le matin.

■ **G. S. :** Il y a d'innombrables mythes, amérindiens, par exemple – reportez-vous aux *Mythologiques* de Lévi-Strauss –, qui montrent que presque toutes les civilisations ont eu leur version du péché originel ; ici, on met le serpent en pièces, là on refuse au jaguar le bol de lait... et c'est le début de l'écroulement de l'humanité...

■ **P. B. :** Il y a une distinction très subtile, et je m'étonne qu'elle puisse vous échapper..., qui fait que le « mythe » chrétien du péché originel ne peut pas être confondu avec je ne sais quel mythe amérindien...

■ **G. S. :** Et puis d'où sortez-vous qu'Adam et Ève est un mythe chrétien ? C'est un mythe juif !

■ **P. B. :** Quand je dis chrétien, je pense toujours judéo-chrétien...

■ **G. S. :** Mais c'est votre impérialisme du salut...

■ **P. B. :** Non, c'est la soumission à mes vignerons de rabbins...

■ **G. S. :** Vous voulez sauver certains amis en les prenant par la nuque et les traîner de force dans la Chrétienté. Ça ne marche pas du tout ! Vous voulez sauver ceux que vous aimez ! Vous nourrissez le grand espoir qu'un jour l'*Ecclesia* accueillera tout le monde...

■ **P. B. :** Tout le monde, sauf la mauvaise volonté qui se sera soutenue jusqu'au bout... De la part de Dieu tout aura été fait pour que ce ne soit pas. Je ne dirai pas comme les jésuites : « On leur a donné à tous, à leur moment, la grâce. » On retombe dans les accusations que je leur adressais tout à l'heure... Ce n'est pas ça, il se sera passé un long temps, il fallait attendre les preuves, et elles ne sont pas données, les preuves...

■ **G. S. :** Soyez totalement lucide avec vous-même ! Pouvez-vous imaginer et placer, sous l'idée de péché originel, un acte concret ?

■ **P. B. :** Si j'en ai, mais bien sûr ! J'ai passé ma vie à me dire ça et à m'engueuler pour mes péchés...

■ **G. S. :** Ce n'est pas du tout la même chose qu'Adam et Ève...

■ **P. B. :** Si, parce qu'il est très intéressant d'imiter le péché d'Ève, bien que ce soit quasi-impossible ; quant à imiter celui d'Adam, ce n'est pas commode non plus... Alors, j'imagine...

■ **G. S. :** Croyez-vous qu'il y a dans l'individu, un moment de damnation ?

■ **P. B. :** De possibilité de damnation...

■ **G. S. :** Non, pas de possibilité, mais un moment... Est-ce qu'un enfant à un certain moment tombe dans la disgrâce (dis-grâce) ?

■ **P. B. :** L'enfant peut tomber dans la tentation qui est une disgrâce, et cela prouve que Dieu n'aime pas la gueule – la mine – qu'on a à ce moment-là. C'est la grâce qui ne nous rend pas *gratum* à Dieu. Si elle nous rendait *gratum*, ce serait fait, elle serait efficace, on serait déjà tiré de là... Or, quand je ne suis pas tiré de là, ce qui m'est arrivé souvent, je vous le jure, je dis : « C'est ma faute ! »

▦ **G. S. :** Je ne crois pas que vous pourriez tenir ce discours à un enfant dans un camp de la mort !

▦ **P. B. :** Je tiendrais le même discours, fût-ce dans un camp de la mort. Et je crois qu'en face d'un enfant condamné par des salauds abominables, contre lesquels je me suis toujours battu profondément, je tiendrais le même discours, et je l'ai tenu d'ailleurs, comme à un enfant, il s'appelait Jean Wahl... et je crois qu'il a très bien compris... Il disait : « Je vois ton visage se détournant de tous les êtres pour mieux sentir l'être de tout, il n'est porteur d'aucun message, mais du seul cri d'une âme à bout et qui refuse tout secours... » *Qui refuse tout secours*, sauf celui qui serait donné avec l'accomplissement et l'entente divine, qui témoignerait d'une sorte de complicité, de ce qui m'aide, avec Dieu, et il y a des gens qui sont comme ça, des enfants qui sont comme ça... J'aurais pu tenir, aussi, un discours de révolte à cet enfant, car je n'ai jamais consenti au mal que les autres subissaient, j'ai toujours essayé de lutter contre le mal. Cela peut paraître un peu fou...

▦ **G. S. :** Il y a là entre nous un abîme d'amitié... Devant un enfant qui meurt d'une maladie atroce et qui demande : « Pourquoi ? » (sur le mur de l'école de Dunblane, on a trouvé écrit avec du sang le seul mot : « *Why ?* », « Pourquoi ? » Question parfaitement compréhensible et légitime). Moi, je crois que je lui dirais : « On ne comprend pas, il n'y a pas de réponse... »

▦ **P. B. :** « On ne comprend pas », c'est déjà une réponse...

▦ **G. S. :** ... Cette réponse alors : « On ne comprend pas », plutôt que de lui fournir une théologie, même simplifiée pour un enfant, ou une narration d'espoir... Il y a des moments où donner de l'espoir est un mensonge profond. Si on sait que l'enfant est condamné, que le bourreau arrive...

▦ **P. B. :** Une vie unique n'est pas le juge d'une question comme celle-là...

■ **G. S. :** Il y a là, contre vous, de très grands penseurs. Dostoïevski, par exemple, qui dit précisément qu'une vie est assez pour défaire Dieu. C'est une réponse très importante. Une vie peut incarner la quintessence de ce mystère qu'est la vie...

■ **P. B. :** Si la quintessence est incarnée, l'essence persiste comme modèle et il n'y a pas suppression du modèle...

■ **G. S. :** Cela nous divise grandement, parce que dire : « Je ne peux pas te donner de l'espoir », tandis que...

■ **P. B. :** « ... Je ne peux pas te donner d'espoir personnel ! »

■ **G. S. :** Puis-je vous poser une question théologique : peut-on donner les sacrements à un tout jeune enfant mourant ?

■ **P. B. :** Non, je ne crois pas. Seulement le baptême...

■ **G. S. :** En tous les cas, essayer de trouver un geste narratif symbolique quelconque, qui ferait naître chez cet enfant un espoir qu'on ne partage pas, est une chose grave...

■ **P. B. :** Je dirais comme tout le monde, le sourire d'une mère...

■ **G. S. :** Mais pas dans un camp. On ne sourit pas dans un camp !

■ **P. B. :** Il y a peut-être un sourire qui va au-delà du camp...

■ **G. S. :** Monsieur Pol Pot a enterré vivant cent mille personnes, parmi lesquelles de nombreux enfants... Les *killing fields*, les « champs de tueries »... À la question d'un enfant promis à ce massacre et adressée à sa mère : « Va-t-on nous enterrer vivants ? » – phrase atroce et obscène –, peut-on répondre : « Mais non, il y a un ange qui va t'enlever au ciel... » ? Non, ce n'est pas possible !

■ **P. B. :** Je ne répondrais pas ça, parce qu'aucun ange n'interviendra jamais dans ces conditions. L'ange peut venir sous d'autres formes... L'histoire de cette horreur sera telle qu'à un moment il y aura une oreille humaine pour l'entendre et un esprit pour la comprendre. Et tout sera sauvé par l'intelligence de l'homme, qui est infinie, par cet homme qui est crée à l'image de Dieu. Comment voulez-vous que Dieu qui a créé l'homme à son image n'apporte pas la rédemption et la transformation de cela... Le rachat...

G. S. : Je suis passionné par ce que vous dites... Mais est-ce que vous croyez, j'emprunte le mot à Bergson, qu'il y a une évolution créatrice ? Il est vrai que vous n'êtes pas tendre pour Bergson...

P. B. : Je ne suis pas tendre, parce qu'il n'est pas sérieux philo-sophiquement...

G. S. : Alors qu'entendez-vous par : « L'intelligence qui deviendra infinie... » ?

P. B. : L'homme transformé, l'homme rédimé...

G. S. : L'homme transformé après le dernier jugement ?

P. B. : Oui...

G. S. : Mais pas avant ?

P. B. : Non, je ne pense pas... il y a des exemples, il y a des in-sinuations, mais il n'y a pas de réalisation...

G. S. : Diriez-vous qu'il y a des êtres humains chez lesquels il y a comme une sorte d'étincelle...

P. B. : Et une étincelle essaye toujours de prendre, la pierre frotte toujours la pierre, une étincelle peut toujours jaillir... Nous ne savons pas quand sera le Jugement dernier. Le cardinal Billot a écrit un très beau livre sur les derniers temps... Je ne crois pas aux derniers temps ; ce à quoi je crois, c'est à ce dont parle l'*Épître aux Thessaloniciens* : il y a le moment de l'Antichrist, dans lequel, comme pour nous faire désirer plus fort juste avant la fin du monde, l'esprit se hausse, si j'ose dire, et descend à la caricature ; l'Antichrist, c'est la caricature et les imitations du Christ, les faux Christ à l'intérieur du mal et de l'hor-reur – le mal et l'horreur dont vous parliez –, et qui ont peut-être été particulièrement accomplis dans les temps modernes, c'est possible, je ne crois pas au progrès...

■ **G. S. :** Et bien ce moment, il dure, il dure...

■ **P. B. :** Il dure, il dure... on n'a qu'à se battre contre ! Ce moment... *momentum*, en latin, c'est le poids...

■ **G. S. :** C'est énorme, comme durée, presque toute l'histoire humaine...

■ **P. B. :** Mais, on a les épaules solides... J'étais à mon bureau, l'autre jour, je trouvais que tout pesait en moi. Qu'ai-je fait alors, je me suis levé de cette chaise, mes jambes me pesaient, j'ai fait dix fois l'exercice de génuflexion, et ça a été tout de suite beaucoup mieux, ma lourdeur n'est qu'une foutaise. Et je persiste à croire que ma lourdeur n'était qu'une foutaise...

■ **G. S. :** La lourdeur, chez vous, c'est la gravité. Un mot que j'aime, car jouant à des niveaux de signification très différents... La gravité est une chose immensément sérieuse. Elle veut dire : « Ne fais pas le malin ! » – pour vous paraphraser...

■ **P. B. :** Quand je faisais ces génuflexions, c'était justement pour ne pas faire le malin, car j'étais obligé de baisser les genoux, je faisais le non malin... Je reconnaissais que j'étais capable de ces dégueulasseries qu'on appelle « fatigue », qu'on appelle « maladie »... Toutes ces choses que je ne supporte pas... Je sais bien que je suis fou...

■ **G. S. :** Non vous êtes heureux, ce qui est beaucoup plus dangereux...

■ **P. B. :** Pas autant que vous le croyez...

■ **G. S. :** Il y a en vous une grande lumière, une lumière de réassurance... Elle n'est pas donnée à beaucoup... Je crois que pour un grand nombre d'entre nous, le problème par lequel nous avons commencé est la présence du mal, non seulement chez les cruels et autres sadiques... Mais qu'est-ce que cela veut dire, au fond, que d'avoir une nature sadique ? N'est-ce pas un autre mystère ?

DIALOGUE SUR LE MAL

P. B. : Sadique... les vices de cette espèce de petit aristocrate imbécile ne m'intéressent pas. Les sadiques m'ont toujours paru dépourvus d'imagination, et finalement de méchanceté...

G. S. : On n'a peut-être pas tout à fait compris à quel point une politique totalitaire folle, peut se servir du « *imp* », du « diablotin du pervers », à des fins rationnelles...

P. B. : Le totalitarisme est directement issu de la Révolution Française, et n'aurait jamais existé si le christianisme avait continué de tenir un peu les gens dans le bon sens... Je ne supporte pas les politiques totalitaires, même sous cette forme bénigne qu'est la laïcité... J'aime beaucoup ce que dit le cardinal Lustiger, dont je me sens souvent très proche...

G. S. : C'est votre côté juif polonais qui m'inquiète...

P. B. : Pas polonais, portugais...

G. S. : Maintenant que le cardinal Lustiger est entré à l'Académie Française... c'est la canonisation...

P. B. : Vous pensez, j'ai tellement fait de démarches pour y entrer...

G. S. : Je sais bien, je vous taquine...

F. L. : *On pourrait peut-être faire référence à celle que Pierre Boutang appela « notre Diotime » ou « notre Antigone », Simone Weil, et aux deux formes de grâces par elle distinguées : la grâce ascendante et la grâce descendante...*

P. B. : En fait, la grâce ascendante, c'est celle où nous savons que nous ne sommes pas désagréables à Dieu, où nous savons que Dieu nous aide, la grâce *gratis data*, c'est l'ascendante.

G. S. : Je me méfie de ces femmes juives, accueillies dans l'Église, comme Simone Weil ou Thérèse d'Avila, qui disent des choses très bizarres voire dangereuses...

Je préférerais revenir à notre question, si vous le voulez bien, et peut-être rappeler, qu'en fin de compte, ce que vous espérez de Dieu, étant chrétien, c'est l'amour.

■ **P. B. :** Le crime des jésuites, selon Pascal, c'est d'avoir dit qu'on pouvait se sauver sans aimer Dieu...

■ **G. S. :** Ce que le juif espère, c'est la justice. Ce qui me passionne c'est la différence entre amour et justice. Et elle est énorme.

■ **P. B. :** Seul l'amour est capable de rendre la justice...

■ **G. S. :** Je citerai Péguy que j'aime tant. Dans le prologue à la Jeanne d'Arc, première version, il y a le dialogue avec Hauviette, où Jeanne dit : « Je n'accepte pas que Dieu n'est pas permis à Jésus de pardonner à Judas. » Le problème de la justice a hanté Péguy, et il a essayé de l'introduire, c'est presque janséniste, dans le catholicisme – n'oublions pas que nous sommes à l'époque de l'Affaire Dreyfus. Pour vous la justice se distingue-t-elle absolument de l'amour ?

■ **P. B. :** Je crois que la justice ne peut jamais faire ce que fait l'amour. Jamais ! Elle n'y arrive pas !

■ **G. S. :** Mais il y a un Christ juge, nous sommes d'accord ?

■ **P. B. :** Je crois que c'est plutôt la personne du Père qui juge...

■ **G. S. :** N'êtes-vous pas ici un petit peu hérétique, car je crois qu'au dernier Jugement, c'est le Christ qui juge, comme le fait voir Michel-Ange... Chez les orthodoxes aussi... Et le Christ enverra beaucoup de gens en enfer...

■ **P. B. :** Ce n'est pas sûr que Dieu envoie en Enfer, les théologiens ont dit des choses intéressantes là-dessus...

■ **G. S. :** Nous sommes très proches l'un de l'autre, par nos passions et nos angoisses, mais il est certain que les deux traditions, juive et chrétienne, sur cette question de l'amour et de la justice, sont extrêmement différentes...

▪ **P. B. :** Oui, mais chaque fois qu'elles se regardent dans la glace, si j'ose dire, elles sentent que c'est la même chose. Elles ne peuvent chercher qu'un amour qui soit juste et une justice qui soit amoureuse de son objet.

▪ **G. S. :** Mais l'amour n'est jamais juste. Il est aveugle à la justice...

▪ **P. B. :** J'aurais eu honte d'être jamais aimé si j'avais pensé que c'était une injustice !

▪ **G. S. :** Mais on peut être aimé pour des raisons vraiment mauvaises...

▪ **P. B. :** Ce que je veux, c'est ne pas être aimé pour de mauvaises raisons, en faisant du mal à mon prochain. Alors que c'est une tentation constante...

▪ **G. S. :** Dire à l'autre : « Aime moi pour de bonnes raisons », c'est très difficile !

▪ **P. B. :** Et pourtant, c'est ce qu'il faut, il faut que ce soit tacite, même... et d'autre part j'ai assez bonne opinion de moi, secrètement, pour que ce soit possible...

▪ **G. S. :** Évidemment, ça aide, ça aide énormément... Au fond, pour croire à la défaite du mal, il faut avoir bonne opinion de soi, en un sens non frivole, il faut s'aimer soi-même...

▪ **P. B. :** Il faut ne pas se haïr, ni s'aimer avec démesure... D'ailleurs, ma religion me l'interdit...

▪ **G. S. :** Il ne faut pas se dédaigner... Le nihilisme, qu'il soit dostoïevskien ou nietzschéen, est un certain dédain de soi : *disdegno* en latin, ne pas voir en soi le *dignitas* minimal...

▪ **P. B. :** On devient indigne en se dédaignant.

▪ **G. S. :** ... et le plus difficile, c'est d'avoir une dignité humble... nous manquons d'un mot pour dire cela. C'est peut-être la condition d'une croyance en la défaite du mal...

■ **P. B. :** Et d'une espérance en la défaite du mal...

■ **G. S. :** Je vous envie – c'est un péché, pourtant, *invidia* – pour ce refus du *disdegno*, parce qu'il y a trop de choses dans ma vie qui méritent le *disdegno*...

■ **P. B. :** Mais moi aussi, il y a le mépris, la colère...

■ **G. S. :** Mais vous aimez votre colère !

■ **P. B. :** Non, je ne l'aime pas, j'ai aimé certaines colères dans des conditions très précises, mais rarement, et de moins en moins... En vieillissant on est de moins en moins colérique...

■ **G. S. :** Je l'espère... Vous avez tout de même piqué de sacrées rognes, cosmiques et très belles... Cela fait partie de votre légende.

■ **P. B. :** Mes colères – en sont-elles ? – avaient pour objet de retenir dans la foi à certaines formes de l'être, certaines gens... Mais c'était une sorte de jeu, cette colère était simulée...

■ **G. S. :** Finalement, pour vous, dans l'inimaginable, au-delà du temps – le temps qui est la condition de notre problématique, car il n'y a pas mal sans temporalité humaine – y aurait-il la possibilité d'un pardon pour Hitler ou Staline ?

■ **P. B. :** Je ne pose pas cette question. Elle me paraît pourrie d'orgueil et de prétention... Il faut se demander : « Aurais-je été capable de faire ce qu'on fait ces salauds là ? » Ma réponse est négative, je crois que non... Mais j'ajoute aussitôt qu'il aurait fallu que l'occasion ne fût pas donnée...
C'est là que saint Thomas vous explique que vous n'avez pas le droit de maudire le diable...

■ **G. S. :** Que veut dire alors le mot « anathème » ?

■ **P. B. :** *Anathêma* : il y a l'idée de couper, de renverser, de poser comme renversé. C'est cela l'*anathêma*. Il faudrait se reporter à la *Somme*, saint Thomas dit des choses très importantes sur cette question...

▨ **G. S. :** Je souhaiterais – comme dans une très belle tradition talmudique, lorsque les enfants sont fatigués après une leçon – terminer par une anecdote.

On raconte que Talleyrand mourant, son confesseur lui dit : « Vous avez dans le cours de votre vie des chapitres pour le moins scabreux, du mensonge, des trahisons... Ne voulez-vous pas, en ce moment au moins, rejeter le diable ? » - et Talleyrand de répondre : « Est-ce vraiment le moment de me faire encore un ennemi ? »

La chronique

Marie-Madeleine Davy

Le Chant des créatures,
Les Chrétiens de l'univers,
d'Irénée à Claudel •
Hélène et Jean Bastaire •
Coll. « Épiphanie-Initiations »,
Paris, Le Cerf.

À une époque où la morosité sévit et lorsque le manque de culture s'étend à la façon d'un fleuve en crue, ce livre apporte un souffle de connaissance et aussi de fraîcheur. Son contenu répond parfaitement à son titre.

L'introduction évoque la beauté de la Création dans l'Ancien et le Nouveau Testament. Celle-ci est magnifiée par la pensée hébraïque avant d'être reprise par les chrétiens qui en sont les héritiers. Une désacralisation progressive s'est installée au profit de nouvelles idolâtries. Déjà le Psalmiste s'était émerveillé devant la nature. Durant des siècles, écrivains et commentateurs des Écritures ont loué sa splendeur, principalement durant l'Antiquité chrétienne et au Moyen-Âge. Depuis des décennies, une dérive n'a cessé de s'étendre. Avec justesse, les auteurs soulignent les caractéristiques des écrivains cités ; ceux-ci appartiennent davantage à une approche mystique qu'à la théologie.

L'ANTIQUITÉ CHRÉTIENNE

Irénée de Lyon s'élève avec véhémence contre les gnoses minimisant la Création. Selon sa pensée, la « résurrection parousiaque » comprendra non seulement l'homme mais le cosmos tout entier. Cette résurrection ne s'opèrera pas dans des « *lieux supracélestes* » *mais dans une « terre renouvelée par le Christ.* » Cette restauration s'accomplira en deux temps distincts. Pour annoncer l'étape ultime, Irénée a recours au prophète Isaïe (65, 17 ; 66, 22) et à l'Apocalypse (21, 1) annonçant « *l'allégresse d'un ciel nouveau et d'une nouvelle terre.* »

Dans son exégèse, Origène insiste sur la révélation divine qui se déchiffre à travers le visible. Ainsi la Nature remplit un rôle semblable à celui des Écritures. Les divers éléments créés présentent une ressemblance avec les réalités célestes. Toutes les créatures portent un « reflet » divin. De toute évidence, leur « office » consiste à signifier Dieu. De ce fait, les diverses créatures conduisent vers l'Infini divin. Chaque être animé se trouve pourvu d'une âme. Par là même il apporte un irrécusable témoignage sur l'unité de la création.

Parmi les Cappadociens, Basile souligne les modèles inconscients de sagesse et de beauté des créatures. Il contemple le mystère de la nuit et la splendeur du jour : « *Si les êtres visibles sont si beaux, que seront les invisibles ?* « Grégoire de Nysse mentionne la Parousie. Celle-ci permettra à l'homme de revêtir sa nature profonde apparentée à celle des anges.

Selon Augustin, dont l'influence s'exercera durablement sur l'Occident, le Paradis terrestre peut se reconquérir. Toutefois, le salut du corps personnel comporte aussi le salut du cosmos.

L'ORIENT BYZANTIN ET LE HAUT MOYEN-ÂGE

L'Orient byzantin exalte la Nature. Les ascètes et ermites de Syrie, de Palestine et d'Égypte vivent en toute familiarité avec les animaux sauvages. Certes, les légendes embellissent les faits, mais elles sont toujours significatives. Macaire l'Égyptien guérit les animaux. Les femelles lui apportent leurs petits aveugles ou incapables de se mouvoir correctement. Des lions deviennent les serviteurs et les amis des Pères du désert. Un nouveau Paradis terrestre s'instaure et son « odeur » peut se percevoir. Isaac le Syrien exprime sa compassion et sa tendresse : « *Un cœur qui brûle pour toute la Création, pour les hommes, pour les oiseaux, pour les bêtes, pour les démons, pour toute créature.* »

Disciple de Denys le Mystique, Maxime le confesseur est un des hommes dont la doctrine suggère l'ampleur de l'eschatologie chrétienne. Le sensible se trouve intimement lié à la dimension spirituelle. L'amour est capable de le scruter. Transparent, le sensible révèle l'invisible. Tout devient chemin conduisant à l'ultime rencontre. D'où la fonction constante de la Nature louant la dimension divine, instruisant l'homme, lui indiquant sa voie. « *Ceux qui vont droitement vers les êtres avec piété trouveront, venant à leur rencontre, les contemplations lumineuses des êtres, ces contemplations qui leur donnent de comprendre eu-mêmes plus rigoureusement.* »

Appartenant au IXe siècle occidental, Jean Scot Érigène, moine irlandais, répand les doctrines de Grégoire de Nysse, Denys le Mystique (l'Aréopagite) et de Maxime le Confesseur. D'où sa conclusion à l'égard de la Parousie : Aux créatures libérées, « *je ne dis pas simplement en tous les hommes, mais aussi en toute créature sensible* », le Christ apporte le salut.

Les moines irlandais mentionnent avec ferveur l'amitié entre les hommes, les animaux et les végétaux. Une femme nommée Brigide de Kildare accueillait dans ses bras des canards sauvages. Saint Ciaran eut pour premiers disciples des animaux : ours, renard, blaireau, loup, cerf.

En Orient, autour de l'An mil, Syméon le nouveau Théologien présente une catéchèse du « *salut cosmique* ». La résurrection concerne l'ensemble de la Création. D'où la totale solidarité entre les divers éléments du cosmos. Dans son intégralité, l'univers participera à la résurrection finale. « *Le monde terrestre sera uni entièrement au monde céleste.* » *La terre rénovée* » appartient aux doux, selon les béatitudes (Mt 5, 4).

L'OCCIDENT MÉDIÉVAL

Au Moyen-Âge, des voix féminines et masculines poursuivent cette glorification du cosmos. Pierre Damien évoque « *la Synchronie entre la psalmodie nocturne* » – susceptible de faire progresser le solitaire – et « *les étoiles* ». En accompagnant la révolution des astres, l'ermite fait apparaître la lumière de l'aurore. Au XIIe siècle, Bernard de Clairvaux présente « *le monde sensible comme un livre ouvert à tous.* » Instruit par l'Apocalypse, il prédit qu'un « *jour viendra pourtant où le ciel se refermera comme un livre parce que personne n'aura plus besoin de le lire. À l'exemple des créatures du ciel, celles de la terre verront Dieu face à face.* » Selon sa propre expérience, Bernard a plus appris dans les forêts que dans les ouvrages qu'il a pu consulter.

Hildegarde de Bingen est une visionnaire. Elle prophétise, en quelque sorte, notre époque, en écrivant : « *Les vents sont remplis de la pourriture du feuillage, l'air crache de la saleté à tel point que les hommes ne peuvent même pas ouvrir la bouche comme il faut. La force verdoyante s'est fanée à cause de la folie impie des foules humaines aveuglées.* »

Cisterciens et cisterciennes vivent dans des monastères au milieu d'une nature devenue pour eux une constante inspiratrice. La compassion de Béatrice de Nazareth s'exerce à l'égard de la faune et particulièrement des oiseaux. Gertrude d'Helfta « *prie pour les animaux.* » Mechtilde de Hackeborn comprend, durant la récitation d'un office, l'invitation à la louange de toutes les créatures. Elle compare les moniales à des alouettes.

Dans son *Cantique de frère soleil*, François d'Assise chante le soleil, la lune, le vent, l'eau, le feu, la terre, les fruits, les fleurs et les herbes. il prêche non seulement aux oiseaux, mais aux arbres, rochers, fontaines. Il aime tous les animaux avec une égale tendresse.

Eckhart reprend les propos de ses devanciers : « *Toute créature, pleine de Dieu, est un livre* », celui qui sait déchiffrer n'a plus aucun besoin d'entendre des sermons. « *Dieu est également proche dans les créatures, de sorte qu'on peut le trouver en chacune d'elles.* » En effet, « *toutes choses fluent de Dieu [...] si elles sont égales dans le temps, elles sont beaucoup plus égales en Dieu dans l'éternité.* » Ruysbroeck se montre particulièrement sensibles à la souffrance animale ; Henri Suso éprouve des sentiments identiques.

Les auteurs étudient l'âge Baroque. Au milieu du XVIIe siècle, Angelus Silesius présente une œuvre poétique : *Le Pèlerin chérubinique*. L'homme habité par Dieu suscite l'élan des créatures vers lui. « *Le créé subsistant entièrement dans le Verbe divin, comment pourrait-il jamais dépérir et disparaître ?* » D'où ce propos : « *La rose que contemple ici-bas ton œil extérieur a fleuri en Dieu, de toute éternité.* »

Deux chapitres sont ensuite consacrés à « La Raison Classique et les Lumières et au XIXe siècle », avant d'aborder les auteurs contemporains. « L'époque contemporaine ».

Plus proches de nous, des écrivains ont été présentés. Tout d'abord Léon Bloy qui se questionne longuement sur la motivation de la souffrance humaine et animale. Persuadé que les animaux participent « *au salut du monde* », il s'oriente vers la plénitude de la révélation apportée par la Parousie. Tous les vivants seront invités à manifester la gloire divine.

Athée durant sa jeunesse, avec son ami Marcel Baudouin, Péguy tente de construire une « *cité harmonieuse* » végétarienne dans laquelle hommes et animaux devront se nourrir de plantes, de graines et de fruits. Impossible de concrétiser un tel rêve ! Après sa conversion au christianisme, ce poète s'adonne constamment à une louange cosmique de plus en plus prégnante. Il fait parler Dieu :

*J'éclate tellement dans ma
création.
Dans le soleil et dans la lune et
dans les étoiles.
Dans les astres du firmament et
dans les poissons de la mer.
... Dans le vent qui souffle sur la
mer et dans le vent qui souffle
dans la vallée.
... Dans les plantes et dans les
bêtes... des forêts.*

Francis Jammes a composé une supplication très connue : *Prière pour aller au paradis avec les ânes.* Celle-ci est à la fois savoureuse et pleine d'imagination. Sa croyance en l'immortalité des animaux lui suggéra ce poème :

*Ah ! faites, mon Dieu, si vous me
donnez la grâce
De vous voir face à face aux jours
d'éternité,
Faites qu'un pauvre chien
contemple face à face
Celui qui fut son dieu parmi
l'humanité.*

Après ces poètes, dont le charme est évident, les auteurs retiennent deux hommes d'une incomparable dimension : un philosophe et un scientifique.

NICOLAS BERDIAEV

Les biographes se montent des interprètes lucides en retenant l'amour de Berdiaev pour les animaux. La mort de son chat Mourry lui posa maints problèmes au sujet de la vie posthume. Il écrira : « *Nous devons affirmer un principe ontologique non seulement à l'égard des hommes, mais à l'égard des animaux, des plantes.* » La vie éternelle lui semblait concerner tous les vivants.

Il ne faut pas oublier que Berdiaev éprouvait profondément l'immensité d'une dimension cosmique partagée le plus souvent par les orthodoxes. Très ouvert aux diverses religions, il comprenait parfaitement la conversion de sa femme au catholicisme. Tous ceux qui ont pu rencontrer Berdiaev et parler avec lui ont été bouleversés par l'acuité de sa pensée souvent critiquée par des esprits obtus. Les souffrances et déceptions vécues en Russie – à l'égard des hommes politiques et religieux – avaient accentué sa sensibilité. Extrêmement cultivé, il lui était difficile de pouvoir échanger de véritables dialogues avec des visiteurs russes exilés et des écrivains français. La vasteté de la Russie – à la fois orientale et occidentale – lui manquait cruellement. Toutes les limites lui semblaient restrictives et pesantes. Plus encore, celle-ci mutilaient son ouverture sur la beauté cosmique.

Les propos de Berdiaev relevés par Hélène et Jean Bastaire sont significatifs. « *Ce qu'on appelle le "mon-*

de " est un esclavage, un asservissement des êtres, non seulement des hommes, mais aussi des animaux, des plantes, voire des minéraux et des étoiles. C'est ce " monde " que la personne, délivrée de son état d'asservissement et de sa tendance à asservir les autres, doit détruire. »

Une des originalités de cet homme, épris de liberté, consistait dans un rejet de tout ce qui s'avère insignifiant. La mondanité lui était odieuse, voire intolérable. Je me souviens de son malaise ressenti dans le salon d'une femme accueillante où il avait été invité à déjeuner. Il ne supportait pas l'insignifiance des bavardages superficiels. Lui servant de chauffeur, il s'était approché de moi et d'une voix qui se voulait discrète, mais que chacun pouvait percevoir, il me demanda sur le ton d'une supplication : « *Est-ce que nous pourrions partir ?* » Lors des rencontres internationales à Genève, il affichait une attitude identique. Incapable de jouer la comédie, il souhaitait retrouver la solitude de son bureau pour s'adonner à la réflexion et à l'étude. Cependant, il aimait recevoir. les échanges d'idées lui étaient nécessaires, elles le stimulaient. Lorsqu'il ne pouvait plus contenir les mouvements de son humeur, laissait éclater sa colère. S'exprimant dans sa langue d'origine avec des russes exilés, les français ébahis assistaient avec étonnement à des invectives qu'ils pouvaient penser injurieuses par leur ton. Puis tout rentrait dans l'ordre après une tempête dont nous risquions d'exagérer la signification.

Il y a des hommes contemporains dont il est possible de parler sans les avoir rencontrés. L'étude de leurs ouvrages apparaît suffisante pour distinguer leur singularité. La connaissance de Berdiaev – de stature, de son regard incisif – permettait de mieux saisir l'ampleur de sa personnalité. Un autre trait doit être précisé. Ce philosophe russe aimait les juifs. Non seulement il reconnaissait l'importance de la pensée juive, mais il recevait des juifs russes et français. Respectueux, il ne souhaitait aucunement leurs conversions au christianisme. Tout propos missionnaire lui aurait semblé intempestif.

Les philosophes français de son époque ont le plus souvent considéré Berdiaev comme un penseur. Ce qui était une façon de minimiser sa philosophie et son œuvre. Berdiaev n'en avait cure ! Non par orgueil mais par souci d'admettre la liberté d'autrui. Il est rare de pouvoir s'émerveiller. Or Berdiaev suscitait m'émerveillement. Sa seule présence engendrait la montée et le souffle de l'Esprit. Connu et apprécié en Allemagne, Angleterre, États-Unis, il n'a pas en France le crédit qu'il mérite. Ses commentateurs ont parfois succombé à la tentation d'exagérer son orthodoxie religieuse. De toute évidence, il est impossible d'émettre un jugement sur un homme insaisissable du fait de son indépendance et de son exigence de liberté.

TEILHARD DE CHARDIN

Le père Teilhard n'était pas particulièrement photogénique. Les différents portraits qu'on peut voir ici et là le désavantagent. Son visage ruisselait de lumière. Dans son regard – d'une grande intensité – passait parfois une anxiété, une souffrance, vite effacées par un amical sourire.

En dépit de son extrême distinction, la simplicité chaleureuse de son accueil le rendait facile d'accès. J'ai eu l'occasion de le rencontrer à Paris chez Maryse Choisy et Solange Lemaître, de le voir aussi à Londres et à New York.

N'étant pas de formation scientifique, je sui incapable de formuler le moindre avis concernant son œuvre. Toutefois, le titre donné par les auteurs : « Grandeur et limite de Teilhard », me gêne un peu en raison de son caractère restrictif. L'attitude de Rome, de ses supérieurs et confrères jésuites me semble provenir d'un manque d'ouverture. Elle résulte principalement d'un excès de prudence totalement désuet.

Teilhard possédait une intelligence intuitive et visionnaire à l'égard de l'avenir ; elle concernait l'évolution du cosmos et de l'individu. De tels hommes soulèvent l'inquiétude chez les pusillanimes. La nouveauté engendre toujours frayeur et refus de la part des esprits conservateurs incapables de comprendre les novateurs en avance sur leur siècle. Teilhard s'est toujours maintenu dans une parfaite obéissance à l'égard de Rome et aussi de son ordre religieux. Il a volontiers accepté de ne pas publier ses études, de refuser les cours qui lui étaient offerts au Collège de France. Sa soumission a été totale et exemplaire. Il est coutumier de voir des hommes – dont les propos ont été condamnés durant leur existence – être loués après leur décès. Lorsque les muselières tombent, la réhabilitation commence. Et cela d'autant plus qu'elle se montre honorable et lucrative.

Avec lucidité, Hélène et Jean Bastaire évoquent l'ignorance de nombreux chrétiens à l'égard des théories du savant jésuite concernant spécialement sa métaphysique de l'histoire cosmique. Toutefois, ils mentionnent chez Teilhard « *une indifférence métaphysique au mal qui touche la part non humaine du cosmos, attitude où il rejoint l'insensibilité de Descartes.* » Cette phrase est heureusement présentée sous une forme interrogative. Sinon, elle serait navrante. S'est-il écarté des textes bibliques comme le suggère ses biographes ? Il semble que non. Tel n'était pas, en tout cas, le sens de ses recherches.

Un dernier point exige d'être relaté. Il a son importance. Teilhard disait volontiers à ses amis – et il en a parlé dans ses conférences – qu'il avait demandé au Christ un signe de confirmation relatif à la justesse de sa pensée : celui de mourir un jour de Pâques. Sa mort subite eut lieu dans l'après-midi de cette fête pascale. En avance sur son époque, il est normal d'avoir été jalousé et incompris par son milieu religieux. Teilhard fait partie de ces hommes rudement molestés durant leurs existences, condamnés à se taire et réhabilités après leur décès.

À la suite de ces deux hommes, dont le génie dans leurs spécialités est incontestable, les écrivains cités risquent de sembler secondaires. Ils ont leur importance.

Les exemples issus d'auteurs chrétiens présentent une voie dont on ne saurait mésestimer la beauté et l'ampleur. Elle conduit vers l'universalité. D'autres chemins – à travers les diverse traditions et en-dehors d'elles – aboutissent à des constations identiques. ∎

AUL CLÉBERT PIERRE CRÉPON GILLES FARCET ROBERT KEMPE
OLYMPIA ALBERTI ALAIN MAMOU-MANI CHRISTIAN BO
ACQUES SALOMÉ MAUD SÉJOURNANT JACQUES CASTERM
MARIE-MADELEINE DAVY EDGAR MORIN BERNARD LEBL
ALMOS BERNARD MONTAUD JACQUELINE KELEN KENNETH
ANIEL GIRAUD PATRICE VAN EERSEL JEAN-PAUL GUETNY AN
E SOUZENELLE MAURICE GLOTON JACQUES VIGNE
ALOMON YVAN AMAR ARIANE BUISSET JEAN-MARIE
LESSANDRO JODOROWSKI MICHEL RANDOM MICHEL AZE
LIVIER GERMAIN-THOMAS RÉMY CHAUVIN ZÉNO BIANU
VES LELOUP SERGE SAUTREAU PATRICK CARRÉ ANDRÉ V
OUIS PAUWELS MARC DE SMEDT MICHEL FOURNIER JAC
ACARRIÈRE JEAN-PAUL CLÉBERT PIERRE CRÉPON GILLES FA
OBERT KEMPENICH OLYMPIA ALBERTI ALAIN MAMOU-
HRISTIAN BOIRON JACQUES SALOMÉ MAUD SÉJOURN
ACQUES CASTERMANE MARIE-MADELEINE DAVY EDGAR M
ERNARD LEBLANC-HALMOS BERNARD MONTAUD, JACQU
ELEN KENNETH WHITE DANIEL GIRAUD PATRICE VAN EERSEL
AUL GUETNY ANICK DE SOUZENELLE MAURICE GLO
ACQUES VIGN ARIANE BU
EAN-MARIE PELT ALESSANDRO JODOROWSKI MICHEL RAN
ICHEL CAZENAVE OLIV THOMAS RÉMY CHA
ÉNO BIANU JEAN-YVES AUTREAU PATRICK C
NDRÉ VELTER LOUIS PAU SMEDT MICHEL FOU
ACQUES LACARRIÈRE JE RT PIERRE CRÉPON C
ARCET ROBERT KEMPE ALBERTI ALAIN MAM
ANI CHRISTIAN BOIRO MÉ MAUD SÉJOURN

Question de

Numéro
100

LE XXIe SIÈCLE
A COMMENCÉ

ALBIN MICHEL

Question de - Albin Michel

LE POUVOIR
ET
LE TEMPS

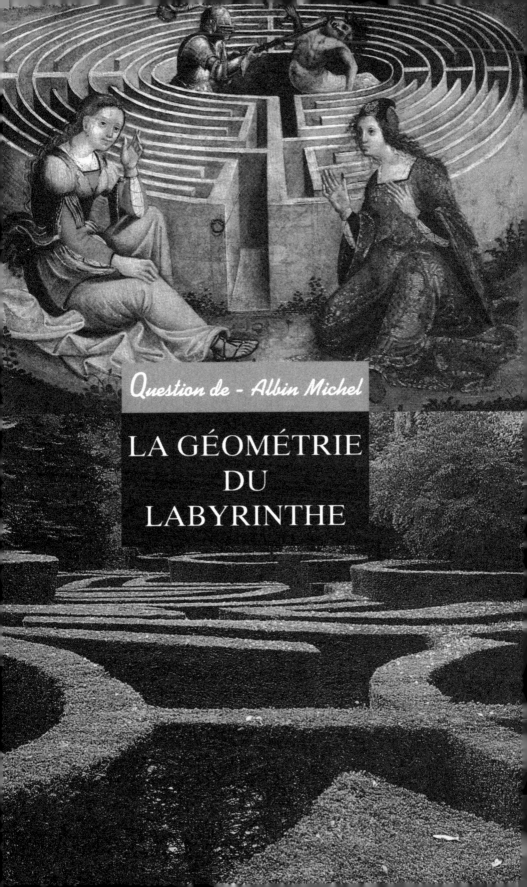

Question de – Albin Michel

LA GÉOMÉTRIE
DU
LABYRINTHE

Question de

___

Un projet : éclairer la mutation

Quatre fois par an, quatre thèmes traités, quatre synthèses majeures.
Quatre fois par an, un dossier complet sous la direction de Marc de Smedt et des équipes de chercheurs qu'il réunit.
Quatre fois par an, de 128 à 500 pages de lecture, de découvertes, de réflexions et d'importants témoignages de spécialistes reconnus.

■

Question de est la revue de haut niveau
qui compte : elle se garde en bibliothèque,
elle prospecte le temps présent et à venir,
elle se médite et... elle éveille !

Question de est une revue-collection
dont chaque numéro est essentiel
pour l'approfondissement de votre quête
et de vos recherches.

■

Vous pouvez vous procurer les numéros ci-contre en les demandant à votre libraire ou en adressant au siège de la revue le bon de commande situé en dernière page.

Numéros disponibles

62	Astrologie *(250 p.)*	80 F
65	L'esprit des hauts lieux *(128 p.)*	60 F
68	L'Apocalypse de Jean *(320 p.)*	120 F
69	La prière *(192 p.)*	80 F
71	La mort et ses destins *(176 p.)*	80 F
72	La structure absolue *(Raymond Abellio) (128 p.)*	60 F
73	Le lieu du temple *(216 p.)*	120 F
76	Nouvelles émergences *(126 p.)*	55 F
78	Le maître de Nô *(160 p.)*	80 F
80	Le sacrement de l'instant *(128 p.)* présence de Jean Sullivan	55 F
82	L'esprit visionnaire *(112 p.)*	80 F
84	Du maître spirituel au guide intérieur *(144 p.)*	80 F
86	Un et nu *(Daniel Pons) (144 p.)*	60 F
87	Corps, âme, esprit *(400 p.)*	150 F
89	Qu'est-ce qu'une religion ? *(232 p.)*	80 F
90	Louis Massignon *(260 p.)*	120 F
91	La mystique de l'invisible *(208 p.)*	80 F
92	Être à deux *(232 p.)*	80 F
94	Paul Claudel et la Bible *(240 p.)*	99 F
95	Charles Duits *(176 p.)*	98 F
96	Les rêves de l'ombre *(128 p.)*	80 F
97	Simone Weil *(224 p.)*	120 F
98	Les mutations du Yi King *(408 p.)*	149 F
98 b.	Le Yi King mot à mot *(hors-série)*	80 F
99	Marcher, méditer *(152 p.)*	80 F
100	Le XXIe siècle a commencé *(304 p.)*	120 F
101	Bouddhisme et Franc-Maçonnerie *(152 p.)*	80 F
102	Civilisation et arts martiaux *(136 p.)* André Cognard	80 F
103	Le pouvoir et le temps *(232 p.)*	120 F
104	L'esprit du labyrinthe *(264 p.)*	120 F
105	Le mal *(284 p.)*	120 F

Bon de commande

Question de

vous offre 25 % de réduction sur votre abonnement

Numéros disponibles	Prix
Frais de port	20 F
Abonnemement	
Total	

❑ Je m'abonne pour 4 numéros (1 an)
240 F au lieu de 320 F[1]
• (Étranger : 300 F)
• (Tarif étudiant : 220 F[2])

❑ Je m'abonne pour 6 numéros
360 F au lieu de 480 F[1]
• (Étranger : 460 F)
• (Tarif étudiant : 330 F[2])

❑ Je m'abonne pour 8 numéros (2 ans)
480 F au lieu de 640 F[1]
• (Étranger : 600 F)
• (Tarif étudiant : 440 F[2])

Règlement à l'ordre de *Question de* :   ○ Chèque postal   ○ Chèque bancaire   ○ Mandat-lettre

Nom, prénom..

Adresse..

....

Profession, âge, tél. (facultatif)..

1. Prix public de vente au numéro simple.
2. Justificatif obligatoire.
Conformément à la loi Informatique et Libertés, vous disposez d'un droit d'accès et de rectification aux informations vous concernant.

Bon de commande à retourner à : Question de - BP 21 - 84220 Gordes

✂ -

Question de a été imprimé sur les presses de Aubin Imprimeur, BP 02, 86240 Ligugé.
Dépôt légal : 3e trimestre 1996 - Gérant de la publication : Marc de Smedt.
Éditions Question de, 1996. Commission paritaire n°54.752.